Russian
Stage Three
(Focus on Speaking)

A Soviet-American
Collaborative Series

М. Лекич, Е. Ефремова, О. Рассудова

РУССКИЙ ЯЗЫК

этап третий

(обучение общению)

Под редакцией Д. Дэвидсона

KENDALL/HUNT PUBLISHING COMPANY
4050 Westmark Drive   Dubuque, Iowa 52002

Maria D. Lekič, Elena Efremova, Olga Rassudova

RUSSIAN

stage three

(focus on speaking)

Series Editor Dan E. Davidson

KENDALL/HUNT PUBLISHING COMPANY
4050 Westmark Drive   Dubuque, Iowa 52002

Credits

Drawings by Yury Aratovsky

Editorial Credits:
Valentina Anoshchenkova
Anna M. Connolly

Audio Credits:
Production by Melodia
Directed by S. Eremova
Recording Engineer O. Gurova
Editor E. Ermakova
Read by actors of Moscow theatres
Recorded 1991
ALL RIGHTS RESERVED

Printed in the United States of America
10 9 8 7 6 5 4 3 2

Preface

This text and the accompanying materials are intended to provide training in oral communication and self-expression in Russian for those seeking to reach the advanced level (e.g., ILR Level S-2/ACTFL "Advanced" and beyond). It presupposes successful completion of substantial training at the intermediate level, such as *Russian: Stage Two* (or comparable work) and may be used at the third, fourth, or fifth-year college levels as well as with other adult learners (including teachers of Russian) who wish to update or refresh their skills in contemporary spoken Russian.

The textbook materials consist of the present volume, the accompanying audio cassette, and a teacher's handbook (separately available). In addition, an interactive computer-assisted drill program and a 120-minute video cassette supplementary course are available for use with this textbook where computer and video viewing facilities and appropriate additional training time are available.

The materials in *Stage Three* are cumulative and should be covered in the order presented. For the sake of clarity the table of contents is arranged according to the categories which make up the basic structure of each lesson: dialogues, discussion topics, and a sample of contemporary fictional writing connected with the content area of that lesson.

The authors wish to express their gratitude to colleagues in the US and the USSR who have made suggestions for the improvement of these materials, in particular, to Cindy Martin (University of Maryland), Katherine Moskver (Colorado College), and George Pahomov (Bryn Mawr College) for their work in the test teaching of these materials, and to Alla M. Rodimkina (Herzen Pedagogical University, Leningrad) for her work in developing the dictionaries for this text. The authors are grateful to the staff and members of the Department of Germanic and Slavic Languages of the University of Maryland (College Park) for their support and constant cooperation in the preparation of these materials, as well as to several generations of undergraduate students who generously and enthusiastically provided the authors with vitally important feedback on these materials.

The development of *Stage Three* has been aided greatly by grant support through Bryn Mawr College and ACTR from the Mellon Foundation, which provided release time and support for visiting co-authors and instructional designers during the course of three academic years beginning in 1988-89. The authors wish also to acknowledge critical institutional support of this project provided by ACTR and its Washington and Moscow-based staff, the A. S. Pushkin Institute in Moscow (especially to V. G. Kostomarov and O. D. Mitrofanova) and, finally, to their Soviet and American editors, Valentina Anoshchenkova and Anna M. Connolly, for their professional expertise and unflagging good humor in seeing this volume through its editing and final layout phases. We welcome comments from the field concerning the application of these materials and suggestions for their improvement.

MDL, EKE, OPR.
Moscow/Washington

Бори́с и Ната́ша Орло́вы —
молодожёны.
Как быть, е́сли нет кварти́ры?

Оля — подру́га Ната́ши
со свои́м Джо́ем.
*Гла́вное, что́бы Джой не
потеря́лся!*

Познако́мьтесь!

Фе́дя — друг Бори́са.
Лу́чшая му́зыка — э́то рок.

Ро́берт Макдо́нальд — стажёр из
Колумби́йского университе́та.
У америка́нцев всегда́ всё о'кей.

Содержа́ние

Худóжественный текст

VI. «И я перешёл в Литератýрный институ́т»
(из расскáза Фазúля Искандéра) 71

Focus on Discourse Management (Уроки 1, 2, 3)

How to:

❑ start a conversation, attract someone's attention 77
❑ clarify a point, keep a conversation going 81
❑ disagree with someone, tell someone that s/he is mistaken 86
❑ express doubt, uncertainty; give an indefinite answer................................90

Урóк 4

Диалóги

I. Это тóлько шýтка 97
II. Что опя́ть не так?...103
IV. Какúе у Фéди тáйны! 109

Материáлы для дискýссии

III. Мы выбирáем... Нас выбирáют...106
V. Что знáчит быть блúзкими друг дрýгу 112

Худóжественный текст

VI. Виктóрия Тóкарева «Зигзáг» 115

Урóк 5

Диалóги

I. Манчéстерская шкóла молодý́х социóлогов 123
II. У меня́ неожúданный вопрóс.......................................129
IV. Мóжет, э́то дáже и к лýчшему.......................................136

Материáлы для дискýссии

III. Какúе мы, о чём мы говорúм 133
V. Чегó нам не хватáет...139

Худóжественный тéкст

VI. Михаúл Задóрнов «Настоя́щая подрýга»...................................141

Focus on Discourse Management (Уроки 4, 5)

How to:

❑ make a request, respond to a request................................147
❑ make a suggestion, respond to a suggestion 156

Уро́к 6

Уро́к 7

Уро́к 8

Focus on Discourse Management (Уро́ки 6, 7, 8)

How to:

Уро́к 9

Уро́к 10

Focus on Discourse Management (Уро́ки 9, 10)

- ❑ Вернисáж в Измáйлове
- ❑ Одни́м холостякóм стáло мéньше
- ❑ Когдá жéнятся молодьíе америкáнцы?
- ❑ Онá тепéрь не Попóва, а Орлóва
- ❑ Почемý молодьíе лю́ди развóдятся?
- ❑ «Как хорошó у Лáричевых» (из пóвести И. Грéковой)

I

Вернисáж в Измáйлове

В Москвé недалекó от старúнного Измáйловского пáрка вот ужé нéсколько лет молодьíе худóжники, скýльпторы выставля́ют свои́ рабóты. Эти вернисáжи под открьíтым нéбом привлекáют огрóмное коли́чество нарóда. Здесь мóжно встрéтить москвичá и ленингрáдца, жи́теля Будапéшта и Вашингтóна, совсéм ю́ную пáру и пожильíх людéй, студéнта и инженéра.

Послýшайте, о чём говори́т корреспондéнт москóвской прогрáммы телеви́дения с посети́телями вернисáжа.

— Прости́те, ребя́та! **Если мóжно**, нéсколько слов для прогрáммы «Дóбрый вéчер, Москвá». Представьтесь, пожáлуйста.

Вы узна́ли на́ших геро́ев?

— Пожа́луйста. Ната́ша и Бо́ря Орло́вы.

— Муж и жена́? Давно́?

— Уже́ це́лых два ме́сяца.

— А **что** вас **привело́** сюда́? Вы **что**,[1] худо́жники?

— Совсе́м нет. Я социо́лог, а Ната́ша — бу́дущий экономи́ст. Снача́ла пришли́ про́сто из любопы́тства ...

— А тепе́рь ча́сто быва́ем.

— Что́-нибудь купи́ли?

— **Нет, что́ вы!**[2]

— До́рого?

— До́рого! Но нам здесь мно́гое нра́вится.

?? Скажи́те, ско́лько люде́й уча́ствует в разгово́ре? Дво́е? Тро́е? Че́тверо? По́мните, как их зову́т? Чем занима́ются Ната́ша и Бори́с Орло́вы: рабо́тают и́ли у́чатся?

---

[1] **Вы что́, ... ?** is used to verify or confirm the supposition made in the predicate.

[2] **Нет, что́ вы!** signals emphatic disagreement in response to the assumption contained in the previous question.

1. Как в диало́ге пе́редано:

convey

Да, давно́, уже́ (прошло́) два ме́сяца. *Уже целых два месяца.*

→ Вы, наве́рное, худо́жники? Это так? *Вы что, художники?*

Нет, совсе́м нет, мы ничего́ не купи́ли. *Нет, что вы!*

2. Ваш знако́мый ошиба́ется, возрази́те:

— Бо́ря ещё не жена́т?
— Нет, что ты! Ты ошиба́ешься. Он уже́ жена́т.

— Я ду́маю, Бо́ря ещё у́чится.
— *Нет, что ты! Ты ошибаешься. Он уже учится.*

— По-мо́ему, Ната́ша ста́рше Бо́ри.
— *Нет, что ты! Наташа младше Бори.*

— У Бо́ри и Ната́ши одина́ковые специа́льности.
— *Нет, что ты! Ты ошибаешься. У Бори и Наташи нет одинаковых специальностей.*

— Я слы́шал, Ната́ша уже́ рабо́тает.
— *Нет, что ты! Ты ошибаешься. Наташа ещё не работает.*

3. Подтверди́те и́ли возрази́те:

> Да, действи́тельно, . . .
> Нет, что ты!
> Да, пра́вда, . . .
> Нет, ты ошиба́ешься, . . .

— Я слы́шал, что у Ната́ши муж социо́лог.
— Да, действи́тельно, он социо́лог.

— Пра́вда, что Ната́ша и Бо́ря то́лько что пожени́лись?
— *Да, ~~действительно~~ правда, они только что поженились.*

— Ка́жется, вчера́ в програ́мме «До́брый ве́чер, Москва́» пока́зывали на́шу Ната́шу.
— *Да, правда, вчера в программе показывали нашу Наташу.*

— Я слы́шала, что Бо́рина жена́ — студе́нтка.
— *Нет, ты ошибаешься. Она будущий экономист.*

— Говоря́т, Ната́ша с Бо́рей ча́сто быва́ют в Изма́йлове.
— *Да, ~~по~~ правда, Наташа с Борей часто бывают в Измайлове.*

— Пра́вда, что на верниса́же в Изма́йлове всё совсе́м недо́рого?

— *Нет, зим. ты. Мх. вернисаже в Измайлове всё совсем дорого!*

— Мне ка́жется, Бо́ря дава́л интервью́ корреспонде́нту «Литерату́рной газе́ты».

— *Нет, мне ошибается. Боря давал интервью корреспонденту «литературной газеты». Да действительно,*

II

Одни́м холостяко́м ста́ло ме́ньше

На како́й руке́ у Бори́са кольцо́: на ле́вой и́ли на пра́вой?

— Бо́ря, ты что, **жени́лся**?

— **Отку́да ты зна́ешь?** Кольцо́? *radiant*

— И кольцо́, и вид у тебя́ сия́ющий. *single, bachelor*

— Да. **Мо́жешь меня́ поздра́вить.**[1] Одни́м холостяко́м ста́ло ме́ньше.

— Поздравля́ю. А на ком, е́сли не секре́т?

— Тепе́рь уже́ не секре́т. Тепе́рь могу́ тебя́ да́же познако́мить.

— А ра́ньше что, боя́лся?

---

[1] **Мо́жешь меня́ поздра́вить** used when sharing good news; literally, congratulations are in order.

— Да как сказа́ть...[1].
— Ла́дно. **Рад за тебя́.**
— Спаси́бо.

Куда вы пошли после свадьбы?..

?? Как Бо́рин знако́мый по́нял, что Бо́ря жени́лся: по кольцу́? по Бо́риному ви́ду? Ему́ кто-нибудь сказа́л?

1. Как пе́редано в диало́ге:

Бо́ря, ты, ка́жется, жени́лся? Это так?
А ра́ньше, наве́рное, боя́лся?
Тру́дно сказа́ть, сам не зна́ю.

2. — Ната́ша, ты что, вы́шла за́муж?
— А отку́да ты зна́ешь?
— . . . .

А да́льше мы не слы́шали... Как, вы ду́маете, продолжа́лся разгово́р?

3. Что писа́ли ра́ньше о себе́ в анке́те Бори́с и Ната́лья Орло́вы: **жена́т/не жена́т (хо́лост), за́мужем/ не за́мужем?** Что они́ напи́шут тепе́рь?

Семе́йное положе́ние	Он	Она́
ра́ньше	не женат хóлост	не замужем
тепе́рь	женат	замужем

4. Каки́е могли́ быть реа́кции?

Да, мо́жешь меня́ поздра́вить.
Отку́да ты зна́ешь?
Да как сказа́ть. . .
Рад за тебя́.

[1]Да как сказа́ть — form of indefinite response, conveying that an issue is more complex than it appears.

— Пе́тя, я слы́шал, твой прое́кт за́нял пе́рвое ме́сто?

— . . . .

— Поздравля́ю. Э́то про́сто замеча́тельно.

— Ю́ля, твоя́ мла́дшая сестра́ выхо́дит за́муж?

— . . . .

— Мне одна́ её подру́га сказа́ла.

— Стив, ты купи́л но́вую маши́ну?

— . . . .

— Я ви́дел, что ты прие́хал на но́вой маши́не.

— Зи́на, ты дово́льна сейча́с свое́й рабо́той?

— . . . .

— Тебе́ что́-то не нра́вится?

— Са́ша, я слы́шал, ты лети́шь на Гава́и. Ты что, не рад?

— . . . .

— А я был бы о́чень рад.

— Анто́н, говоря́т, твою́ карти́ну беру́т на вы́ставку?

— . . . .

— Поздравля́ю, жела́ю успе́ха.

— Зна́ешь, Вади́м, у меня́ всё в поря́дке, я прошёл по ко́нкурсу.

— . . . .

— Спаси́бо, я сам о́чень рад.

— У меня́ но́вость, Ната́ша, мы с Анто́ном реши́ли пожени́ться.

— . . . .

— Спаси́бо. Наде́юсь, вы с Бо́рей бу́дете у нас на сва́дьбе.

5. Что мо́жно предположи́ть?

Том не́ был на про́шлом заня́тии.   Она́ что, вы́шла за́муж?
Андре́й сейча́с не е́здит на маши́не.   Он что, худо́жник?
Леони́д прекра́сно рису́ет.   Он что, заболе́л?
Паме́ла хорошо́ зна́ет Москву́.   Она́ что, арти́стка?
Почему́ ты не ешь моро́женое?   Она́ что, у него́ слома́лась?
Алла ча́сто выступа́ет по телеви́дению.   Тебе́ что, не нра́вится?
Я реши́л не покупа́ть э́ту маши́ну.   Что, сли́шком до́рого?
У Ната́ши тепе́рь друга́я фами́лия.   Она́ что, москви́чка?

А тепе́рь вы са́ми:

— Фред сказа́л, что он не пойдёт с на́ми в кино́.

— . . . . ?

— Ка́тя не пьёт холо́дный сок.

— . . . . ?

— Не сто́ит смотре́ть э́ту програ́мму.

— . . . . ?

— Не покупа́йте э́ту карти́ну.

— . . . . ?

— Я тепе́рь совсе́м не смотрю́ телеви́зор.

— . . . . ?

6.   Перепу́тались ре́плики двух диало́гов. Помоги́те их восстанови́ть.

— Пе́тя, ты что́, жени́лся?
— Ма́ша, ты что́, вы́шла за́муж?
— Отку́да ты зна́ешь, кольцо́?
— Да, мо́жешь меня́ поздра́вить.
— Вид у тебя́ счастли́вый.
— Да, поздра́вь меня́.
— Поздравля́ю, рад за тебя́.
— Почему́ ты так реши́л?
— На ком, е́сли не секре́т?
— За кого́, е́сли не секре́т?
— Ты её не зна́ешь.
— И кольцо́, и вид у тебя́ сия́ющий.
— А ты сам с ней давно́ знако́м?
— Ты его́ хорошо́ зна́ешь.
— Уже́ три ме́сяца.

7.   Каки́е мо́гут быть диало́ги?

Подру́га ду́мает, что На́дя вы́шла за́муж, а она́ ещё то́лько собира́ется:

— На́дя, приве́т! Поздравля́ю тебя́! А где же кольцо́?
— Кольцо́?

— . . . .

— . . . .

У Сергея новая девушка. Говорят, она очень симпатичная.

— Знаешь, вчера у нас был Сергей со своей новой девушкой.
— Да? Симпатичная? Кто она?
— . . . .
— . . . .

III

Когда женятся молодые американцы?
(результаты одного опроса)

Какие из этих газет и журналов вам знакомы?

1200 юношей и девушек — студентов американских колледжей — спросили, планируют ли они в ближайшем будущем **выйти замуж** или **жениться**. 85 % ответили: «да».

Когда же их спросили, какой **возраст**, по их мнению, самый **подходящий для** замужества (или женитьбы), **большинство** назвало 25—29 лет.

Только 1,8% — это были только девушки — сказали, что **считают возможным** выйти замуж в 18—20 лет.

Эти данные опубликовала советская газета «Аргументы и факты».

1. Как вы считаете, это типичные ответы? Вас не удивили результаты опроса?

. . . .

Правда, что многие молодые американцы не собираются рано жениться?

. . . .

А что бы вы ответили на этот вопрос?

. . . .

Как вы думаете, американцы сейчас женятся раньше, чем их родители, бабушки, дедушки?

. . . .

2. Как по-вашему, чтобы жениться, нужно иметь

❑ профессию?
❑ хорошую работу?
❑ деньги?
❑ или это не обязательно?

Это одинаково важно для мужчин и для женщин?

. . . .

3. Давайте теперь попробуем сыграть роль журналистов: сами проведём опрос в своей группе. Сначала подготовимся. Мы должны будем задать вопросы.

Какой возраст студенты считают самым подходящим для замужества (женитьбы): 18—20 лет, 21—24 года, 25—29 лет, 30—34 года, 35—39 лет, после 40 лет?

Что для них важнее (или одинаково важно) — профессиональная карьера или семья?

Кто должен решать, когда пора пожениться, — девушка или парень?

Если вы долго встречаетесь со своим другом (или со своей девушкой), обязательно ли нужно жениться?

Подготовились? Решите, кто из вас будет журналистом. Решили? А теперь разыграйте сценку.

4. Что у вас получилось? Оценим результаты.

> Большинство считает, что . . . . . .
> Некоторые думают, что . . . . . .
> Никто не думает, что . . . . . .
> Только один (только двое сказали), что . . . .

По данным советских социологов, нередко молодые люди не могут **обойтись без помощи родителей.** Нравится ли им это?

По результатам одного **опроса,** в котором участвовало 90 молодых людей, имеющих семью, только 12 сказали, что охотно принимают помощь родителей, остальные 78 хотели бы обходиться без неё. Более того, 26 человек считают совершенно ненормальной такую ситуацию, когда они **живут отдельно,** но продолжают пользоваться помощью родителей.

56 человек считают это возможным только в некоторые периоды жизни молодой семьи (учёба, болезнь, рождение ребёнка).

(«Неделя»)

5. А вы можете обходиться без помощи родителей? Почему? Вы получаете хорошую стипендию? Подрабатываете?

. . . .

Как вам кажется, бывают ситуации, когда помощь родителей совершенно необходима?

. . . .

6. Как вы считаете, государство должно помогать молодым семьям? В каких случаях?

- ❑ Когда оба учатся?
- ❑ Когда они только поженились?
- ❑ Когда один из них без работы?
- ❑ . . . . ?

7. Ло́ре всего́ 17 лет. Почти́ це́лый год она́ встреча́ется с Ма́рком. Ма́рку 20 лет, он студе́нт ко́лледжа. Ло́ра твёрдо реши́ла вы́йти за́муж за Ма́рка. Она́ понима́ет, что на́до сказа́ть об э́том роди́телям, но бои́тся, что они́ бу́дут про́тив.
Разыгра́йте сце́нку.

IV

Она́ тепе́рь не Попо́ва, а Орло́ва

— Ребя́та, смотре́ли вчера́ «До́брый ве́чер, Москва́»?
— **Нет, а что?**[1]
— Там на́шу Ната́шу пока́зывали.
— Каку́ю? Попо́ву?
— Да, то́лько она́ тепе́рь не Попо́ва, а Орло́ва.
— А она́ что, **за́муж вы́шла?**
— Да, и за о́чень симпати́чного па́рня.
— А ты отку́да зна́ешь?
— Они́ о́ба дава́ли интервью́ «Экспре́сс-ка́мере».
— Ну, на́ша Ната́ша!
— **Вот э́то да!**[2]
— И никому́ не сказа́ла!

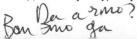 Почему́ Ната́ша смени́ла фами́лию? Как об э́том узна́ли её одноку́рсники? Како́е впечатле́ние произвёл на них Ната́шин муж? Как вы ду́маете, они́ ра́ды за Ната́шу?

1. Как в диало́ге пе́редано:

Нет, а почему́ ты спра́шиваешь?
Ну, на́ша Ната́ша! Удиви́ла всех!

2. Бо́рины друзья́ то́же смотре́ли телепереда́чу «До́брый ве́чер, Москва́» и ви́дели там Бо́рю с Ната́шей.

---

[1]Да, а что? Нет, а что? А что? is used to inquire what is being implied, or why the question is being asked.
[2]Вот э́то да! conveys a typically positive response to an utterance or fact which the speaker considers striking.

Да, а что?
Вот Это да

— Ребя́та, вы смотре́ли вчера́...?

— . . . .

А да́льше мы не слы́шали. Как, вы ду́маете, продолжа́лся разгово́р?

3. — Све́та, ты зна́ешь Ната́шу Попо́ву?
— Да, а что?
— Она́ вы́шла за́муж.
— Вот э́то но́вость!

?? Све́та зна́ла, что Ната́ша вы́шла за́муж?

— Ма́рья Семёновна, Ната́ше сейча́с 20 лет?
— Да, а что?
— По-мо́ему, в 20 лет ра́но выходи́ть за́муж.
— Нет, что вы! Совсе́м не ра́но.

?? А как вы счита́ете, Ната́ша ра́но вы́шла за́муж?

4. Перепу́тались ре́плики диало́гов. Как пра́вильно?

— Ты слу́шал сего́дня «С до́брым у́тром»?
— Нет, а что?
— *А у меня́ есть симпати́чная незаму́жняя подру́га.*

— Ваш муж, ка́жется, худо́жник?
— Да, а что?
— *Вы его́ совсе́м не но́сите.*

— Твой брат всё ещё не жена́т?
— Нет, не жена́т, а что?
— *Опя́ть ошиблись.*

— Ты что, вы́играл в лотере́ю?
— Нет, а что?
— *Там пе́ла твоя́ люби́мая Ла́йма Ва́йкуле.*

— Ты слы́шал прогно́з пого́ды?
— Нет, а что?
— *Вид у тебя́ сия́ющий.*

— Вы что́, потеря́ли кольцо́?
— Нет, а что́?
— *Како́е у него́ впечатле́ние от Изма́йлова?*

5. Каки́е мо́гут быть диало́ги?

Да, а что́?
Нет, а что́?

— Ты когда́-нибудь дава́л интервью́?
— Да, а что́?
— Бы́ло тру́дно?

— Вы сего́дня ве́чером свобо́дны?
— . . . . ?
— . . . .

— Скажи́, ты лю́бишь моро́женое?
— . . . . ?
— . . . .

— Вы смотре́ли вчера́ телеви́зор?
— . . . . ?
— . . . .

— Ты лю́бишь чита́ть газе́ты?
— . . . . ?
— . . . .

— Ты уме́ешь води́ть маши́ну?
— . . . . ?
— . . . .

— Вам знако́ма програ́мма «До́брый ве́чер, Москва́»?
— . . . . ?
— . . . .

— Говоря́т, ты собира́ешься жени́ться?
— . . . . ?
— . . . .

СВИДЕТЕЛЬСТВО О ЗАКЛЮЧЕНИИ БРАКА

Гражданин *Анощенков*
_____ *фамилия,*
Кирилл Вадимович
родившийся „*7*" *апреля* 19 *67* г.
_____ *имя, отчество*
место рождения *г. Москва*

_____

и гражданка *Власова*
_____ *фамилия,*
Екатерина Геннадьевна
родившаяся „*27*" *ноября* 19 *64* г.
_____ *имя, отчество*
место рождения *г. Москва*

_____

1.06.88.
заключили брак *первого июня*
_____ *число, месяц, год*
тысяча девятьсот восемь-
_____ *(цифрами и прописью)*
десят восьмого года

о чем в книге регистрации актов о заключе-
нии брака
19 *88* года *июня* месяца *1* числа
произведена запись за № *2920*

После заключения брака присвоены фамилии:
мужу *Анощенков*
жене *Анощенкова*

Место регистрации _____
_____ *наименование*
_____
и местонахождение органа ЗАГСа

Дата выдачи „*1*" *июня* 19 *88* г.

VII-МЮ № 337874
II-ЕР 505518
„ 18 . 06 . 88 .

На ком жени́лся Кири́лл Ано́щенков? Кака́я тепе́рь у Ка́ти фами́лия?
Кто из них ста́рше, на ско́лько? Они́ ра́но пожени́лись?

V

Почему́ молоды́е лю́ди разво́дятся?

Пробле́ма **разво́дов** была́ те́мой интервью́ с фило́софом Михаи́лом Мацко́вским, кото́рое он дал корреспонде́нту газе́ты «Моско́вские но́вости». Его́ спроси́ли: «Как вы **отно́ситесь** к тому́, что полови́на молодожёнов-горожа́н **разво́дится**?» *(react) (Как вы думаете о том, что об этом)*

— **Ничего́ хоро́щего.** Среди́ причи́н на пе́рвом ме́сте, коне́чно, легкомы́сленное отноше́ние к бра́ку. Наприме́р, при опро́сах, *(thoughtless) (w/respect) (interrogation)* кото́рые мы проводи́ли среди́ женихо́в и неве́ст, вы́яснилось: то́лько 50% де́вушек и 60% ю́ношей **уве́рены**, что семья́ у них **полу́чится** *(believe) (will turn/receive)* дру́жной. 15% неве́ст и во́семь — женихо́в сказа́ли, что у них **вря́д ли** полу́чится хоро́шая семья́, остальны́е отве́тили: «Поживём — *(it's not likely)* уви́дим» (time will tell).

Когда́ мы спра́шивали тех, кто уве́рен, что счастли́вой семьёй у них не полу́чится, заче́м они́ всё-таки же́нятся, то причи́ны бы́ли

опека

следующие: уйти из-под опеки родителей (to be independent from one's parents), женщины говорили: «Все подруги замужем, а я нет», мужчины: «Пора жениться». Мягко говоря (to put it mildly), несерьёзно...

1. Из интервью видно, что автор относится к разводам *regard   divorce*

- ☒ отрицательно *unfavourable*
- ☐ положительно *positive*
- ☐ неопределённо. *not definite*

Какая фраза выражает это отношение?

2. Вы поняли, какой вопрос был задан женихам и невестам? Что ответило большинство опрошенных?

большинство

- ☒ Поживём — увидим.
- → ☒ Уверены, что семья получится дружной. *harmoniously*
- ☒ Вряд ли получится хорошая семья.

3. Некоторые ответили, что они сомневаются, получится ли брак удачным. *successful* Какими словами выразили они своё сомнение?

Вы тоже считаете легкомысленным жениться, если не уверены в том, что семья получится дружной?
. . . . . . *Иначе?* . . . . *Да, я тоже считаю*

Или иногда можно рискнуть? Как вы думаете? Некоторые говорят, что брак — это лотерея!
. . . . *Да, конечно*   *это важно брак*
    happy   *Я хочу знать как*
А вы знаете тех, кто рискнул и теперь счастлив?   *мы получимся*
. . . . *Нет* . . . .   *дружной*

Вы сами тоже думаете, что брак — это лотерея?
. . . . *Да*

4. «Все подруги замужем, а я нет». Вам кажется серьёзным этот аргумент? Что вы скажете вашей подруге, которая решила выйти замуж в основном по этой причине?

. . . .

5. Мно́гие при опро́се сказа́ли, что же́нятся, что́бы уйти́ из-под опе́ки роди́телей. Как вам ка́жется, в како́м во́зрасте мно́гие молоды́е америка́нцы хотя́т уйти́ из-под опе́ки роди́телей?

. . . . *Не правильна для Американцых* . . . .

А вы уже́ ушли́ из-под опе́ки роди́телей? Как вы счита́ете? Дово́льны вы э́тим?

. . . .

6. Скажи́те, что вы ду́маете об э́том:

Пока – while

> Коне́чно, э́то действи́тельно так.
> Не обяза́тельно. *not an obligation*
> Вря́д ли.
> Совсе́м нет.
> Мо́жет быть.
> Сомнева́юсь. *Doubtful*
> Поживём — уви́дим.

— В разво́де ча́ще инициа́тор муж.
— . . . *Не обязательно* . . . .

— Все холостяки́ — эго́исты.
— . . . *Совсем нет* . . . . . .

— Семья́ без дете́й — э́то не семья́.
— . . . *Совсем нет* . . . .

— Жена́ должна́ брать фами́лию му́жа.
— . . . .

— Роди́тели обя́заны помога́ть молодожёнам.
— . . . .

— В бу́дущем все бра́ки бу́дут счастли́выми. *Нет Вряд ли*
— . . . .

— В 21 год пора́ жени́ться.
— . . . .

— Молоды́е всегда́ хотя́т вы́йти из-под опе́ки роди́телей.
— . . . .

— Мно́гие сейча́с отно́сятся к бра́ку легкомы́сленно.
— *Совсем нет*

— Ра́нние бра́ки всегда́ уда́чны. *исключ.!*
— *я сомневаюсь*

— «Пора́ жени́ться» — серьёзный аргуме́нт для бра́ка.
— *Нет*

Contemporary
— Совреме́нные мужья́ во всём помога́ют жёнам.
— . . . .

— Если нельзя́ обойти́сь без по́мощи роди́телей, не сто́ит жени́ться.
— . . . . *не обязательно*

VI

Как хорошо́ у Ла́ричевых

И. Гре́кова — изве́стная сове́тская писа́тельница, а́втор мно́гих повесте́й (narrative tales) и расска́зов. Она́ пи́шет о са́мых ра́зных лю́дях: учёных (scientists), вое́нных (military people), преподава́телях. И почти́ всегда́ в це́нтре её произведе́ний (works) — же́нский хара́ктер. Писа́тельница — до́ктор фи́зико-математи́ческих нау́к (Doctor of Physics and Mathematics). И. Гре́кова — её литерату́рный псевдони́м.

В отры́вке, кото́рый мы вам предлага́ем прочита́ть, обсужда́ются пробле́мы семьи́, о кото́рых мы уже́ мно́го говори́ли.

Кака́я огро́мная была́ у них любо́вь! Ско́лько она́ проживёт на све́те, бу́дет по́мнить: бы́ло у неё тако́е *happiness* сча́стье, бы́ло! Была́ любо́вь. Была́? Нет, не была́, оста́лась. Несмотря́ ни на что́. На боле́зни, *sickly* ссо́ры! *quarrel* Внача́ле-то ссор не́ было. Бы́ли размо́лвки (disagreements). *The love doesn't depend on bad circumstances*

Пе́рвая размо́лвка была́ в пе́рвый же день совме́стной жи́зни, когда́ они́ прие́хали в посёлок (village), где предстоя́ло им жить.

Среди́ дня пришёл Алекса́ндр Ива́нович, поцелова́л её и сказа́л:
kiss
— А ну́-ка, жена́, подава́й обе́д.
— Обе́д? Како́й обе́д?
— А что, нет у тебя́ обе́да?
— Нет.... А как я могла́ его́ пригото́вить? Из чего́? Ни проду́ктов, *provisions* ни посу́ды...
plates

Он про́сто и споко́йно сел за стол и её пригласи́л же́стом.
(motioned for her to sit down).

— Ся́дь-ка, поговори́м.

Она́ се́ла.

— Послу́шай, Ве́рочка. Ты ещё молода́, **нео́пытна**, жила́ в семье́ на всём гото́вом (you are used to being taken care of). Я тебя́ не осужда́ю, я хочу́ тебе́ добра́ и то́лько добра́... Вы́слушай меня́ внима́тельно и **постара́йся** запо́мнить то́, что я скажу́. Постара́ешься?

— Да.

— Так вот, послу́шай. Мы с тобо́й муж и жена́. У ка́ждого из нас есть **права́** и **обя́занности**. Моя́ обя́занность — служи́ть (work), приноси́ть домо́й де́ньги. Твоя́ обя́занность — вести́ дом. Чего́-то нет? Приду́май, где взять! И не обраща́йся ко мне. Я, мужчи́на, вы́ше э́того. **Я́сно?**

— Я́сно.

— Да́льше. У ка́ждого из нас есть права́. Моё пра́во, придя́ домо́й со слу́жбы, уви́деть весёлое лицо́ жены́, без следо́в слёз. А сего́дня... признава́йся (admit it): **пла́кала?**

— Да...

— Это де́ло твоё. Но следо́в слёз на твоём лице́ ви́деть я не согла́сен. Плачь где хо́чешь и ско́лько хо́чешь, но к моему́ прихо́ду ты должна́ быть умы́та, свежа́, весела́. Поня́тно?

— Поня́тно.

— Ещё не всё. Моё пра́во, пра́во му́жа, придя́ домо́й, сесть за стол и **пообе́дать**. Обе́д в до́ме до́лжен быть ка́ждый день. **Не моё де́ло**, из чего́ ты э́тот обе́д сва́ришь. Для меня́ ва́жно, чтобы всё бы́ло по́дано с улы́бкой, ве́село. Чтобы на столе́ была́ чи́стая ска́терть. И чтобы **пе́рвое** и **второ́е** подава́ли мне не на одно́й **таре́лке**, а на ра́зных. Усво́ила? (Got it?)

— Усво́ила.

— И ещё. Я хочу́, чтобы в моём до́ме бы́ло краси́во. Я хочу́, чтобы, когда́ приведу́ го́стя, моя́ жена́ приняла́ его́ раду́шно (hospitably). Я хочу́, чтобы лю́ди говори́ли: «Как хорошо́ у Ла́ричевых!» Вот чего́ я хочу́. Поняла́?

— Поняла́, — сказа́ла Ве́рочка, — Я то́лько одного́ не поняла́. Ты говори́шь: у ка́ждого из нас свои́ обя́занности и свои́ права́. Мои́ обя́занности ты перечи́слил. А где же мои́ права́?

— У тебя́ одно́ пра́во — быть люби́мой. Или тебе́ э́того ма́ло? (Isn't that enough?)

Вёрочка поспешила ответить:

— Нет, не мало.

В тот день они так и не пообедали. Зато на другой день и всю жизнь было всё: и обед, и скатерть, и цветы, и улыбка, и всегда, всю жизнь, люди говорили: «Как хорошо у Ларичевых!»

1. Как в тексте передано:

... где они должны были жить.

В своей семье ты не занималась домашним хозяйством.

Твоя обязанность — заниматься домом (домашним хозяйством). Поняла?

Я хочу, чтобы когда я приглашу гостя, моя жена приняла его приветливо, с радостью.

Мои обязанности ты назвал.

Вёрочка быстро ответила.

Вёрочка поспешно ответила.

Я хочу, чтобы когда я приведу гостя, моя жена приняла его радушно.

Мои обязанности ты перечислил.

Ты жила в семье на всём готовом. Усвоила?

Твоя обязанность — вести дом.

... где предстояло им жить.

2. И всегда, всю жизнь, люди говорили: «Как хорошо у Ларичевых!» А вы, прочитав текст, тоже сказали бы так?

Вам симпатичен Ларичев? Его взгляды на семью? Вы согласны, что обязанность мужа — только работать, приносить домой деньги?

. . . .

3. Вы согласны, что

❑ обед в доме должен быть каждый день? *Нет*

❑ всё должно быть подано с улыбкой, весело? *Нет*

❑ на столе всегда должна быть чистая скатерть? *Нет*

❑ когда в дом приходит гость, его всегда надо принимать радушно? *Нет*

Ларичев считает, что всё это его права, права мужа. А для жены? Для жены это *только* обязанности.

Вы тоже так считаете?

. . . .

Вспомните, чего он хочет от жены. Какие у неё должны быть обязанности? А Вёрочка согласна с этим? Почему?

. . . .

4. Прочитайте ещё раз разговор Ларичева с женой. Выберите реплики Вёрочки.
Что это — диалог или скорее монолог?

. . . .

5. «Твоя обязанность — вести дом... И не обращайся ко мне», — говорит Ларичев жене. Как он это аргументирует? Найдите его слова в тексте.

Это серьёзный аргумент? Можно сказать, что такие взгляды типичны для современного мужчины?

. . . .

6. «Я хочу тебе добра и только добра», — говорит Ларичев. Вы согласны, что он хочет Вёрочке только добра? Он думает о ней?

. . . .

7. Как вы считаете, во время разговора с женой Ларичев
   ❑ просит Вёрочку?
   ❑ учит Вёрочку?
   ❑ советует Вёрочке?
   ❑ требует от Вёрочки хорошо вести дом?

8. Как Александр Иванович относится к Вёрочке?

   ❑ Он любит её?
   ❑ Уважает её?
   ❑ Относится к ней эгоистично?
   ❑ Заботится о ней?

   Найдите фразы в тексте.

9. Что помогало Вёрочке в жизни?

   ❑ Лёгкий характер?

☐ Мо́лодость?

☐ Любо́вь к му́жу?

☑ . . *Разводиться. Это дукый. дурак*

10. Како́е у вас впечатле́ние, Ве́рочка была́ сча́стлива? У неё была́ хоро́шая семья́?

. . . .

11. *Attitude* Отноше́ние Ве́рочки к бра́ку типи́чно для совреме́нной же́нщины?

. . . . *Может быть в России, они мне кажется это это отношение ещё суще есть*

12. Вы не чита́ли всю по́весть. Как вы ду́маете, что получи́лось из *суще есть* семе́йной жи́зни Ла́ричевых? *или это пряма*

. . . .

Как вам нра́вятся э́ти молодожёны?
Каки́е права́ и обя́занности у ка́ждого из них?

Слова́ уро́ка

боле́знь *f.* illness
большинство́ majority
брак marriage
вари́ть / свари́ть to cook
верниса́ж exhibition
~~вести́ дом to manage~~ the household

вид (*see* сия́ющий)
во́зраст age
в основно́м mainly, primarily
впечатле́ние impression;
   производи́ть /
   произвести́ впечатле́ние
   to make an impression

вряд ли unlikely
встреча́ться / встре́титься
   to meet, date
~~второ́е (блю́до)~~ second
   course
выи́грывать / вы́играть to
   win

выслу́шивать / вы́слушать to hear smbd out

выставля́ть / вы́ставить (карти́ны) to exhibit

выступа́ть / вы́ступить (по телеви́дению) to appear on television

выходи́ть / вы́йти за́муж to get married (for a woman)

выясня́ться / вы́ясниться to become clear, turn out

~~горожа́нин (-а́не)~~ city-dweller, urbanite

~~гото́вить~~ / пригото́вить to cook, to prepare

гото́вый: ~~жить~~ на всём гото́вом to be provided for, to be taken care of

де́вушка girlfriend

де́ло: э́то твоё де́ло this is your problem

добро́: жела́ть добра́ to wish smbd. well, to have smbd.'s best interest at heart

друг boyfriend

жена́т married (for a man)

жени́тьба marriage (of a man)

жени́ться imp. and perf. to get married (for a man)

жени́ться / пожени́ться to get married (for a couple)

жени́х fiancé, groom

за́мужем married (for a woman)

заму́жество marriage (for a woman)

зато́ but then; on the other hand

инициа́тор initiator

~~интервью́ interview~~

кольцо́ ring

легкомы́сленный scatterbrained, flaky

~~лицо́ face~~

люби́мый beloved

~~любо́вь f. love~~

любопы́тство curiosity

~~мно́гие many~~

молодожёны newly-weds

неве́ста fiancée, bride

~~неопределённо vaguely~~

нео́пытна inexperienced

несмотря́ на in spite of

обраща́ться / обрати́ться to address, to turn to

обсужда́ть(ся) to discuss

обя́занность responsibility

огро́мный huge

опро́с survey, poll

остава́ться / оста́ться to stay

~~осужда́ть / осуди́ть~~ to blame smbd

отноше́ние attitude

охо́тно willingly

ошиба́ться / ошиби́ться to be mistaken

па́рень guy

~~пе́рвое (блю́до) first course~~

перечисля́ть / ~~перечи́слить~~ to enumerate

пла́кать to cry

плани́ровать to plan

подава́ть / пода́ть (обе́д) to serve dinner

подраба́тывать / подрабо́тать to earn additionally; to moonlight

подходя́щий suitable; appropriate

пожило́й middle-aged; elderly

получа́ться / получи́ться (из чего) to turn out

посети́тель visitor

~~посёлок village~~

посу́да dishes

почти́ almost

пра́во one's right

предлага́ть / предложи́ть to offer

~~предстоя́ть to be ahead~~, in one's future

приводи́ть / привести́ (госте́й) to bring company home

~~приглаша́ть~~ / пригласи́ть to invite smbd

приду́мывать / приду́мать (here) to think of smth

признава́ться / призна́ться to confess

принима́ть / приня́ть (госте́й) to receive (guests)

~~приноси́ть~~ / принести́ to bring

прихо́д arrival

~~проду́кты groceries~~

проходи́ть / пройти́ по ко́нкурсу to get accepted

~~ра́душно warmly, hospitably~~

разво́д divorce

разводи́ться / развести́сь to divorce

ра́нний early

рискова́ть / рискну́ть to take the risk; venture

самостоя́тельный independent

све́жий fresh

секре́т secret

семе́йное положе́ние marital status

сия́ющий вид radiant appearance

ска́терть f. tablecloth

ску́льптор sculptor

~~следы́ (слёз) traces of tears~~

сло́вом in short

слу́жба job, work

~~сменя́ть / смени́ть~~ to change

совме́стный joint

сомнева́ться to doubt

социо́лог sociologist

споко́йно calmly

среди́ among

ссо́ра quarrel; argument

ссо́риться / поссо́риться to quarrel; argue

стари́нный ancient; old; antique

сча́стье happiness

таре́лка plate

уда́чный successful

улы́бка smile

умы́тый washed up, clean

~~усва́ивать / усво́ить~~ to take smth in, ~~to understand~~

утверди́тельно affirmatively

хара́ктер personality

хо́лост unmarried (about men)

холостя́к bachelor

цвето́к (pl. цветы́) flower

эгои́ст selfish person; egoist

ю́ноша youth n.

ю́ный young; youthful

я́сно clear, clearly

[handwritten marginalia:] приводить / привести · подрабатывить / подходящий · служба · удачный · утвердительно — affirmatively

[handwritten annotations: to turn out получаться to bring company проводить / to offer предлагать to receive принимать]

[handwritten: сомневаться, сомневаться]

У Р О К 2

[handwritten: сомневаться – to doubt / сомневаться / совместный / сомневаться / сомневаться / слушающий]

❑ Что зна́чит «жить хорошо́»?

❑ Го́да два придётся подожда́ть

❑ Должно́ быть всё: рабо́та, семья́, обеспе́ченная жизнь

❑ Я из Колумби́йского университе́та

❑ У вас быва́ют стре́ссы?

❑ «Мы лю́бим люде́й успе́ха» (из о́черка Юрия Три́фонова)

I

Что зна́чит «жить хорошо́»?

Как изве́стно, в США ча́сто прово́дятся социологи́ческие *[handwritten: well known ... conduct]* опро́сы. В после́дние го́ды таки́е опро́сы ста́ли бо́лее популя́рны и в Сове́тском Сою́зе. Их прово́дит Институ́т социологи́ческих иссле́дований (ИСИ), в кото́ром рабо́тает Бори́с Орло́в.

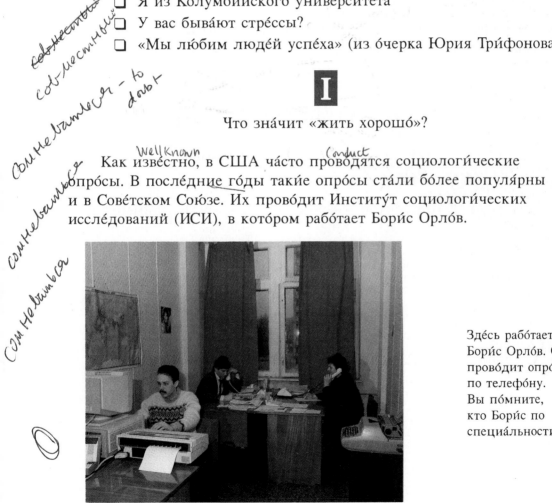

Здесь рабо́тает Бори́с Орло́в. Он прово́дит опро́с по телефо́ну. Вы по́мните, кто Бори́с по специа́льности?

23

Послу́шайте интервью́, кото́рое Бори́с берёт у москви́чки Тру́шиной.

— Прости́те, **с ва́ми говоря́т** из Институ́та социологи́ческих иссле́дований. Не могли́ бы вы отве́тить на на́ши вопро́сы?

— На ва́ши вопро́сы? **Смотря́ на каки́е.**[1] *= Зависит от вопросах*

— В су́щности, всего́ на оди́н. Что зна́чит, по-ва́шему, «жить хорошо́»?

— Вот э́то да! Хорошо́ жить? **Так сра́зу и не ска́жешь.** *Ну как вам сказать...*

— Ну,[2] попро́буйте, пожа́луйста!

— **Что же тут сказа́ть?**[3] Хорошо́ жить... — э́то жить хорошо́.

?? Вы по́няли, кто берёт интервью́? У кого́? Како́й вопро́с за́дал Бори́с москви́чке Тру́шиной? Он получи́л отве́т и́ли нет?

1. Как в диало́ге пе́редано:

Бу́дьте добры́, отве́тьте, пожа́луйста, на на́ши вопро́сы.
Это зави́сит от вопро́са.
В су́щности, то́лько на оди́н. *= в основ-ном*
Тру́дно сра́зу сказа́ть.

2. На вопро́сы ИСИ отвеча́ли, коне́чно, по-ра́зному. Наприме́р, ещё так:

— Хорошо́ жить — зна́чит жить интере́сно, ра́доваться жи́зни.

— По-мо́ему, хорошо́ жить — э́то име́ть возмо́жность де́лать то, что хо́чется.

— Хорошо́ жить? По-мо́ему, **важне́е всего́** хоро́шая рабо́та...

А мно́гие говори́ли:

— Хорошо́ жить? Так сра́зу и не ска́жешь.

Как вы счита́ете, на вопро́с ИСИ действи́тельно тру́дно отве́тить? Вам понра́вился како́й-нибудь отве́т?

---

[1] **Смотря́ на каки́е** is used to avoid a definite answer and is similar to the expression "It depends."

[2] **Ну** — this particle, when used with an imperative, indicates encouragement.

[3] **Что же тут сказа́ть?** expresses hesitation and is similar to the expression "It's hard to say."

3. Вы по́мните, как Бори́с на́чал разгово́р по телефо́ну? Како́й разгово́р мо́жно так нача́ть: официа́льный или неофициа́льный? А как начнёт разгово́р по телефо́ну тот, кто рабо́тает

в Институ́те косми́ческих иссле́дований?
в Институ́те теорети́ческой фи́зики?
в Министе́рстве культу́ры?
в Аге́нтстве Аэрофло́та?
в Ассоциа́ции преподава́телей ру́сского языка́?
в изда́тельстве «Сове́тская Росси́я»?
в Федера́ции футбо́ла?

4. Каки́е могли́ быть диало́ги?

Так сра́зу и не ска́жешь.
Ну, попро́буйте, пожа́луйста!
Что же тут сказа́ть?...

— Прости́те, с ва́ми говоря́т из газе́ты «Сове́тский спорт». Вы не могли́ бы назва́ть три са́мых популя́рных ви́да спо́рта?
— . . . .
— . . . .

— Прости́те, с ва́ми говоря́т из газе́ты «Семья́». Как по-ва́шему, ско́лько дете́й должно́ быть в семье́?
— . . . .
— . . . .
— . . . .

— Прости́те, с ва́ми говоря́т из «Литерату́рной газе́ты». Что вы ча́ще чита́ете: детекти́вы или фанта́стику?
— . . . .
— . . . .
— . . . .

— Прости́те, с ва́ми говоря́т из газе́ты «Труд». Не могли́ бы вы сказа́ть, вам нра́вится ва́ша рабо́та?
— . . . .
— . . . .
— . . . .

— Прости́те, с ва́ми говоря́т из газе́ты «Неде́ля». Не могли́ бы вы сказа́ть, ско́лько де́нег вам ну́жно в ме́сяц?

— . . . .

— . . . .

— . . . .

— Прости́те, с ва́ми говоря́т из газе́ты «Семь дней». Не могли́ бы вы сказа́ть, что́ вы лю́бите смотре́ть по телеви́зору?

— . . . .

— . . . .

— . . . .

5. Отве́тьте на вопро́сы неопределённо.

Вы не могли́ бы отве́тить на мой вопро́с? Смотря́ каки́е.
Ты не подождёшь нас немно́го? Смотря́ куда́.
Дава́й пое́дем отдыха́ть вме́сте. Смотря́ где.
Вы лю́бите моро́женое? Смотря́ ско́лько.
Вам нра́вятся япо́нские маши́ны? Смотря́ когда́.
Мы с Ната́шей идём в кино́. Пойдёшь с на́ми? Смотря́ како́е.
Ты хоте́л бы побыва́ть в Евро́пе? Смотря́ на како́й.

А тепе́рь вы са́ми:

— Вы смо́трите спорти́вные телепереда́чи?

— . . . .

— Ты мо́жешь со мной встре́титься?

— . . . . . *Смотря когда* . . . . .

— Ты не мог бы дать мне де́нег?

— . . . .

— Хоте́л бы ты жить на ю́ге?

— . . . .

— Как, по-ва́шему, рекла́ма помога́ет де́лу?

— . . . .

— Ты за́втра свобо́ден?

— . . . .

— Тебе́ нра́вятся электро́нные и́гры?

— . . . .

— Как, по-вашему, надо проводить опросы?

— . . . .

6. Найдите ответную реплику.

Джек приглашает нас к себе. Ты пойдёшь?	Смотря какая будет погода.
Ты будешь участвовать в опросе?	Смотря кто его будет проводить.
Собираешься выписать журнал «Спутник»?	Смотря сколько это стоит.
Как вы думаете, самолёт завтра не опоздает?	Смотря кто его будет читать.
Ты будешь ходить на курс по русской литературе?	Смотря куда она едет.
Алла отвезёт нас сегодня домой, как ты думаешь?	Смотря кто там будет.

7. Перепутались реплики двух диалогов. Помогите их восстановить.

— Простите, с вами говорят из телепрограммы «Добрый вечер, Москва». Не могли бы вы ответить на один вопрос?

— Здравствуйте, с вами говорят из журнала «Искусство кино». Можно задать вам один вопрос?

— Транспорт? Так сразу и не скажешь. Да не очень хорошо...

— Ну, смотря какой.

— Вы часто ходите в кино?

— На один вопрос? На какой?

— Да в сущности, совсем не ходим.

— Как работает транспорт в вашем районе?

II

Года два придётся подождать

Боря вернулся с работы.
Какие новости?

— **Наконец-то!** *Finally!* Ты что так поздно? Сколько можно работать?
— Да нет, я **насчёт** кооператива узнавал. *В чём дело*
— **Ну, и как?** *А что Что случилось, что произошло*
— Года два придётся подождать. Наш дом только начали строить.
— Целых два года?
— Да[1] разве[2] это долго?
— Очень. Скоро Сашка вернётся из Норильска. Где же мы будем тогда жить?
— Ну что ты, Наташа. Не волнуйся! **Снимем** мы **квартиру**... *Rent* Не снимем — втроём поживём...

---

[1] **Да** is an asemantic particle that introduces a reply.
[2] **Разве** signals doubt, and mild disagreement.

?? Как вы поняли, у Бори с Наташей есть своя квартира? В чьей квартире они живут? Какие у них перспективы? Как вы поняли, в Москве трудно снять квартиру?

Борис шутит, а Наташа волнуется. Почему?

1. Как в диалоге передано:

Ты почему так поздно? *Ты что так поздно?*
Да нет, я узнавал, как дела с кооперативом. *Я нас лёт кооператива узнавал*
Около двух лет придётся подождать. ⑤
Тебе кажется, это долго? А по-моему, нет. ④

2. Как вы поняли, кто дал это объявление?

. . . .

Какую квартиру они хотят снять?
а) . . . . . *однок. квартира* . . . .
б) . . . .
в) . . . .

Надолго они хотят снять квартиру? *Скоро*
. . . . *один. год* . . . .

> **Молодая семья, москвичи (без детей)**
>
> **СНИМЕТ**
> одно/двухкомнатную квартиру
> **недалеко от метро**
> **на длительный срок.**
> Желательно с телефоном.

3. Какую квартиру хочет снять эта семья?

Какое они напишут объявление?

4. Возразите:

— Мы не будем снимать эту квартиру. 150 рублей — это очень дорого.
— Разве это дорого? По-моему, совсем недорого.

— Мне здесь не нравится. Очень далеко от работы.
— . . . .

— Он очень долго писал свой диплом, почти полгода.
— . . . .

— Не пойдём сегодня на лыжах — очень холодно.
— . . . . — . . . .

— Вы любите электронные игры? По-моему, это так трудно!
— . . . .

— Как ты можешь каждый день читать газеты? Это так скучно!
— . . . .

— Я не могу здесь работать — очень темно.
— . . . .

— Давайте откроем окно, здесь так жарко.
— . . . .

— Надо дать объявление сегодня. Это очень важно.
— . . . .

— Не бу́ду де́лать э́то упражне́ние. Это о́чень тру́дно.

— . . . .

5. Перепу́тались по́дписи к рису́нкам. Как пра́вильно?

— Вот э́то да!
— Наконе́ц-то!
— Ско́лько мо́жно спать!

6. Перепу́тались ре́плики диало́гов. Как пра́вильно?

— Вчера́ мы ходи́ли в Дом худо́жника на верниса́ж.
— Ну, и как?
— *Ничего́, но «Хо́нда», наве́рное, лу́чше.*

— Зна́ешь, Марк опя́ть познако́мился с но́вой де́вушкой.
— Ну, и как?
— *Ле́кции непло́хо чита́ет.*

— Я всё же купи́л друго́й мотоци́кл, не «Хо́нду», а «Яву».
— Ну, и как?
— *Да я его́ Ми́ле отдала́, она́ ведь лю́бит цирк.*

— У них на ку́рсе но́вый преподава́тель.
— Ну, и как?
— *В о́бщем интере́сно.*

— Вчера́ Ната́ша с Бо́рей смотре́ли кварти́ру.
— Ну, и как?
— *Не о́чень симпати́чная.*

— Бори́с уже́ зако́нчил опро́с.
— Ну, и как?
— *Он так оби́делся, не зна́ю, что де́лать.*

— Наконе́ц-то Ве́ра верну́лась из Англии.
— Ну, и как?
— *Результа́ты неожи́данные.*

— Та́ня с Артёмом отдыха́ли на мо́ре.
— Ну, и как?
— *О́чень далеко́ от метро́.*

— Зна́ешь, Воло́дя ведь отда́л мне свой биле́т на кита́йский цирк.
— Ну, и как?
— *Це́лый ме́сяц шёл дождь.*

— Ой, я вчера́ на це́лый час опозда́ла к Ви́те на свида́ние.
— Ну, и как?
— *Мно́гие не хоте́ли отвеча́ть.*

— Я вчера́ проводи́л опро́с по телефо́ну.
— Ну, и как?
— *Не зна́ю, как она́, а муж о́чень рад.*

7. Вы, наве́рно, по́мните, что Ната́ша и Бори́с — молодожёны. Бори́с рабо́тает, Ната́ша у́чится. Их бюдже́т — 500 рубле́й в ме́сяц. Им на́до снять кварти́ру. Им предлага́ют две кварти́ры. Кака́я лу́чше? Они́ сове́туются со свои́ми друзья́ми.

Разыгра́йте сце́нку.

Однокомнатная кварти́ра с ли́фтом и балко́ном. **Недалеко́ от** метро́. Бори́су **удо́бно** е́здить на рабо́ту, а Ната́ше— в институ́т. **За** кварти́ру на́до **плати́ть** 250 рубле́й в ме́сяц.

Однокомнатная кварти́ра на пя́том этаже́ без ли́фта и балко́на. От метро́ 15 мину́т пешко́м, 150 рубле́й в ме́сяц. О́чень бли́зко живёт Ната́шина ма́ма.

— Ребя́та, мы хоти́м с ва́ми посове́товаться. Нам предлага́ют...

— . . . .

— . . . .

Должно́ быть всё: рабо́та, семья́, обеспе́ченная жизнь

● ОПРОС ВЕДЕТ «АиФ».

Что значит «хорошо жить»?

Этот вопрос был задан 600 москвичам в ходе телефонного опроса общественного мнения, проводившегося ИСИ АН СССР по заказу «АиФ».

СОГЛАСИТЕСЬ, вопрос несколько необычен, и хотя он вызывал сначала некоторое замешательство («Надо подумать», «Так сразу и не скажешь», «Вопрос философский»), поделиться своими суждениями и представлениями об «идеале» никто не отказался. Правда, встречались и такие, кто спешил побыстрее «разделаться» с вопросом («Живём как все», «Хорошо жить — это жить хорошо»)

тиве, доброжелательность», «Чтобы вокруг были хорошие, вежливые люди», «Больше чуткости к старикам».

Некоторые респонденты восприняли заданный вопрос как возможность высказать своё отношение к разнообразным переменам в нашей жизни, связанным с перестройкой. «Хорошо жить — это больше хорошей продукции, изобилие всего». «Что заработал — получи», «Чтобы хорошо работать и хорошо полу-

ответы	% от числа опрошенных
1. Благополучие в семье	29,5
2. Хорошая, интересная работа	28,4
3. Достаток, материальная обеспеченность	27,2
4. Своё здоровье, здоровье родных и близких	23,8
5. Мир на земле	15,6
6. Моральное удовлетворение	9,7
7. Хорошие отношения с людьми	7,5
8. Решение жилищной проблемы	6,8
9. Магазины без очередей, наличие всего необходимого	4,8

значимость, чем у других возрастных групп, имеет хорошие отношения с окружающими людьми. С возрастом (от 25 до 30 лет) эти проблемы вытесняются другими. К основным требованиям «хорошей жизни» относятся решение жилищной проблемы, материальный достаток, работа.

...И ОБРАЗОВАНИЯ

Не менее интересно, хотя и вряд ли неожиданно, проявляется связь суждений о «хорошей жизни» с образовательным уровнем опрошенных. Для респондентов с начальным и неполным средним образованием (вполне правомерно предположить, что это в основном люди старшего поколения) на 1-м месте — здоровье, москвичей со средним и специальным образованием более всего

1. Большинство́ опро́шенных москвиче́й счита́ет: «Хорошо́ жить — э́то зна́чит име́ть всё: рабо́ту, семью́, **обеспе́ченную жизнь**».

Наве́рное, с э́тим все соглася́тся. Но не всегда́ ведь так получа́ется, пра́вда? И вообще́, что тако́е «обеспе́ченная жизнь»?

Что э́то зна́чит, по-ва́шему?

- ❑ Име́ть свой дом?
- ❑ Снима́ть хоро́шую большу́ю кварти́ру?
- ❑ Име́ть свою́ маши́ну?
- ❑ Име́ть мно́го де́нег? *Иметь счастливе*

А мо́жет быть, что́-то ещё? Или что́-то совсе́м друго́е?

. . *Совсем другое, по-моему, это значит хорошо дорого жить / знать самого себя.*

Обеспе́ченная жизнь — э́то действи́тельно о́чень ва́жно? Как вы счита́ете?

. . *Я считаю, что Обеспеченная жизнь не действительн очень важно, потому что обеспеченная жизнь не иметь счастливе.*

2. А бы́ли и други́е отве́ты, о́чень ра́зные: хорошо́ жить — зна́чит

быть добре́е друг к дру́гу; ⑦
име́ть цель в жи́зни; ④
быть во вну́тренней гармо́нии; ①
жить че́стно ③
To make manifes проявля́ть бо́льше чу́ткости к старика́м; ⑤ *sensitive*
не боле́ть;
хорошо́ рабо́тать и хорошо́ **зараба́тывать;** ⑥
быть поле́зным о́бществу. ②

Что из э́того вы са́ми поста́вите на пе́рвое ме́сто? Вы́берите три—четы́ре са́мых ва́жных, по-ва́шему, фа́ктора. Что бы вы доба́вили?

. . . .

3. Бори́с расска́зывает Ната́ше, как отвеча́ли москвичи́ на вопро́с ИСИ «Что зна́чит жить хорошо́?»

(Мно́гие говори́ли,   что гла́вное...
                    что важне́е всего́...
Мно́гие говори́ли: «Жела́тельно, что́бы (бы́ло)...»
                    «На́до, что́бы...»
                    «Ва́жно, что́бы...»)

4. Как вы ду́маете, каки́е отве́ты принадлежа́т

☑ молодёжи? 5. *(для материалистов)*

☐ лю́дям ста́ршего поколе́ния?

☐ «идеали́стам»?

☑ «материали́стам»?

☐ . . . .?

(Мне ка́жется, отве́т «Быть добре́е... принадлежи́т... . Отве́т... мо́жет принадлежа́ть и..., и... . Тру́дно сказа́ть, кому́ принадлежи́т отве́т...)

А вот что показа́л опро́с ИСИ:

5. Ита́к, пока́ са́мое гла́вное в жи́зни — семья́ и рабо́та. Всегда́ ли так бу́дет?

Нам надо что-нибудь бедатее чем это именние для жизни

6. Вот како́й опро́с провела́ *Нам надо Моральное удовлетворение, философсекими идем и т.д. счастливе* молодёжная програ́мма Ленингра́дского телеви́дения на у́лицах Ленингра́да.

Молодёжная програ́мма Ленингра́дского телеви́дения прово́дит опро́с пе́ред Но́вым го́дом пря́мо на у́лице. «Что у вас хоро́шего?» «Что хоро́шего **случи́лось** в э́том году́?»

— У меня́? Всё хорошо́. Настрое́ние хоро́шее. Конча́ю институ́т.

— Я жени́лся.

— Что хоро́шего? Да **ничего́ осо́бенного.** Вот сын роди́лся в э́том году́.

— А вы говори́те, ничего́ осо́бенного.

ответы	% от числа опрошенных
1. Благополучие в семье	29,5
2. Хорошая, интересная работа	28,4
3. Достаток, материальная обеспеченность	27,2
4. Свое здоровье, здоровье родных и близких	23,8
5. Мир на земле	15,6
6. Моральное удовлетворение	9,7
7. Хорошие отношения с людьми	7,5
8. Решение жилищной проблемы	6,8
⑨. Магазины без очередей, наличие всего необходимого	4,8
10. Быть полезным обществу	4,3

Наш опрос выявил следующие характерные особенности. Так, например, для женщин семейное благополучие стоит на 1-м месте (30,6 %), не менее важно для них здоровье — свое и близких (29,2 %), в то время как мужчины считают более значимым для себя иметь хорошую работу (33,9 %), позволяющую, как надо полагать, обеспечивать себя и семью (31,3 % мужчин называют материальный достаток основным условием «хорошей жизни»).

А что отве́тили бы на э́тот вопро́с Ната́ша, Бори́с?

Наташа: У меня. ничего особенно, потому что у меня нет квартиры.
Борис: . Хорошая интересная работа и благополучие в семье.

Нача́льник дово́лен результа́тами опро́са?

В кабине́те дире́ктора фи́рмы по опро́сам обще́ственного мне́ния:

— Сэр, 83 проце́нта на́ших сотру́дников о́чень высо́кого мне́ния о ва́шем но́вом костю́ме; 15 проце́нтов оце́нивают его́ положи́тельно, 2 проце́нта не вы́сказали определённого мне́ния.

IV

Я из Колумби́йского университе́та

Колле́ги знако́мятся.

— Бори́с Алексе́евич, **не помеша́ем**?

— Ра́зве мо́жет нача́льник помеша́ть? Проходи́те, пожа́луйста, Влади́мир Никола́евич.

— Хочу́ вам предста́вить Ро́берта Макдо́нальда, на́шего но́вого стажёра.

— Очень прия́тно. Бори́с Орло́в. Вы к нам отку́да?

— Я из Колумби́йского университе́та. Меня́ интересу́ет ва́ша мето́дика опро́са...

— Да, но мы то́лько начина́ем... У вас бо́льше о́пыта в э́той о́бласти.

— Я привёз на́ши после́дние материа́лы. Вы мо́жете с ни́ми познако́миться.

— Вот и порабо́тайте вме́сте. Уве́рен, что о́бщий язы́к вы найдёте. Е́сли пона́добится моя́ по́мощь, вы зна́ете, где меня́ найти́.

?? Ско́лько челове́к уча́ствует в разгово́ре? Кто представля́ет Бори́су америка́нского стажёра? Скажи́те, кому́ принадлежи́т ка́ждая ре́плика.

1. Как пе́редано в диало́ге:

Нача́льник никогда́ не мо́жет помеша́ть.
Уве́рен, что вы хорошо́ поймёте друг дру́га.
Е́сли бу́дет нужна́ по́мощь, я бу́ду рад помо́чь.

2. Вы зна́ете, что разгово́р ча́сто начина́ется слова́ми «Прости́те», «Извини́те». А как он начался́ в э́том слу́чае? В како́й ситуа́ции мо́жно так нача́ть разгово́р?

3. В на́шем уче́бнике появи́лся но́вый геро́й. Что вы узна́ли из диало́га о Ро́берте Макдо́нальде? Посмотри́те на фотогра́фию. Как вы ду́маете, он ста́рше и́ли моло́же Бори́са? И́ли они́ одного́ во́зраста?

Почему́ нача́льник уве́рен, что Бори́с и Ро́берт найду́т о́бщий язы́к?

. . . .

4. Возрази́те:

— А́лик перешёл на другу́ю рабо́ту?
— Нет, ра́зве он мо́жет перейти́ на другу́ю рабо́ту!

— Же́ня отказа́лась уча́ствовать в опро́се?
— Нет, ра́зве она́ мо́жет отказа́ться уча́ствовать в опро́се

— Вы обойдётесь без компью́тера?
— обойти́сь
. . . .

— Говоря́т, Вади́м с Да́шей развели́сь?
— . . . .

— Вы хоти́те обойти́сь без на́шей по́мощи?

— . . . .

— Ко́ля что, потеря́л ключи́?

— *Нет* . . *разве* . . *она* . *может* . *потерять* . *ключи.*

— Ка́жется, Та́ня оши́блась.

— . . . .

— Ви́тя, наве́рное, на нас оби́делся.

— . . . .

— Ты забы́л, что Никола́й Петро́вич проси́л тебя́ позвони́ть?

— . . . .

— Прости́те, я вам не помеша́ла?

— . . . .

5. Бори́с Орло́в знако́мит Ро́берта Макдо́нальда со свои́м колле́гой Ива́ном Петро́вичем, кото́рого давно́ интересу́ет о́пыт Колумби́йского университе́та. Разыгра́йте сце́нку.

6.

Я звони́ла тебе́ на рабо́ту. Зна́ешь, никто́ не заме́тил, что тебя́ нет.

Как вы ду́маете, почему́ без него́ мо́гут обойти́сь *manage* на рабо́те? Кака́я у него́, по-ва́шему, до́лжность?

7. — Алло́, Ната́ша, э́то я. Мне придётся сего́дня задержа́ться *to keep back from* на рабо́те.

— Опя́ть? Так недо́лго и стресс зарабо́тать.

— **Это же**[1] рабо́та, Нату́ля!

---

[1]**Это же** — here is an emphatic way to refer to something obvious. Cf. English "that's the way. . .is " or "it is only natural."

Как вам показалось: Наташа волнуется за мужа? Почему она волнуется?

8. Скажите, что вас это не удивляет.

Борис опять задержался на работе. Это же Москва.
Катя опять сегодня опоздала. Это же зима.
Сегодня очень холодно. Это же Катя.
Как здесь шумно. Это же Борис!

А теперь вы сами:

— Опрос занял много времени.

— . . . .

— Леонид опять развёлся.

— . . . .

— Как трудно учить русский язык.

— . . . .

— Какое весёлое Рождество.

— . . . .

— Катя уже всю стипендию потратила.

— . . . .

— Студенты протанцевали всю ночь.

— . . . .

— На концерт Полы Абдул невозможно достать билеты.

— . . . .

— Мэрил Стрип опять получила премию Оскара.

— . . . .

V

У вас бывают стрессы?

Помните, Наташа **волновалась** за мужа, когда он опять **задержался** на работе: «Опять? Так недолго и стресс заработать». Многие считают, что стресс — это вообще болезнь современности. А вы? Как вы считаете? У вас бывают стрессы? Как вы **справляетесь с ними?** Проверьте себя.

Как вы справляетесь со стрéссом?

Это вы узнáете, éсли отвéтите на вопрóсы тéста. За кáждый утвердительный отвéт — однó очкó, за кáждый отрицáтельный— пять очкóв.

Да / ответ

Нет ответа

— Успевáете ли вы кáждый день обéдать?
— Спите ли 7—8 часóв в сýтки?
— Спокóйно ли у вас дóма?
— Есть ли у вас друг, готóвый помóчь в трýдную минýту?
— Занимáетесь ли вы регулярно спóртом?
— Кýрите ли?
— Любите ли алкогóль?
— Соотвéтствует ли ваш вес вáшему рóсту?
— Вам хватáет дéнег?
— **Имéете** ли вы твёрдые **взгляды**?
— Чáсто хóдите в кинó или в теáтр?
— Мнóго ли у вас знакóмых и друзéй?
— Расскáзываете ли вы им о своих проблéмах?
— Считáете ли вы себя здорóвым?
— Спокóйны ли во врéмя ссóры?
— Расскáзываете ли о своих проблéмах сосéдям или коллéгам?
— Нахóдите ли врéмя для óтдыха?
— Умéете ли рационáльно организовáть своё врéмя?
— Пьёте ли ежеднéвно крéпкий чай или кóфе?
— Любите ли спать днём?

Тепéрь подсчитáйте очки.

Мéнее 30 очкóв	— у вас вообщé не бывáет стрéссов.
30—49 очкóв	— вы легкó отнóситесь к стрéссовым ситуáциям.
50—70 очкóв	— вы с трудóм справляетесь с ними.
Бóлее 75 очкóв	— чтóбы выйти из стрéсса, вам нужнá пóмощь друзéй или медицины.

1. Ну вот, вы узнáли, как вы справляетесь со стрéссом. Вы довóльны результáтом? Этот результáт — неожиданный для вас? Или нет?

. . . .

Что вы о себе́ ду́маете: вы ле́гче или трудне́е справля́етесь со стре́ссом, чем по результа́там те́ста?

. . . .

2. Как вы счита́ете, что помога́ет вы́йти из стре́сса?

- ❑ Рабо́та?
- ❑ Друзья́?
- ❑ Любо́вь?
- ❑ По́мощь психо́лога?
- ❑ Транквилиза́торы?
- ❑ . . . .?

Или необходи́мо самому́ научи́ться выходи́ть из стре́сса?

. . . .

3. Посмотри́те ещё раз на вопро́сы те́ста. Как вы ду́маете, всё э́то **ва́жно, что́бы** не́ было стре́сса? Наприме́р, что́бы не́ было стре́сса, ну́жно ка́ждый день обе́дать. Вы́берите, что, по-ва́шему, важне́й всего́.

(Что́бы не́ было стре́сса,   на́до...
                                        не на́до...
                                        на́до, что́бы...
                                        на́до, что́бы бы́ло...)

4. А как вы вообще́ отно́ситесь к те́стам? Серьёзно? Как к шу́тке? Вам э́тот тест понра́вился?

. . . .

Не́которые ду́мают, что «хорошо́ жить» — э́то жить без стре́ссов. Вы с э́тим согла́сны?

. . . .

5. Как вы счита́ете, в на́шей жи́зни неизбе́жны (unavoidable) стре́ссовые ситуа́ции? Или мо́жно обойти́сь без них?

VI

Мы любим людей успеха

В очерке известного советского писателя Юрия Трифонова рассказывается о его впечатлениях от поездки в Лас-Вегас. Американские друзья писателя повели его поужинать в ресторан «Сахара».

Сначала была беседа с официантом, и Лола, нагоняя мне цену и одновременно льстя ресторану «Сахара», сказала, что только в «Сахаре» можно достойно накормить такого крупнейшего бейсболиста из Москвы, такую мировую звезду спорта, как я, на что официант ответил доброжелательным взглядом и как равному протянул для рукопожатия громадную ладонь. Официант спросил, в какой команде я играю.

— «Московские хрипуны» (Moscow Yellers), — ответил я.

— «Московские хрипуны», — перевёл Боб.

— О, «Московские хрипуны»! Хорошая команда. Я слышал, — сказал официант.

Стив заговорил о моей книге. Ему хотелось **сказать** мне **приятное.** Он сказал, что я пишу хорошо. Он прочитал всю *The Long Good-Bye* **от начала до конца,** но мои герои не могут нравиться американцам: они вялые, **нерешительные** (indecisive), не умеют **добиваться своего.** Но это не имеет значения. Для русского я пишу достаточно хорошо. Тут ему показалось, что он сказал недостаточно приятное, и он пустился в объяснения:

— Понимаете, Юра, нам, американцам, такие люди не нравятся. Мы любим людей успеха. А вы, русские, всегда пишете про неудачников. Это неинтересно для нас. Мы любим оптимистическую жизнеутверждающую литературу. Мы такая нация. Верно я говорю, Рут?

— Верно, Стив, — сказала Рут и прочитала оптимистическое американское стихотворение про человека, который кузнец своего счастья (master of his own fate).

— Всё это вздор, — сказал Бобчик.

— Почему́ вздор? — спроси́ла Ло́ла.

— Абсолю́тный вздор. Насчёт успе́ха и так да́лее. Мо́жно поду́мать, что все америка́нцы добива́ются успе́ха. Ска́зка для дурако́в.

— Добива́ются все, кото́рые, ну, ска́жем, э́того досто́йны. Бо́бчик усмехну́лся.

— Досто́йны?

— Ну да, — сказа́ла Ло́ла.

— Замеча́тельно.

— Ма́ма, коне́чно, досто́йнейшая, — сказа́ла Су́зи.

— Су́зи, послу́шай, что я тебе́ расскажу́ про Сти́ва, — сказа́ла Рут. — Челове́к до́лжен **име́ть во́лю** к жи́зни...

Она́ ста́ла расска́зывать: как Стив был фе́рмером, пото́м учи́лся, был лётчиком на войне́, рабо́тал в ра́зных места́х, затева́л мно́жество дел, прогора́л дотла́, начина́л сно́ва, опя́ть прогора́л, опя́ть начина́л — и так бы́ло бессчётное число́ раз, но он не **сдава́лся.** Стив простоду́шно улыба́лся, слу́шая про себя́.

Бо́бчик сказа́л:

— А я тре́тий год не могу́ **прода́ть** сцена́рий. Мо́жет, я идио́т?

— Нет, ты не идио́т, — сказа́ла Ло́ла. — Но ты **невезу́чий.**

— Послу́шай, ведь то́, чем я занима́юсь, не игра́ в ка́рты. Что зна́чит — невезу́чий?

— Не зна́ю. Возмо́жно, ты ма́ло рабо́таешь. Я не понима́ю, **в чём де́ло.** — Ло́ла вы́прямилась (sat up straight) во весь свой ма́ленький рост.

— Не бу́дем по́ртить аппети́т, о’ке́й?

1. Как в те́ксте пе́редано:

о́чень большо́й   добива́ться своего́
поднима́ть це́ну   затева́ть но́вое де́ло
вку́сно, хорошо́ накорми́ть   пусти́лся в объясне́ния
добива́ться свое́й це́ли   нагоня́ть це́ну
начина́ть но́вое де́ло   досто́йно накорми́ть
изве́стный спортсме́н   звезда́ спо́рта
на́чал подро́бно объясня́ть   грома́дный

2. Вы по́няли, что для официа́нта профе́ссия бейсболи́ста прести́жнее профе́ссии писа́теля? А для вас?

А е́сли бейсболи́ст —звезда́ спо́рта?
А е́сли писа́тель —лауреа́т Но́белевской пре́мии?

А éсли óба малоизвéстны?

А éсли писáтель получáет намнóго бóльше?

А éсли óба начинáющие, и мы ничегó о них не мóжем сказáть?

А какие профéссии вы считáете престижными?

А профéссия учителя сегóдня престижна?

. . . .

3.   Рýсские друзья повели пообéдать в рестора́н «Москва́»
     америка́нского бейсболи́ста. Снача́ла была́ бесе́да с официа́нтом
     и, нагоня́я це́ну америка́нскому дру́гу, Татья́на сказа́ла:

     — То́лько в ва́шем рестора́не мо́жно досто́йно накорми́ть тако́го
       крупне́йшего писа́теля из Аме́рики, как наш друг.
     — Как прия́тно! Прости́те, а мо́жно узна́ть ва́ше и́мя?
     — Стив Га́рви.
     — О, я, коне́чно, слы́шал! Я да́же чита́л ва́ши кни́ги, когда́
       учи́лся в шко́ле.

 Как вы по́няли, кака́я профе́ссия прести́жней для ру́сского
официа́нта? Он хорошо́ знако́м с америка́нской литерату́рой?
А с америка́нским спо́ртом? Вам что́-нибудь говори́т и́мя
Сти́ва Га́рви?

4. «Мы лю́бим люде́й успе́ха. Мы така́я на́ция».

Лю́бите? Пра́вда? А что зна́чит для вас успе́х?
❑ Хоро́шая карье́ра?
❑ Больша́я популя́рность?
❑ Бога́тство?
❑ . . . .?

5. «Нет, ты не идио́т... Но ты невезу́чий... Не зна́ю. Возмо́жно, ты ма́ло рабо́таешь, я не понима́ю, в чём де́ло...»

Так в чём же де́ло? **От чего́ зави́сит** успе́х?
Ну́жно, что́бы про́сто **повезло́?**
Или обяза́тельно **добива́ться** успе́ха: о́чень мно́го рабо́тать, не сдава́ться, е́сли не везёт?
Или ну́жно и то́, и друго́е?
. . . .

6. Вы по́мните, как Стив сде́лал свою́ карье́ру? Как, по-ва́шему, ему́ повезло́ и́ли он сам доби́лся успе́ха?

7. Им повезло́, как вы ду́маете?

— Анна, молода́я актри́са, сра́зу получи́ла гла́вную роль, потому́ что заболе́ла кинозвезда́.
— Анне ....

— Михаи́л купи́л лотере́йный биле́т за 30 копе́ек и вы́играл маши́ну «Москви́ч».
— . . . .

— Юрий, студе́нт, получи́л на экза́мене тот вопро́с, кото́рый он лу́чше всего́ знал.
— . . . .

— Ло́ра с Ви́тей нашли́ прекра́сную кварти́ру, совсе́м недорогу́ю. Они́ сня́ли её на це́лых три го́да.
— . . . .

ЕСЛИ вы любите неожиданности,
ЕСЛИ вам нравятся внезапные
повороты судьбы и вы верите
в свое счастье,

СЫГРАЙТЕ В ЛОТЕРЕЮ!

За 30 копеек по билету денежно-вещевой лотереи можно выиграть автомобиль **«ЖИГУЛИ»** или **«МОСКВИЧ»**, холодильник или цветной телевизор!

Очередной тираж состоится **17—18 ноября в Тамбове.**

Не упустите свой шанс!

Московское городское управление Сбербанка СССР.

Какой шанс даёт эта лотерея? Что можно выиграть?

. . . .

Как вы относитесь к лотереям? Когда-нибудь играли? Что-нибудь выиграли?

. . . .

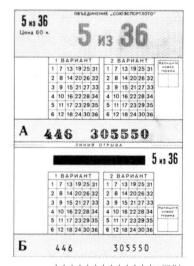

9. Они верят, что им повезёт? В Америке есть такая игра? А что-нибудь похожее?

. . . .

10. «Можно подумать, что все американцы добиваются успеха. Сказка для дураков», — говорит Боб.

Вы с ним согласны? Или это не всегда сказка?

Вы, наве́рное, зна́ете люде́й успе́ха, хотя́ бы одного́? Како́й он? Расскажи́те о нём, его́ жи́зни, успе́хе, и́ли, мо́жет быть, э́то она́?

. . . .

11. Вы счита́ете, что америка́нцы уме́ют добива́ться своего́: добива́ться це́ли, результа́та, успе́ха? Мно́гие америка́нцы так ду́мают:« Мы америка́нцы! Мы уме́ем добива́ться своего́. Мы така́я на́ция»? Э́та уве́ренность помога́ет добива́ться успе́ха?

. . . .

Слова́ уро́ка

абсолю́тный complete
аге́нтство agency
алкого́ль alcohol
бейсболи́ст baseball player
бессчётный countless
бога́тство wealth
бюдже́т budget
вес weight
вздор nonsense
вну́тренний inner, internal
в о́бщем in general
волнова́ться to worry
вообще́ generally, in general
в су́щности in essence
выи́грывать / вы́играть to win
выпи́сывать / вы́писать to subscribe (to a newspaper)
выпрямля́ться / вы́прямиться to sit up straight
вя́лый sluggish
гармо́ния harmony
геро́й (lit.) character, protagonist
грома́дный huge, immense
дели́ться / подели́ться to share
дли́тельный lengthy
добавля́ть / доба́вить to add
добива́ться / доби́ться (успе́ха) to achieve
доброжела́тельный well meaning
досто́йно here: properly
досто́йный worthy

дура́к fool
ежедне́вно daily
жела́тельно preferably
жизнеутвержда́ющий life-affirming
заде́рживаться / задержа́ться to be detained somewhere (here: to be late)
замеча́ть / заме́тить to notice, remark
зараба́тывать / зарабо́тать to earn
затева́ть / зате́ять что-л. to venture
здоро́вье health
иссле́дование research
карье́ра career
кома́нда team
корми́ть / накорми́ть to feed
кооперати́в cooperative
косми́ческий space (attr.)
кре́пкий (о ча́е; ко́фе) strong
кури́ть to smoke
ладо́нь f. palm of hand
лауреа́т Но́белевской пре́мии Nobel Prize winner
лётчик pilot
лотере́я lottery
льстить to flatter
малоизве́стный little-known
мно́жество multitude
молодёжный youth (attr.)

нагоня́ть / нагна́ть (це́ну) to inflate the price, to boost the value
настрое́ние mood
насчёт about, as regards, concerning
на́ция nation
нача́льник head, chief, superior
начина́ющий beginner
невезу́чий unlucky
неожи́данный unexpected
неуда́чник loser, failure
обеспе́ченный: обеспе́ченная жизнь well provided for (here: wealthy life)
обижа́ться / оби́деться to take offense, feel hurt
о́бщий язы́к common language
объявле́ние announcement, notice
оптимисти́ческий optimistic
организо́вывать / организова́ть to organize
официа́льный official, formal
официа́нт waiter
кури́ть to smoke
перспекти́ва prospect, plan
подсчи́тывать / подсчита́ть to count
пое́здка trip
поколе́ние generation

помеша́ть to interrupt, interfere *кому*

популя́рность *f.* popularity

по́ртить / испо́ртить to spoil, ruin

пре́мия award, prize

прести́жный prestigious

прогора́ть/прогоре́ть дотла́ to go bankrupt

простоду́шно open-heartedly

протя́гивать / протяну́ть (ру́ку) to reach out, extend

психо́лог psychologist

пуска́ться / пусти́ться (в объясне́ния) to begin, start (explaining)

ра́вный equal

рациона́льно rationally, efficiently

регуля́рно regularly

рекла́ма advertisement

рост height

рукопожа́тие handshake

свида́ние date

сдава́ться / сда́ться to give up

ска́зка fairy tale

совреме́нность contemporaneity, the present (time)

соотве́тствовать to *чему* correspond, match

социологи́ческий sociological

срок time, period, term

стажёр exchange student, visiting student (scholar)

стресс stress

стре́ссовый stressful

су́тки 24-hour period

сцена́рий script

твёрдый (об убежде́ниях) strong

телепереда́ча television program

теорети́ческий theoretical

теря́ть / потеря́ть to lose

тра́тить / потра́тить to spend *что, на что кого*

убежде́ние conviction

усмеха́ться / усмехну́ться to grin

утверди́тельный affirmative, positive

фа́ктор factor

фе́рмер farmer

фи́рма firm

цель *f.* goal, aim

че́стно honestly

чу́ткость *f.* sensitivity

шанс chance

шу́тка joke

шути́ть / пошути́ть to make a joke

электро́нный electronic

япо́нский Japanese

□ Коммерса́нт возвраща́ется
□ Спецку́рс по ма́ркетингу*
□ Научи́ть инициати́ве
□ Кто же не хо́чет мно́го зарабо́тать?
□ Учи́ть тех, кто мо́жет и хо́чет учи́ться
□ «И я перешёл в Литерату́рный институ́т» (из расска́за Фази́ля Исканде́ра)

I

Коммерса́нт возвраща́ется

Мно́гое меня́ется сего́дня в сове́тском о́бществе. Перестро́йка происхо́дит и в вы́сшей шко́ле.

К сожале́нию, сло́во «комме́рция» получи́ло в ру́сском языке́ негати́вный отте́нок. Тепе́рь ему́ возвраща́ется первонача́льный смысл (It is regaining its original meaning.)

Еженеде́льник информацио́нной слу́жбы «ФАКТ»   Орган Сою́за объединённых кооперати́вов СССР
N 45   19 - 26 ноября́ 1990 года. Изда́ется с 1909 года   Выхо́дит по понеде́льникам

И вот в Институ́те наро́дного хозя́йства им. Плеха́нова появи́лся комме́рческий факульте́т. Здесь у́чится Ната́ша Орло́ва. Ро́берт Макдо́нальд узна́л об э́том из случа́йного разгово́ра:

---

*Because this word is so new, stress has not yet been fixed. Also acceptable is **марке́тинг.**

Почему́ Бори́с
вспомина́ет о
знамени́том
Макдо́нальде?

— Боб, **е́сли не секре́т**, вы не ро́дственник знамени́того
Макдо́нальда?

— Нет, мой оте́ц занима́ется... Как э́то сказа́ть по-ру́сски?
Commerce? У вас и сло́ва-то тако́го нет. *On the contrary*

— **Почему́ же[1] нет?** Есть. Комме́рция. **Наоборо́т**, сейча́с э́то
мо́дное сло́во. Моя́ жена́ да́же у́чится на комме́рческом факульте́те.

— Пра́вда? Ра́зве у вас есть тако́й факульте́т? В како́м институ́те?

— Наро́дного хозя́йства. **Так что[2]** у меня́ ско́ро свой коммерса́нт
бу́дет. Вот когда́ разбогате́ем...

?? В како́м институ́те у́чится Ната́ша? На како́м факульте́те?
Когда́ появи́лся э́тот факульте́т?
Чем занима́ется оте́ц Бо́ба?

1. Как в диало́ге пе́редано:

У вас да́же сло́ва тако́го нет.
Вот тогда́ разбогате́ем.

2. Мно́гие, с кем Ро́берт познако́мился в Москве́, задаю́т ему́
вопро́с, не ро́дственник ли он изве́стного Макдо́нальда. Почему́?

---

[1]**Же** expressive particle used with interrogative words for emphasis.
[2]**Так что** is used in discourse to signal consequence.

Пе́рвое кафе́ «Макдо́нальдс» в Москве́ **появи́лось** в январе́ 1990 го́да.

Это кафе́ в Москве́ популя́рно? Почему́? Там мо́жно вку́сно пое́сть? Там мо́жно бы́стро пое́сть? Мо́жно уви́деть типи́чное америка́нское кафе́?

— . . . .

3. Разгова́ривают два специали́ста из ИСИ. Вот вопро́сы. Отве́ты да́йте са́ми:

— Вы не зна́ете, как зову́т на́шего но́вого стажёра, кото́рый рабо́тает вме́сте с Бори́сом?

— . . . .

— А отку́да он?

— . . . .

— Он молодо́й?

— . . . .

— Симпати́чный?

— . . . .

— Как, вы сказа́ли, его́ зову́т, Макдо́нальд? А он не ро́дственник... ?

— . . . .

4. Работа Роберта вызывает большой интерес у его советских коллег. Ему задают много вопросов.

— Роберт, я слышал, вы из Колумбийского университета?
— Да, а что?
— У нас планируется обмен с этим университетом. Я хотел задать вам несколько вопросов, если можно.
— Конечно, конечно, пожалуйста.

 Кто **обратился к** Роберту Макдональду? Что его интересует?

— Боб, а в США популярны социологические опросы?
— Очень. По-моему, даже **слишком.**
— Слишком? Что ты имеешь в виду?

 Как вы думаете, что он имеет в виду?

5. Возразите:

— Такие опросы у вас не очень популярны?
— Нет, что вы! Наоборот, очень популярны!

— Наша программа вам не очень понравилась?
— . . . .

— Изучать коммерцию, наверное, не очень интересно?
— . . . .

— Профессия социолога у вас в стране не очень престижна?
— . . . .

— Вы не очень довольны результатами этой встречи?
— . . . .

— Проводить телефонный опрос, мне кажется, не очень трудно?
— . . . .

— Какую выбрать методику, по-моему, не очень важно.
— . . . .

6. Наташа приходит к Борису на работу. Его нет. В комнате она видит Роберта Макдональда:

— Простите, а Борис Алексеевич вышел?
— Да, он будет через час. **Что** ему **передать?**
— Передайте, пожалуйста, что была его жена.
— О, вы жена Бориса?
— . . . .
— . . . .

А дальше мы не слышали. Как продолжался разговор?

7. Давайте узнаем то, что нам интересно:

— У Марка Николаевича сегодня день рождения. Интересно, сколько ему лет.
— Давай спросим.
— Марк Николаевич, если не секрет, сколько вам лет?

А теперь вы сами:

—Нина сделала такую большую работу. Интересно, сколько ей заплатили?
— . . . .
— . . . .

— Лёна так похожа на Юру. И ходят они всегда вместе. Интересно, он её брат?
— . . . .
— . . . .

— Почему-то Таня не уходит. Интересно, она кого-нибудь ждёт?
— . . . .
— . . . .

— Маша так похудела. Интересно, она нашла какую-нибудь хорошую диету?
— . . . .
— . . . .

— Ириного мужа так давно не видно. Интересно, он куда-нибудь уехал?
— . . . .
— . . . .

— Ефи́м купи́л кооперати́вную кварти́ру в це́нтре. Интере́сно, ско́лько она́ сто́ит?

— . . . .

— . . . .

— Боб це́лых три го́да не мог прода́ть свой сцена́рий. Интере́сно, он про́дал его́?

— . . . .

— . . . .

— Зна́ешь, Ли́ля вы́играла в лотере́ю «Жигули́». Интере́сно, у неё бы́ло мно́го биле́тов?

— . . . .

— . . . .

— У Ли́ды вчера́ был день рожде́ния. Интере́сно, что ей подари́л Валенти́н?

— . . . .

— . . . .

Спецку́рс по ма́ркетингу
У кого́ мо́жно записа́ться?

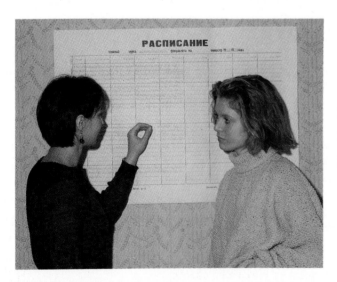

Ку́рсов мно́го —
вре́мени ма́ло.
Что обсужда́ют Оля и Ната́ша?

— Ната́ша, ты слы́шала, у нас со сле́дующего семе́стра бу́дет чита́ть ле́кции профе́ссор из Аме́рики. **Спецку́рс по** ма́ркетингу.

— **Ну да?**[1] А у кого́ мо́жно **записа́ться**? Наве́рное, бу́дет о́чень мно́го жела́ющих.

— **Не зна́ю, не зна́ю.**[2] **Ведь**[3] англи́йским у нас **ма́ло кто** владе́ет.

— Да-а! Про англи́йский я и не поду́мала... Хотя́ я могу́ с Ро́бертом позанима́ться.

— С Ро́бертом? И Бо́ря не **бу́дет про́тив?**

— Да... Э́то вопро́с...

?? Почему́ де́вушки хотя́т записа́ться на спецку́рс по ма́ркетингу? Почему́ Бо́ря мо́жет быть про́тив?

1. Как в диало́ге пе́редано:

Пра́вда? А у кого́ мо́жно записа́ться?

Наве́рное, мно́гие захотя́т записа́ться.

Не уве́рена.

Да... Я не зна́ю. Мо́жет быть, бу́дет про́тив.

2. Как вы счита́ете, специали́сту ва́жно знать иностра́нные языки́? А у вас чита́ют ле́кции, веду́т заня́тия специали́сты из други́х стран?

. . . .

АНГЛИ́ЙСКИЙ ЯЗЫ́К — ЗА ТРИ МЕ́СЯЦА

ЭМОЦИОНА́ЛЬНО-СМЫСЛОВО́Й МЕ́ТОД

Для предприя́тий предлага́ется специализа́ция по про́филю.

Приглаша́ем на ку́рсы уско́ренного обуче́ния англи́йскому языку́.

Заня́тия ежедне́вно в утренние, дневны́е и вечерние часы́.

Телефо́н для спра́вок **243-39-33**

3. Что мо́жет заинтересова́ть Ната́шу с подру́гой в э́том объявле́нии?

❑ То, что курс уско́ренный?

❑ Что **заня́тия прохо́дят** и у́тром и ве́чером?

❑ Что курс для специали́стов?

❑ . . . . ?

---

[1]**Ну да́?** conveys surprise in response to new information.
[2]**Не зна́ю, не зна́ю** signals doubt. Cf. English "I'm not sure about it."
[3]**Ведь** signals causality.

4. А вот ещё какие спецкурсы будут читать у Наташи в институте в следующем семестре:

Расписание занятий

Понедельник	Вторник
Спецкурсы по выбору	День самостоятельных занятий
Социология в торговле 9^{30} – 11	
Проблемы маркетинга 11^{30} – 13^{00}	
Психология в торговле 13^{45} – 14^{45}	

Какой спецкурс вы бы ей посоветовали выбрать? Почему?

5. — Посмотри, можно будет записаться на курсы программирования.
— Наверное, будет много желающих...

> Московский политехнический музей объявляет приём на вечерние курсы программирования

— . . . .

— . . . .

А дальше мы не слышали. Как, вы думаете, продолжался разговор?

6. Найдите ответную реплику.

Что будет читать профессор из США?

Ты что, записался на спецкурс по управлению?

Боюсь, ей будет трудно найти работу. Она такая невезучая.

Ты не знаешь, кто читает экономику в следующем семестре?

Завтра вручают дипломы первому выпуску коммерсантов. Придёшь?

Давай запишемся на курсы русского языка.

Плохо у меня с курсом по финансированию. Может, лучше бросить?

Не знаю, не знаю. Ведь у неё диплом коммерсанта.

Нет, было слишком много желающих.

Можно и прийти. Всё-таки это интересно.

Что ты! Надо больше заниматься.

Что ты! Про следующий семестр я ещё не думала.

Курс по маркетингу.

Давай. Я не против.

III

Научить инициативе

Чтобы подготовить настоящего **специалиста,** — считает профессор Московского института народного хозяйства Воронин, — надо не просто **дать** ему новые **знания,** но и **научить инициативе, предприимчивости,** смелости и **самостоятельности** в работе.

1. Как вы думаете, о какой **специальности** идёт речь?
Можно ли научить этим качествам или с ними нужно родиться?

. . . .

Эти качества важны для всех специальностей? Или для одних больше, для других меньше? Например, будущего преподавателя важно научить инициативе, предприимчивости, смелости и самостоятельности в работе?

☐ А переводчика?

☐ Научного работника?

☐ Инженера?

☐ Коммерсанта?

☐ . . . . ?

По мнению профессора Воронина, сегодня самое актуальное — приблизить **обучение** к реальной жизни.

2. Кажется вам эта проблема актуальной?

☐ Для вас лично?

☐ Для вашего вуза?

☐ Для экономики страны?

☐ . . . . ?

А вот что говоря́т по э́тому по́воду выпускники́ одного́ из политехни́ческих институ́тов в отве́т на вопро́с, за́данный им журна́лом «Сове́тский Сою́з»: «Что дал и чего́ недо́дал институ́т?» «Пра́ктики ма́ло, тео́рии — сли́шком мно́го», «Реа́льность оказа́лась далека́ от институ́тских представле́ний» — вот типи́чные отве́ты.

3. А каку́ю роль игра́ет пра́ктика в ва́шем обуче́нии?

❑ Её совсе́м нет?

❑ Есть, но ма́ло?

❑ Доста́точно?

❑ Сли́шком мно́го?

❑ . . . . ?

Не́которые счита́ют, что ма́ло одно́й пра́ктики, что́бы прибли́зить обуче́ние к реа́льной жи́зни, нужна́ **широ́кая образо́ванность.** По мне́нию одного́ из опро́шенных, тогда́ лу́чше ориенти́руешься в любо́й пробле́ме.

4. Что важне́е для настоя́щего специали́ста:

широ́кая образо́ванность и́ли **у́зкий профессионали́зм?** Почему́?

. . . .

А вы ви́дите каки́е-нибудь **недоста́тки** в **подгото́вке специали́стов** в ва́шем университе́те? Те же, о кото́рых то́лько что прочита́ли? Или совсе́м други́е? Что, по-ва́шему, хорошо́ бы измени́ть в обуче́нии? Что меша́ет э́то сде́лать?

Сего́дня сове́тской эконо́мике, как никогда́, **необходи́мы** самостоя́тельные, инициати́вные руководи́тели. Вот почему́ в ра́зных

конца́х страны́ ежедне́вно рожда́ются це́нтры, шко́лы, ку́рсы по подгото́вке совреме́нных ме́неджеров.

В январе́ 1991 го́да не́сколько организа́ций, в том числе́ Моско́вский институ́т наро́дного хозя́йства, кооперати́в «Варша́вский» и др. организова́ли двухнеде́льный кру́из-семина́р «Шко́ла молодо́го ме́неджера»

Читáли лéкции, велú семинáры по мáркетингу психóлоги, социóлоги, извéстные учёные.

Обучéние в путешéствии **стóило** немáло — 1 600 рублéй. Но всё-таки желáющих закóнчить кýрсы мéнеджеров **оказáлось** óчень мнóго.

(«Спýтник»)

5. Скóлько врéмени продолжáлось обучéние в этой оригинáльной шкóле мéнеджеров?

. . . .

Как вы дýмаете, обучéние стóило дóрого úли, наоборóт, совсéм недóрого?

. . . .

В США существýют рáзные шкóлы мéнеджеров?

. . . .

Вы знáете, скóлько врéмени в них ýчатся?

. . . .

А скóлько это стóит в рáзных шкóлах?

. . . .

Почемý желáющих закóнчить кýрсы мéнеджеров, о котóрых вы прочитáли, оказáлось óчень мнóго?

. . . .

IV

Кто же не хо́чет мно́го зарабо́тать?

И вре́мени ма́ло, и де́ньги нужны́.

— Ната́ша, хо́чешь мно́го зарабо́тать?

— **Кто ж не хо́чет?** На кварти́ру, зна́ешь, ско́лько де́нег на́до. А что?

— Да вот объявле́ние прочита́ла, коопера́тив **приглаша́ет** рабо́тающих на ми́ни-ЭВМ.

— Ну, э́то, **к сожале́нию**, не для меня́. Э́то для Серёжки Во́лкова. **Он же**[1] у нас в э́том де́ле специали́ст.

— Ну, что э́то я бу́ду Серёжке помога́ть?

— О́ля, ты всё ещё не мо́жешь прости́ть ему́, что он на Та́не жени́лся?

— Да не на Та́не он жени́лся, а на па́пиной **зарпла́те.**

— **Ну, что́ же,**[2] ка́ждый зараба́тывает, как мо́жет.

---

[1] In this case, the polysemantic particle **же**, similar to the particle **ведь**, indicates causality.
[2] **Ну, что́ же** signals consent or acceptance (in this case reluctant). Cf. English "Well, what can you do?"

Сколько людей участвует в разговоре? Кто они? Как их зовут?

1. Как в диалоге передано:

Конечно, хочу. ①
На квартиру надо очень много денег ②
Он ведь у нас в этом деле специалист ③
Зачем я буду Серёжке помогать! ④

2. Из диалога вы узнали, что:

Оля • • • • • • • • • • • • • • • • вышла замуж за Серёжу.
Наташа • • • • • • • • • • • • • подруга Наташи, предлагает ей подработать.
Таня — любит деньги.
Серёжа — много зарабатывает.
Танин папа — хочет подработать на квартиру.

3. — Борис, давно хотел тебя спросить, сколько у вас стоит
     кооперативная квартира?
   — Кооперативная квартира? Смотря какая.
   — Ну, скажем, двухкомнатная.
   — Двухкомнатная? Сейчас 10 тысяч и больше. Сначала надо
     заплатить 30% (30 процентов), это первый взнос, а потом
     рассрочка (credit) на 25 лет.

 Как вы думаете, с кем разговаривает Борис?

Сколько должен Борис заплатить за квартиру сразу?
Сколько потом? За какое время?
Как вы думаете, это дорого для Бориса, если он получает 360
рублей в месяц?

горький — bitter

4. Посмотри́те на э́тот счёт. Ско́лько пла́тят в ме́сяц лю́ди, кото́рые живу́т в э́той кооперати́вной кварти́ре, за

❑ холо́дную во́ду?
❑ горя́чую во́ду?
❑ отопле́ние (heat)?

Ско́лько сто́ит така́я кварти́ра?

❑ 5000 р.?
❑ 10000 р.?
❑ бо́льше 10000 р.?

Ско́лько челове́к живёт в э́той кварти́ре?

ЖСК „СУХУМИ" Лицевой счет №	481
Количество жильцов	2
Общая стоимость квартиры	10078-83
Стоимость квартиры к выплате	9851-43
Госдотация к выплате	—
Паевой взнос на 31/XII—88 г.	4595
Остаток непогашенной ссуды	5256-43
РАСЧЕТ эксплуатационных расходов	
Амортизация на капремонт	4-20
Эксплуатационные расходы	7-47
Отопление	1-86
Холодная вода	0-86
Горячая вода	1-20
Радиоточка	—
Коллективная антенна	0-15
Обслуживание эл. плит	0-60

5. — Ты не зна́ешь, ско́лько сто́ит трёхко́мнатная кварти́ра?
— Смотря́ кака́я кварти́ра.

(дом, ку́хня, коридо́р)

— Татья́на, а ско́лько вы заплати́ли за свою́ кооперати́вную кварти́ру?
— Мы? Очень до́рого — 5 ты́сяч.
— Ра́зве э́то до́рого? Тепе́рь кварти́ры сто́ят намно́го доро́же.

(телеви́зор—500 рубле́й, ме́бель—2000 рубле́й, холоди́льник—600 рубле́й)

6. Почему́ э́тот челове́к жале́ет, что он ничего́ не купи́л?

Ра́ньше да́ча сто́ила 10000 рубле́й, а тепе́рь она́ сто́ит 12000 рубле́й.

Цéны 1991 г.

автомобúль «Тáврия» 8000 р.
автомобúль «Жигулú» 13000 р.
автомобúль «Москвúч» 10000 р.

квартúра кооператúвная
двухкóмнатная —14000 р.
трёхкóмнатная—18000 р.
четырёхкóмнатная—21000 р.

путешéствие в Еврóпу 1600 р.
путешéствие в Амéрику 10000 р.
путешéствие в Япóнию 6000 р.

дом в Подмоскóвье от 7000 р. до 50000 р.

7. Какóе из э́тих объявлéний заинтересýет человéка, котóрый хóчет подрабóтать, éсли

— у негó есть сóбственная маши́на,
— он óпытный электрóнщик,
— у негó большóй óпыт составлéния прогрáмм на ЭВМ,
— у негó скóро лéтние кани́кулы.

8. Мóжет быть, э́ти же объявлéния помóгут вам, éсли к вам обратя́тся за совéтом:

— Где бы подрабóтать? Я весь в долгáх.
— У тебя́ же есть маши́на... Я недáвно ви́дел объявлéние в «Реклáме»... Позвони́...

— Дéньги нужны́, а специáльности у меня́ никакóй! Что дéлать?
— Чтóбы продавáть óвощи, диплóма не нýжно...

— Хочу́ устро́иться на рабо́ту в кооперати́в.
— Сейча́с мно́го кооперати́вов...

— Очень нужны́ де́ньги. Куда́ бы устро́иться?
— Ты же мо́жешь рабо́тать на ЭВМ...

По како́му телефо́ну ну́жно звони́ть в кооперати́в «Диск»? А в «Альтаи́р»?

9.

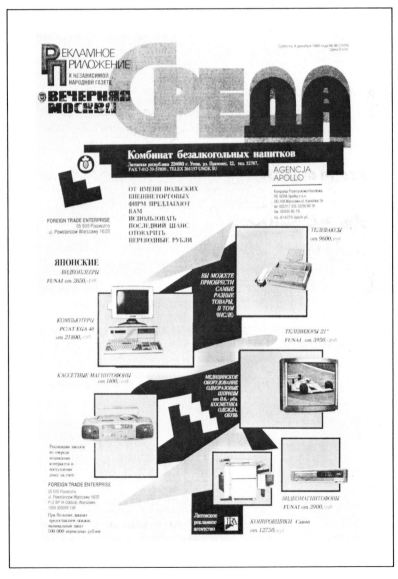

Что ско́лько сто́ит?

10. Помоги́те нам зако́нчить э́тот бесконе́чный разгово́р.

— Ужа́сно бою́сь экза́менов!
— Кто ж не бои́тся?
— Хо́чется сдать хорошо́.
— Кому́ ж не хо́чется?
— Да я не занима́лся весь семе́стр.
— Кто ж занима́лся?
— Бу́ду зубри́ть по ноча́м.
— Кто ж не бу́дет?
— . . . .

11. Скажи́те, что э́то вас не удивля́ет.

— Та́ня прекра́сно провела́ опро́с.
— Это же Та́ня.

— Ко́стя сам починил кофева́рку.
— . . *Это же Костя* . . . .

— Зи́на отли́чно нала́дила компью́тер.
— . . *Это же Зина* . . . .

— Алёша свари́л замеча́тельный борщ.
— . . . .

— Ни́на сама́ сши́ла вече́рнее пла́тье.
— . . . .

— Том прекра́сно сде́лал э́то упражне́ние.
— . . . .

— Па́вел совсе́м не бои́тся экза́менов.
— . . . .

V

АРГУМЕНТЫ И ФАКТЫ

Учи́ть тех, кто мо́жет и хо́чет учи́ться

1. Вы согла́сны, что **успе́х обуче́ния зави́сит** не то́лько **от** того́, кто у́чит, но и от того́, кто у́чится?

. . . .

Вы согла́сны, что на́до и хоте́ть, и уме́ть учи́ться?

. . . .

2. Вот что говори́т об э́том председа́тель Госкомите́та СССР по наро́дному образова́нию*:

«Специали́ста научи́ть нельзя́. Он мо́жет то́лько научи́ться». Как вы э́то понима́ете?

. . . .

Для а́втора э́тих слов успе́х обуче́ния определя́ют три фа́ктора:

самостоя́тельность в учёбе;
спосо́бности к учёбе;
жела́ние учи́ться.

Как вы ду́маете, како́й из э́тих фа́кторов са́мый ва́жный? Или одина́ково важны́ все три? Или важне́е что́-то друго́е?

Кака́я специа́льность у Серге́я Шу́йкина?

---

*USSR State Committee on Public Education

3. К каки́м **предме́там** у Серге́я Шу́йкина бы́ли спосо́бности?

Приложе́ние к диплому № ————

ВЫПИСКА ИЗ ЗАЧЕТНОЙ ВЕДОМОСТИ
(без диплома не действительна)

Шуйкин Сергей Владимирович

за время пребывания в   Московском энергетическом институте

с 1984 г. по 1989 г. и в Московском ордена Трудового Красного Знамени электротехническом институте связи с 19   г. по 19   г. сдал (а) следующие дисциплины по специальности „Радиотехника":

1. Экономика промышленности . . . . .удовлетворительно .
2. Организация, планирование и управление предприятием . . . . хорошо. . . . .
3. Курсовая работа по организации, планированию и управлению предприятием . . . . .хорошо. . . . .
4. Иностранный язык . . . . .хорошо. . . . .
5. Инженерная графика . . . . хорошо. . . . .
6. Высшая математика . . . . .хорошо. . . . .
7. Вычислительная математика . . . . .зачтено . . . .
8. Физика . . . . .удовлетворительно. . . .
9. Радиоматериалы и радиодетали . . . . .зачтено . . . .
10. Электронные приборы . . . . .отлично . . . .
11. Микроэлектроника . . . . .зачтено . . . .
12. Радиотехнические цепи и сигналы .удовлетворительно .
13. Радиоавтоматика . . . . .отлично . . . .
14. Телевидение . . . . .зачтено . . . .

Шуйкин Сергей Владимирович

. . . . выполнил (а)

преддипломную практику по специальности с оценкой . . . . . . хорошо . . . .

и защитил (а) дипломный проект на тему:

„Радиотехническая система предупреждения столкновений самолетов."

с оценкой   отлично. Отмечена практическая ценность проекта . . . .

Ректор института

Декан вечернего факультета

Секретарь факультета

4. Что зна́чит самостоя́тельность в учёбе? Наве́рное, так сра́зу и не ска́жешь. Дава́йте проведём опро́с в гру́ппе. Снача́ла подгото́вимся. Мы должны́ бу́дем узна́ть, что ду́мают студе́нты о самостоя́тельности в учёбе. Что э́то тако́е? Мо́жет быть, самостоя́тельность — э́то

❑ уме́ние по́льзоваться библиоте́кой?

❑ уме́ние самому́ рабо́тать с кни́гой: вы́брать ну́жный материа́л, уви́деть гла́вное?

❑ уме́ние вы́брать ну́жные ку́рсы?

❑ уме́ние самому́ оцени́ть то, что прочита́л и услы́шал на ле́кции?

❑ . . . . ?

Подгото́вились? Тепе́рь реши́те, кто бу́дет социо́логом и проведёт э́тот опро́с.

5. Оце́ним результа́ты на́шего опро́са.

(Большинство́ счита́ет..., не́которые ду́мают..., никто́ не ду́мает..., то́лько оди́н (то́лько дво́е) сказа́ли...)

6. а) Что мо́гут и что должны́ реша́ть студе́нты са́ми?

❑ Как управля́ть общежи́тием? *kader* *студенты саму должны решают*

❑ В каки́х случаях принима́ть и отчисля́ть студе́нтов? *студенты*

❑ Как распределя́ть стипе́ндию? *которые только*

❑ . . . . ? *что закончили университет*

Студенческого совета *и преподаватели*

б) Кто до́лжен реша́ть э́ти вопро́сы? *должны решают*

Это вопрос.

❑ Студе́нческий сове́т?

❑ Администра́ция ву́за?

❑ Профессора́ и преподава́тели?

❑ Госуда́рство?

❑ . . . . ?

7. Остаётся ещё оди́н вопро́с — фина́нсовый. Он заинтересова́л Бори́са Орло́ва:

— Боб, интере́сно, а ско́лько вы пла́тите за обуче́ние?

— . . . .

— Э́то что́ — в год и́ли в семе́стр?

— . . . .

— Э́то то́лько в ва́шем университе́те и́ли везде́ так?

— . . . .

— А у нас обуче́ние везде́ беспла́тное, но стипе́ндии небольши́е — 140 рубле́й. А как у вас со стипе́ндиями?

— . . . .

— А от чего́ э́то зави́сит?

— . . . .

8. Каки́м должно́ быть вы́сшее образова́ние: **пла́тным** и́ли **беспла́тным**? Как быть с пла́той за обуче́ние?

- ❑ Не меня́ть?
- ❑ Повы́сить? *to increase*
- ❑ Пони́зить? *to lower*
- ❑ Отмени́ть? *to cancel*
- ❑ . . . . ?

А что де́лать с плохи́ми преподава́телями?

- ❑ Жа́ловаться администра́ции?
- ❑ Молча́ть и улыба́ться?
- ❑ Занима́ться самостоя́тельно?
- ❑ . . . . ?

А зна́ете, что **предлага́ет** председа́тель Госкомите́та СССР по наро́дному образова́нию?

Голосова́ть нога́ми!

VI

И я перешёл в Литературный институт

Способности, инициатива, самостоятельность — все эти качества есть у юного абитуриента, который приехал из далёкой Абхазии поступать в Московский университет. Фазиль Искандер — сейчас один из самых популярных писателей.

Тогда, 40 лет назад, он был уверен, что его с радостью примут в первый вуз страны. То, как его встретили, и особенно упоминание о разнарядке* для его нации, обидело Фазиля, и он...

Читайте сами, как проявился в этой ситуации его характер.

И вот с аттестатом в кармане (Having graduated from high school) я сел в поезд и поехал в Москву. В те годы поезда шли до Москвы трое суток, так что времени для выбора было достаточно, и я остановился на философском факультете университета.

Не испытывая особого трепета (Feeling no trepidation), я вошёл в университет на Моховой. За столиком с названием «Философский факультет» сидел довольно **пожилой** мужчина. Никто не толпился перед этим столиком. Я смело подошёл к столику. Человек, не шевелясь, посмотрел на меня.

— Откуда, юноша? — спросил он голосом, усталым от философских побед.

— Из Чегема,— сказал я, стараясь говорить правильно, но с акцентом.

— Что это такое?— спросил он, едва заметным движением руки останавливая мою попытку (trying to stop me from) положить на стол документы.**

— Это Абхазия.

— Абхазия — это Аджария? — спросил он как-то рассеянно.

— Абхазия — это Абхазия, —сказал я с достоинством, но не заносчиво.

— А вы не знаете, какой у нас **конкурс**? — спросил он.

---

* Ministry instructions to universities regarding percentages of enrollment of ethnic groups.
** *Here:* application and other related papers.

— У меня́ меда́ль, — расплы́лся я и, не удержа́вшись, доба́вил:
— Золота́я.

— У нас медали́стов* то́же мно́го, — сказа́л он и задви́гал
я́щиками стола́ (started opening and closing his desk drawers): то ли иска́л
внуши́тельный спи́сок медали́стов, то ли про́сто **пыта́лся** вы́играть
вре́мя. — А вы зна́ете, что у нас обуче́ние то́лько по-ру́сски? —
вдруг **вспо́мнил** он.

— Я ру́сскую шко́лу ко́нчил, — отве́тил я, незаме́тно убира́я
акце́нт. — Хоти́те, прочту́ вам стихотворе́ние?

— Так вам на филологи́ческий! — обра́довался он. — Вон тот
сто́лик.

— Нет, — сказа́л я терпели́во, — мне на филосо́фский.

Челове́к погрустне́л, и я по́нял, что мо́жно положи́ть на стол
докуме́нты.

— Пойду́ узна́ю, — сказа́л он, бро́сив на стол докуме́нты, и
подня́лся. — Ка́жется, на ва́шу на́цию есть разнаря́дка.

Как то́лько он скры́лся, я взял свои́ докуме́нты и поки́нул
университе́т. **Я оби́делся** за стихи́ и за разнаря́дку. Ка́жется, за
разнаря́дку бо́льше оби́делся. В тот же день я **поступи́л** в
Библиоте́чный институ́т, кото́рый по доро́ге в Москву́ мне
расхва́ливала одна́ де́вушка из моего́ ваго́на. Э́тот прекра́сный
институ́т в то вре́мя был не так популя́рен, как сейча́с, и я был чуть
ли не пе́рвым медали́стом, поступи́вшим в него́. Сейча́с
Библиоте́чный институ́т переимено́ван в Институ́т культу́ры и
по́льзуется у выпускнико́в больши́м успе́хом, что ещё раз
напомина́ет нам о том, как ва́жно во́время смени́ть вы́веску.

По́сле трёх лет учёбы в э́том институ́те мне пришло́ в го́лову,
что про́ще и вы́годней самому́ писа́ть кни́ги, чем занима́ться
классифика́цией чужи́х книг, и я перешёл в Литерату́рный
институ́т, обуча́ющий писа́тельскому де́лу.

---

*High-school graduate who is awarded a gold medal for academic excellence. Such students are
automatically accepted into any university on the basis of an interview only.

1. Как в тексте передано:

получив аттестат •••••••
может быть, даже первым
уйти из университета
подумать
очень хвалить
широко улыбнуться
выбрать философский
    факультет
огромный список

остановиться на философском
    факультете
расплыться
внушительный список
расхваливать
чуть ли не первым
• с аттестатом в кармане
покинуть университет
прийти в голову

2. Перепутались подписи к рисункам. Как правильно?

С аттестатом в Москву.
Переименовали.
«Философский» разговор.
Обиделся за разнарядку.
В итоге — Литературный.

3. Кто так говорит: пожилой «филосóф»? Юный абитуриéнт?

... спросил гóлосом, устáлым от филосóфских побéд

... спросил кáк-то рассéянно

... сказáл терпелúво

... сказáл и кáк-то засуетúлся

... сказáл с достóинством, но не занóсчиво.

4. Кто это говорит? Почему?

— А вы не знáете, какóй у нас кóнкурс?

— У нас медалúстов тóже мнóго.

— А вы знáете, что у нас обучéние тóлько по-рýсски?

5. Вы соглáсны, что у юного абитуриéнта из Абхáзии есть спосóбности, инициатúва, самостоятельность? Это действúтельно так? Емý это помогáет в жúзни?

Как вы дýмаете, он легкó úли с трудóм справляется с рáзными ситуáциями? С неожúданными для негó? Почемý вы так дýмаете?

. . . .

Найдúте фрáзы в тéксте.

6. Как вы считáете, он прáвильно держáл себя с «филóсофом»?

. . . .

7. Прошлó ужé мнóго лет. Как вы дýмаете, Фазúль вспоминáет, как он поступáл на филосóфский факультéт,

❑ с юмором?

❑ с обúдой?

Найдúте фрáзы в тéксте.

8. Профéссор тóчно не знал, что такóе Абхáзия и где онá нахóдится. А вы? Вы знáете, где нахóдится Абхáзия?

9. Как вам кáжется, на филосóфский факультéт, когдá тудá поступáл Фазúль, был действúтельно большóй кóнкурс?

Почему́ «филóсоф» не хотéл брать докумéнты у Фази́ля?

☐ Он боя́лся, что абитуриéнт из Абха́зии плóхо подготóвлен?

☐ Он лени́вый человéк и поэ́тому ничегó не хотéл дéлать?

☐ Он настоя́щий бюрокра́т, и поэ́тому его́ не интересу́ют способности бу́дущего студéнта?

☐ . . . . ?

10. «Поезда́ шли до Москвы́ трóе су́ток, так что врéмени для вы́бора бы́ло доста́точно, и я останови́лся на филосóфском факультéте университéта».

«В тот же день я поступи́л в Библиотéчный институ́т, котóрый по дорóге в Москву́ мне расхва́ливала одна́ дéвушка из моегó вагóна».

Как вы счита́ете, абитуриéнт из далёкой Абха́зии серьёзно отнёсся к вы́бору институ́та? Это помеша́ло ему́ в жи́зни? Нет? Почему́? Что помоглó ему́ стать извéстным писа́телем?

Слова́ урóка

абитуриéнт high school graduate applying to a university
актуа́льный current, topical; pressing (question)
акцéнт accent
анкети́рование polling, surveying, evaluation
аттеста́т зрéлости high school certificate
беспла́тный free, gratuitous
богатéть / разбогатéть to become rich
броса́ть / брóсить (университéт) to quit
вагóн car (in a train)
владéть иностра́нным языкóм to be fluent in a foreign language

внуши́тельный imposing, impressive
вруча́ть / вручи́ть to hand
всё-таки after all, all the same, however
в том числé among them
вы́веска sign
вы́годный beneficial; profitable
выи́грывать / вы́играть врéмя to gain time
вы́пуск graduating class
выпускни́к senior, graduate
голосова́ть / проголосова́ть to vote
двухнедéльный of two weeks' duration
дёшево cheaply
диéта diet

добавля́ть / доба́вить to add
долг debt
дополни́тельный additional
достóинство dignity, self-respect
едва́ hardly
жа́ловаться / пожа́ловаться to complain
жалéть / пожалéть to regret
жела́ние wish
замéтный noticeable
занóсчиво arrogantly
запи́сываться / записа́ться (на спецку́рс) to enroll
зарпла́та earnings, pay

заслу́живать / заслужи́ть to deserve

зубри́ть to cram, memorize

избы́ток surplus

инициати́ва initiative

испы́тывать / испыта́ть to experience

карма́н pocket

ка́чество quality

квалифици́рованный qualified, skilled

классифика́ция classification

коммерса́нт businessman

комме́рция commerce, trade

комме́рческий commercial

круи́з cruise

ма́ркетинг marketing

меда́ль f. medal

ме́неджер manager

ми́ни-ЭВМ electronic mini-computer

нала́живать / нала́дить to repair, adjust

напомина́ть / напо́мнить to remind

негати́вный negative

недодава́ть / недода́ть to give short

неспосо́бный (учени́к) incompetent

обра́доваться to become happy (at), rejoice (in)

образо́ванность f. education (educated state)

обуче́ние instruction

одобря́ть / одо́брить to approve of

опла́та payment

определя́ть / определи́ть to define, determine

о́пытный experienced

ориенти́роваться to orient oneself

остана́вливаться / останови́ться (на) here: to choose

отменя́ть / отмени́ть to cancel

отте́нок значе́ния shade of meaning

отчисля́ть / отчи́слить to expel

первонача́льный original

переимено́вывать /

переименова́ть to rename

переду́мывать / переду́мать to change one's mind

писа́тельское де́ло literary work

пла́тный paid; requiring payment, chargeable

побе́да victory

повыша́ть / повы́сить to raise; increase

погрустне́ть to become sad

подгото́вка preparation

подучи́ться to study some more

покида́ть / покину́ть to leave

по́льзоваться успе́хом to be a success

понижа́ть / пони́зить to lower; reduce

по по́воду concerning, as regards

попы́тка attempt, endeavor

почини́ть see чини́ть

появля́ться / появи́ться to appear

предприи́мчивость f. enterprise; entrepreneurship

председа́тель Chairman

представле́ние (о чём-л.) idea, notion

приближа́ть / прибли́зить to bring nearer

приобрета́ть / приобрести́ to acquire

приходи́ть / прийти́ в го́лову to occur to somebody

программи́рование programming

профессионали́зм professionalism

проща́ть / прости́ть to forgive

проявля́ться / прояви́ться to show (itself), reveal itself, manifest itself

разбогате́ть see богате́ть

расплыва́ться / расплы́ться в улы́бке to break into a smile

распределя́ть / распредели́ть to distribute

рассе́янно absentmindedly

рассро́чка mortgage, installment payments

расхва́ливать / расхвали́ть to shower with praise

реа́льность f. reality

самостоя́тельность f. independence

самоуправле́ние self-government

скрыва́ться / скры́ться to disappear, vanish

сли́шком too

случа́йный incidental

сме́ло bravely

составле́ние програ́мм для компью́тера programming

специали́ст professional

специа́льность f. profession

спецку́рс course in one's major

спи́сок here: list of names

спосо́бности pl. abilities

схе́ма diagram, chart

сшить see шить

терпели́во patiently

терпе́ть to endure

толпи́ться to crowd

убира́ть / убра́ть акце́нт to remove an accent

уде́рживаться / удержа́ться to resist

упомина́ние mentioning

управле́ние management, administration

устра́иваться / устро́иться на рабо́ту to get a job

учёба studies

финанси́рование financing

хозя́йство economy

хо́лодность f. coldness

чини́ть / почини́ть to repair, to mend

чуть ли не almost, nearly; here: probably

шевели́ться / шевельну́ться to stir, to move

шить / сшить to sew

электро́нщик electrical engineer

How to:

- ❑ start a conversation, attract someone's attention
- ❑ clarify a point, keep a conversation going
- ❑ disagree with someone, tell someone that s/he is mistaken
- ❑ express doubt, uncertainty; give an indefinite answer

How to start a conversation, attract someone's attention

> **Прости́те,** ребя́та, не́сколько слов для програ́ммы «До́брый ве́чер, Москва́».
>
> **Прости́те,** а Бори́с Алексе́евич вы́шел?
>
> Бори́с Алексе́евич, **не помеша́ем?**
>
> **Прости́те, я вам не помеша́л?**
>
> **Зна́ешь,** вчера́ у нас был Серге́й со свое́й но́вой де́вушкой.
>
> **Ты не зна́ешь,** ско́лько сто́ит кооперати́вная кварти́ра?

Прости́ (Прости́те) is the most frequently used form of address at the beginning of a conversation in formal and informal situations.

Не помеша́ю (не помеша́ем?) is a polite way to start a conversation, frequently a formal one; it requires a response before one is free to continue to speak.

Зна́ешь (Зна́ете) is a high frequency form of address used in all kinds of situations. Typically it is used when sharing news.

(Прости́, прости́те), ты не зна́ешь... (вы не зна́ете) is the most frequently used form of address when posing a question. The negative form is the norm in such questions; it avoids a presumptuous or categorical tone.

The particle **не** signals typical modality for Russian interrogatives.

1.   Найдите рисунки к диалогам:

— Простите, пожалуйста, вы не знаете, сколько сейчас времени?
— Нет, я без часов.
— Извините.

— Нина Семёновна, я не помешаю?
— Что ты Саша. Я тебе всегда рада. Проходи.
— Я на минутку.

— Простите, вы не знаете, поезд из Киева не опаздывает?
— Спросите в окне № 5.
— Спасибо.

— Простите, я вам не помешаю?
— Да что ты, Фёдя, проходи.
— Хочу задать вам один вопрос по работе.

2.   Узна́йте у одноку́рсника:

как зову́т де́вушку, кото́рую вы с ним встре́тили на у́лице;
когда́ бу́дет ле́кция по ру́сской литерату́ре;
когда́ откро́ется вы́ставка, на кото́рую вы собира́етесь пойти́;
каки́е сове́тские журна́лы есть у вас в библиоте́ке;
е́дет ли ваш о́бщий знако́мый в Москву́;
почему́ не бу́дет заня́тия по ру́сскому языку́;
мо́жно ли в Аме́рике смотре́ть сове́тские телевизио́нные
програ́ммы;
на ком жени́лся ваш о́бщий знако́мый.

3.   Вам ка́жется, что вы зна́ете э́того челове́ка. Прове́рьте.

— Зна́ешь, мне ка́жется, э́тот челове́к из Колумби́йского
  университе́та.
— Дава́й спро́сим.

— Прости́те, вы не из Колумби́йского университе́та?
— Нет, вы оши́блись.

— Мне ка́жется, э́то муж Лю́си Семёновой.
— Дава́й спро́сим.

— . . . .
— . . . .

— Зна́ешь, мне ка́жется, Никола́й Петро́вич ро́дственник Фёдора
  Трофи́мова.
— Дава́й спро́сим.

— . . . .
— . . . .

— По-мо́ему, э́та де́вушка с экономи́ческого факульте́та.
— Дава́й спро́сим.

— . . . .
— . . . .

— По-мо́ему, э́тот челове́к — врач, мо́жет быть, он нам помо́жет.
— Дава́й спро́сим.

— . . . .
— . . . .

— Зна́ешь, мне ка́жется, что вот та де́вушка у окна́ — э́то Ни́на Кирги́зова, о́чень на неё похо́жа.
— Дава́й спро́сим.
— . . . .
— . . . .

— Зна́ешь, по-мо́ему, па́рень, кото́рый стои́т у вхо́да, из кома́нды «Дина́мо».
— Дава́й спро́сим.
— . . . .
— . . . .

4. Вы узна́ли но́вость. О чём мо́жно спроси́ть?

— Зна́ешь, прие́хала Аня Тито́ва. По́мнишь, она́ была́ у нас год наза́д.
— **Не зна́ешь**, она́ надо́лго прие́хала? Хоте́лось бы с ней уви́деться.

— Зна́ешь, продаётся кни́га «Социоло́гия в торго́вле». По-мо́ему, она́ тебя́ интересова́ла.
— . . . .

— Зна́ешь, Ли́за е́дет на ку́рсы ру́сского языка́.
— . . . .

— В сле́дующем семе́стре у нас бу́дет спецку́рс по ру́сской литерату́ре.
— . . . .

— Зна́ешь, с января́ почти́ все журна́лы бу́дут сто́ить доро́же.
— . . . .

— Све́та наконе́ц сняла́ кварти́ру, о́чень дово́льна.
— . . . .

— Зна́ешь, Ната́ша действи́тельно у́чится на комме́рческом факульте́те, ты был прав.
— . . . .

— Зна́ешь, на́шего но́вого стажёра зову́т Алекса́ндр Наза́ров.
— . . . .

— Зна́ешь, журнали́ст, кото́рый ча́сто ведёт телемосты́ с Сове́тским Сою́зом, до́лго жил в Аме́рике.

— . . . .

— Неда́вно у нас в университе́те проводи́ли социологи́ческий опро́с.

— . . . .

How to clarify a point, keep a conversation going

— Ты почему́ так по́здно?
— Я насчёт кооперати́ва узнава́л.
— **Ну, и как?**

— У нас бу́дет спецку́рс по ма́ркетингу.
— **Ну да?**

Не всегда́ получа́ется так, как мы хоти́м. **Пра́вда? (Да?)**
Обеспе́ченная жизнь — э́то, **действи́тельно,** о́чень ва́жно?

Ну, и как? is used to find out any details, to inquire about one's impressions, or to find out how things are going.

Ну да? is a reiterative question which implies surprise caused by the information just received.

Пра́вда? Да? Действи́тельно? are used to elicit a further confirmation from the person you are talking to.

5.   Каки́е могли́ быть ре́плики?

Ну, и как?
Ну да?
Пра́вда?
Да?

— Зна́ешь, Фе́дя, мы вчера́ бы́ли в Изма́йлове.

— . . . .

— Мно́гое нам понра́вилось.

— Ты зна́ешь, Никола́евы разво́дятся.

— . . . . ?

— Да, мне сказа́л брат Оле́га.

— Мо́жешь меня́ поздра́вить, я купи́л ту карти́ну, кото́рая мне так понра́вилась.

— . . . . ?

— И совсе́м недо́рого.

— Зна́ешь, я позвони́л насчёт авиабиле́тов.

— . . . . ?

— Мо́жно взять то́лько на коне́ц ме́сяца.

— Вчера́ наш Оле́г выступа́л по телеви́зору.

— . . . . ?

— Как всегда́ прекра́сно.

— Та́не и Ви́те то́лько по 18 лет, а они́ уже́ собира́ются жени́ться.

— . . . . ?

— Да, они́ дру́жат с пя́того кла́сса.

— Вчера́ я пе́рвый раз е́здил на но́вой маши́не.

— . . . . ?

— Зна́ешь, пока́ не о́чень дово́лен.

— К нам прие́хал стажёр из Колумби́йского университе́та.

— . . . . ?

— Да. И фами́лия интере́сная — Макдо́нальд.

— Ты зна́ешь, а Стив был лётчиком на войне́.

— . . . . ?

— Да, у него́ вообще́ о́чень интере́сная биогра́фия.

— Боб вчера́ опя́ть пока́зывал свой сцена́рий како́му-то режиссёру.

— . . . . ?

— По-мо́ему, опя́ть не повезло́, опя́ть не взя́ли.

— Вчера́ я был у Ли́ды на дне рожде́ния.
— . . . . ?
— У них всегда́ о́чень интере́сно.

— Оля хо́дит на интенси́вный курс англи́йского.
— . . . . ?
— Говори́т, что о́чень тру́дно.

— Том вы́учил ру́сский за четы́ре ме́сяца.
— . . . . ?
— Ты же зна́ешь, како́й он спосо́бный.

6. Вы расска́зываете, что Ли́за купи́ла 30 лотере́йных биле́тов и ничего́ не вы́играла.

А как э́то бу́дет в диало́ге?

— Зна́ешь, Ли́за купи́ла 30 лотере́йных биле́тов.
— Пра́вда? Ну, и как?
— Ничего́ не вы́играла.

А тепе́рь вы са́ми:

Юрий записа́лся на интенси́вный курс англи́йского языка́. Ему́ о́чень нра́вится.

. . . .

Я вчера́ пе́рвый раз сходи́л в кафе́ «Макдо́нальдс». Бы́ло о́чень мно́го наро́да, но пое́л бы́стро.

. . . .

На́дя не поступи́ла в бале́тную шко́лу и пошла́ на экономи́ческий факульте́т. Пока́ ей да́же нра́вится.

. . . .

Андре́й занима́лся ле́том на ку́рсах по ма́ркетингу. Говори́т, что бы́ло интере́сно.

. . . .

Па́вел Ильи́ч лета́л на конфере́нцию на Гава́йи. Говори́т, что ничего́ похо́жего не ви́дел.

. . . .

Вчера́ Ро́берт де́лал у нас докла́д о мето́дике опро́са. Для меня́ бы́ло мно́го но́вого.

· · · · · · · · · · · · · · · · ·

В понеде́льник у нас в институ́те вруча́ли дипло́мы пе́рвому вы́пуску коммерса́нтов. Был большо́й пра́здник.

· · · · · · · · · · · · · · · · ·

Наконе́ц-то мы на́чали изуча́ть язы́к программи́рования. Мы о́чень ра́ды, ведь э́то ва́жно для нас.

· · · · · · · · · · · · · · · · ·

Я вы́полнил тот тест, кото́рый ты вчера́ дал. Получи́лось, что у меня́ вообще́ не быва́ет стре́ссов.

· · · · · · · · · · · · · · · · ·

Ло́ра с Ма́рком нашли́ прекра́сную кварти́ру, совсе́м недорогу́ю. Они́ сня́ли её на це́лых три го́да.

· · · · · · · · · · · · · · · · ·

Вчера́ был си́льный моро́з, а Вади́м пошёл в институ́т без ша́пки. Коне́чно, си́льно простуди́лся.

· · · · · · · · · · · · · · · · ·

Я прочита́л кни́гу Ю́рия Три́фонова *The Long Good-Bye* до конца́. По-мо́ему, его́ геро́и не мо́гут нра́виться америка́нцам.

· · · · · · · · · · · · · · · · ·

— Бо́ря, **ты что́**, жени́лся?
— Да, **а что́**?

— Вы **что́**, худо́жник?
— Нет, **а что́**?

— Ты **что́**, записа́лся на спецку́рс по управле́нию?
— **А что́**?

Ты (вы, он, э́то) что́...? is used to verify or confirm the supposition made in the predicate.

Да, а что́? Нет, а что́? А что́? is used to inquire what is being implied, or why the question is being asked.

7.   Действи́тельно, почему́ об э́том спра́шивают?

— Ты что́, худо́жник?
— Нет, а что́?
— Ты прекра́сно рису́ешь.

А тепе́рь вы са́ми:

— Ты говори́л, что́ в Изма́йлове всё о́чень до́рого?
— Да, а что́?
— . . . .

— Ты лю́бишь соба́к?
— А что́?

— . . . .

— Ты был на про́шлом заня́тии?
— Нет, а что́? Ты то́же не́ был?

— . . . .

— У Оли, ка́жется, оте́ц врач?
— Да, а что́?

— . . . .

— У Ге́нри есть маши́на?
— Нет, а что́?

— . . . .

— У тебя́ есть с собо́й де́ньги?
— А что́?

— . . . .

— Ру́сский язы́к тру́дный?
— По-мо́ему, да. А что́?

— . . . .

— Ты где́-нибудь подраба́тываешь на кани́кулах?
— Сейча́с да, а что́?

— . . . .

— Твоя́ жена́, ка́жется, ле́том занима́лась на комме́рческих
  ку́рсах?
— Да, а что́? Тебя́ э́то то́же интересу́ет?

— . . . .

— Не зна́ете, Фёдор Миха́йлович у себя́?
— Ка́жется, да. А что́?

— . . . .

8.   Какие могли быть реплики?

— Ты не знаешь, кто Генри по специальности?
— Генри? По-моему, бейсболист.
— . . . . ? . . . . ?
— А ты что думал? Почему ты так удивляешься?

— Простите, можно войти?
— Да, да. Заходите, Том.
— . . . . ?
— Нет-нет, я очень рад вас видеть.

— Знаешь, Ивановы купили собаку.
— . . . . ? . . . . ?
— По-моему, она у них теперь главный член семьи.
— Я их понимаю.

How to disagree with someone, tell someone that s/he is mistaken

— Вы что, художники?
— **Совсем нет.** Я социолог, а Наташа — будущий экономист.

— Что-нибудь купили?
— **Нет, что вы.**

— Боря ещё не женат?
— **Нет, что ты, ты ошибаешься,** он уже женат.

— Такие опросы у вас не популярны?
— **Нет, что вы! Наоборот,** очень популярны.

— Целых два года придётся ждать!
— Да **разве** это долго?

— За 150 рублей не будем снимать квартиру. Это очень дорого.
— **Разве** это дорого? Это совсем недорого!

Нет, что вы! signals emphatic disagreement in response to the assumption contained in the previous question.

Совсем нет is used as a categorical denial of a suggestion or a question.

Разве signals mild disagreement.

All of these forms of expression can be combined in speech.

— Знаешь, Сергей Волков женился на Тане.
— А разве не на Оле?
— Нет, что ты!

— Курс по маркетингу читал Николай Петрович Исаев.
— Разве? А я думал, профессор из Америки.
— Совсем нет. Он не смог приехать.

9.   Возразите:

а) категорично
     — Сегодня очень холодно.
     — Что ты! А по-моему,
       совсем нет!

б) мягко
     — Сегодня очень холодно.
     — Разве холодно? Мне
       кажется, что нет.

— Стив очень везучий.
— . . . .

— По-моему, это упражнение полезное.
— . . . .

— Посмотри, книга стоит 15 рублей. По-моему, это очень дорого.
— . . . .

— Фирма, куда поступает Билл, очень престижная.
— . . . .

— Найти настоящего специалиста по маркетингу сейчас очень трудно.
— . . . .

— Знаешь, Фазиль очень жалел, что не поступил в университет.
— . . . .

— У слова «коммерция», по-моему, и сегодня ещё есть негативный оттенок.
— . . . .

— Я слышал, что Саша уехал в Норильск на целый год. По-моему, это очень долго.
— . . . .

— Мужчина обязательно должен быть решительным, я так считаю.
— . . . .

— Не понимаю, почему Айрин не может добиться успеха, она так много работает.

— . . . .

— Сузи слишком уверена в себе.

— . . . .

10. Какие могли быть реплики?

— Ты совсем не стараешься нам помочь.
— Наоборот, я очень стараюсь.

— . . . .

— Наоборот, я очень внимательно тебя слушаю.

— . . . .

— Наоборот, Петя больше всего любит мороженое.

— . . . .

— Наоборот, он ходит почти на все лекции.

— . . . .

— Наоборот, у меня прекрасный аппетит.

— . . . .

— Наоборот, этот экзамен самый лёгкий.

— . . . .

— Наоборот, по-моему, Таня самая везучая из нас.

— . . . .

— Наоборот, Тим очень похож на отца, на мать он ни капли не похож.

— . . . .

— Наоборот, я сразу согласился.

— . . . .

— Наоборот, я никогда не опаздываю.

— . . . .

— Наоборот, Маша совсем не любопытная.

— . . . .

— Наоборот, мы никогда не ссоримся.

11. А тепе́рь, возрази́те, испо́льзуя сло́во **наоборо́т**.

— Пе́тя совсе́м не лю́бит ви́део.

— . . . .

— У Джо́рджа сего́дня плохо́е настрое́ние.

— . . . .

— Вы, ка́жется, не лю́бите апельси́новый сок?

— . . . .

— Га́ля совсе́м недово́льна свое́й но́вой кварти́рой.

— . . . .

— Кафе́ «Макдо́нальдс» в Москве́ не по́льзуется популя́рностью.

— . . . .

— В ва́шем институ́те, по-мо́ему, вся те́хника совреме́нная.

— . . . .

— Андре́й, мне ка́жется, всегда́ во всём сомнева́ется.

— . . . .

— Газе́ту «Таймс» ма́ло кто чита́ет.

— . . . .

— Настоя́щему специали́сту не нужна́ широ́кая образо́ванность.

— . . . .

— У америка́нской кома́нды по бейсбо́лу в э́тот раз ма́ло ша́нсов на побе́ду.

— . . . .

12. Сде́лайте э́ти диало́ги экспресси́вными:

Нет, что́ ты!
Наоборо́т ...
Ра́зве ...

— Изма́йловский парк нахо́дится в Ленингра́де.
— Нет, он нахо́дится в Москве́.

— Гла́вная причи́на разво́дов — легкомы́сленное отноше́ние к бра́ку.
— Нет, не то́лько э́то.

— Все холостяки́ — эго́исты.
— Нет, не все.

— Молоды́е лю́ди, е́сли на́до, всегда́ мо́гут обойти́сь без по́мощи роди́телей.
— Нет, не ду́маю.

— Говоря́т, ты вы́играл в лотере́ю.
— Нет, я никогда́ не выи́грываю.

— У Сти́ва нет маши́ны.
— У Сти́ва есть маши́на.

— За́втра мы зако́нчим наш опро́с.
— Нет. За́втра мы его́ не зако́нчим.

— По-мо́ему, у тебя́ больша́я зарпла́та.
— Совсе́м нет.

— Како́й ты везу́чий.
— Нет. Я про́сто мно́го рабо́таю.

— Ко́стя сам почини́л свою́ маши́ну.
— Нет, он отдава́л её в ремо́нт.

— Вы сюда́ пришли́ про́сто из любопы́тства?
— Нет, не то́лько.

— По-мо́ему, ты лю́бишь спаге́тти?
— Совсе́м не люблю́.

How to express doubt, uncertainty; give an indefinite answer

— Наве́рное, бу́дет мно́го жела́ющих...
— **Не зна́ю, не зна́ю...**

— Вы уве́рены, что у вас полу́чится дру́жная семья́?
— **Вряд ли.**

> — **Сомнева́юсь.**
> — **Поживём — уви́дим.**
>
> — А ра́ньше что́, боя́лся?
> — **Да как сказа́ть?**
>
> — Что зна́чит — хорошо́ жить?
> — Хорошо́ жить? **Так сра́зу и не ска́жешь...**
>
> — **Ра́зве** Серге́й Во́лков жени́лся на Оле?

Не зна́ю, не зна́ю expresses doubt and is equivalent to the English "I'm not sure," or "I don't think I can agree."

Вряд ли and **сомнева́юсь** are used to express doubt bordering on negation.

Поживём — уви́дим expresses uncertainty and evasiveness.

Ра́зве introduces a repeated question with a connotation of doubt and contradiction.

Да как сказа́ть ... and **Так сра́зу и не ска́жешь ...** are forms of indefinite response which convey that an issue is more complex than it appears.

13.

— Зна́ешь, Ники́та, э́та рабо́та о́чень сро́чная, её на́до сде́лать за две неде́ли.
— Что ты! Ра́зве таку́ю большу́ю рабо́ту мо́жно сде́лать за две неде́ли?
— На́до — зна́чит на́до!
— Ну, ла́дно, попро́бую, но вряд ли полу́чится.

 Как вы ду́маете, Ники́та спра́вится с рабо́той за две неде́ли? Почему́?

— Ли́нда, ты не хо́чешь записа́ться на интенси́вный курс?
— Да как сказа́ть. В при́нципе о́чень хочу́, но сейча́с у меня́ мно́го дел.
— Поду́май. В э́том году́ э́то бу́дет после́дний интенси́вный курс.
— Пра́вда?

 Как вы ду́маете, Ли́нда запи́шется на интенси́вный курс?

14.

Том всегда́ о́чень ве́жлив, бои́тся кому́-нибудь помеша́ть.
Ло́ра эмоциона́льна и любозна́тельна, лю́бит расспра́шивать.
Ма́рка о́чень легко́ удиви́ть.
Кэт всегда́ сомнева́ется, для неё о́чень ва́жно мне́ние
собесе́дника.

Каки́е слова́ ка́ждый из них ча́сто употребля́ет?

Не зна́ю, не зна́ю...
Ну, и как?
Ну да?
Ты не зна́ешь...
Прости́те, ра́зве...?
Пра́вда? Да?
Я вам не помеша́ю?
Он что́,...?
Вряд ли. Сомнева́юсь.

15. Кака́я могла́ быть реа́кция?

— Здесь всегда́ легко́ взять такси́.

— . . . .

— Ой, посмотри́, кака́я соба́ка. Я зна́ю, э́то ко́лли.

— . . . .

— Я э́тот фильм смотре́л ещё на фестива́ле.

— . . . .

— Напра́сно, Серге́й Петро́вич, вы не взя́ли с собо́й зо́нтик.
    Обяза́тельно бу́дет дождь.

— . . . .

— Мы с му́жем е́здили на э́тот о́стров про́шлым ле́том.

— . . . .

— Я про́сто уве́рена, что пе́рвой придёт моя́ ло́шадь.

— . . . .

16. Каки́е могли́ быть ре́плики?

— За́втра пя́тница?

— . . . .

— У меня́ биле́т на конце́рт на э́ту пя́тницу.

— Стив отли́чно рису́ет.

— . . . .

— Нет, он не худо́жник, он музыка́нт.

— . . . .

— Нет, что́ вы! Проходи́те, пожа́луйста, рад вас ви́деть.

— Я на мину́тку.

— Ты не зна́ешь, ско́лько сто́ит сейча́с однокóмнатная кварти́ра?
— То́чно не зна́ю, ... ?
— Меня́ оди́н знако́мый проси́л узна́ть.

— Са́ша о́чень ра́но жени́лся.
— . . . .
— По-мо́ему, жени́ться в 22 го́да — э́то всё-таки ра́но.

— Зна́ешь, Том уча́ствует в соревнова́ниях по пла́ванию.
— . . . .
— Да, он серьёзно занима́ется пла́ванием.

— Никола́й Миха́йлович не о́чень лю́бит самолёт.
— . . . .
— То́лько éсли у него́ нет вре́мени на по́езд.

УРОК 4

- ❑ Это то́лько шу́тка
- ❑ Что опя́ть не так?
- ❑ Мы выбира́ем... Нас выбира́ют...
- ❑ Каки́е у Фе́ди та́йны!
- ❑ Что зна́чит быть бли́зкими друг дру́гу
- ❑ Викто́рия То́карева «Зигза́г»

I

Это то́лько шу́тка

Хара́ктер челове́ка **влия́ет на** (influences) всю его́ жизнь. Мо́жет быть, поэ́тому мно́гих так интересу́ют наблюде́ния психо́логов (psychological data), психологи́ческие те́сты. ☞ *да́нный (data)*

Како́й у вас хара́ктер? Кто вы — пессими́ст и́ли оптими́ст? Лю́ди ча́сто серьёзно отвеча́ют на э́ти вопро́сы, но не на́до теря́ть и **чу́вство ю́мора** (sense of humor).

Та́почки — slippers

Кни́га интере́сная?
Как вам ка́жется?

Послу́шайте, о чём говоря́т Ната́ша с Бори́сом.

— Посмотри́, как интере́сно! Я нашла́ у Аристо́теля: «О́стрый нос — при́знак беспоко́йного челове́ка». Это ведь о тебе́, Бо́ренька!

— Обо мне́? Что ты, Ната́ша, ра́зве у меня́ нос о́стрый? **Совсе́м нет.**

— Ну, **нет так нет**[1]!

— А ещё что там Аристо́тель пи́шет?

— Ещё? То́лстый нос означа́ет лень. А это о ва́шем Фе́деньке.

— Ната́ша, а что, там о злых языка́х ничего́ нет?

— Ну, **не серди́сь, не серди́сь**[2]. Это то́лько шу́тка.

?? Что ду́мает Ната́ша о хара́ктере Бори́са? Бо́ре понра́вилось то́, что Ната́ша сказа́ла о Фе́де? Как вы ду́маете, Бо́ря немно́го **оби́делся**? Ната́ша это поняла́?

1. Вы по́мните, как Ната́ша начала́ разгово́р с Бори́сом? В како́й ситуа́ции мо́жно так нача́ть разгово́р?

2. Как в диало́ге пе́редано:

Я прочита́ла в кни́ге у Аристо́теля...
Тебе́ ка́жется, что у меня́ нос о́стрый? А по-мо́ему, нет.
Е́сли ты ду́маешь, что это не так, зна́чит, это действи́тельно не так.

3. Вы по́мните, что Ната́ша нашла́ у Аристо́теля?

О́стрый нос...
То́лстый нос...

4. Почему́ Бо́ря **оби́делся** на Ната́шу?

На **шу́тку** мо́жно оби́деться?
А у Бо́ри, действи́тельно, нос о́стрый? Посмотри́те на фотогра́фию.
А у Фе́ди како́й нос?

[1] **Нет так нет** concedes the point to the other person.
[2] **Не серди́сь, не серди́сь** — repetition intensifies the utterance.

5. Возразите:

— Какой у него нос толстый!
— Разве толстый? Совсем нет!

— Очень Юля бледная сегодня.
— . . . .

— Какие у собаки уши большие!
— . . . .

— Эта комната очень тёмная.
— . . . .

— Сегодня шеф наш очень сердитый.
— . . . .

— Оля мало занимается.
— . . . .

— Газета сегодня скучная.
— . . . .

— Кресло ужасно неудобное.
— . . . .

— У Осипа тяжёлый характер.
— . . . .

— Фёдя такой невезучий!
— . . . .

— Он так плохо говорит по-русски.
— . . . .

— Стипендия у них такая маленькая.
— . . . .

— Борис так много работает.
— . . . .

6. Закончите диалоги.

— Не хочешь подработать во время каникул?
— Знаешь, у меня другие планы.
— Ну, нет так нет.

— Посту́пим вме́сте на интенси́вные ку́рсы?
— Да я англи́йский непло́хо зна́ю.
— . . . .

— Не помо́жешь мне с компью́тером?
— Я на тако́м компью́тере никогда́ не рабо́тал.
— . . . .

— Не пока́жешь го́род на́шему го́стю?
— Я ведь в Ленингра́д сего́дня уезжа́ю.
— . . . .

— Хоти́те приня́ть уча́стие в опро́се?
— Не люблю́ я опро́сы.
— . . . .

— Хо́чешь посмотре́ть тест?
— Не ве́рю я в э́ти те́сты.
— . . . .

— Не хо́чешь в кооперати́ве подрабо́тать?
— Не́когда мне.
— . . . .

А тепе́рь вы са́ми:

— Дава́й ку́пим э́то кольцо́?
— . . . У меня нет денег . .
— . . . . . Нет так нет . . . . .

— Ты не переда́шь Ге́нри, что в суббо́ту я за́нят?
— . . . .

— Вы не хоти́те пойти́ с на́ми на вы́ставку цвето́в? *flower market*
— . . . .
— . . . .

— Ты не подождёшь меня́ по́сле заня́тий?
— . . . .
— . . . .

— Ты за́втра свобо́ден? Пое́дем куда́-нибудь?
— . . . .
— . . . .

— Ты не мог бы дать мне 30 долларов до понедельника?
— . . . .
— . . . .

— Вы не могли бы заехать за мной в пятницу?
— . . . .
— . . . .

— Давай запишемся на спецкурс по философии.
— . . . .
— . . . .

7. В каких ситуациях, по-вашему, можно обидеться, в каких нет? Выберите реакцию:

— Да что ты (вы)! Разве на это можно обидеться?
— Ну, на это можно обидеться!

— Я не смог с ним вчера встретиться. Боюсь, что он обиделся.
— . . . .

— Забыла принести Вере книжку. Мне кажется, она обиделась.
— . . . .

— Обещала пойти со Славой в театр, но не пошла — настроение было плохое. По-моему, он очень обиделся!
— . . . .

— Марта с Игорем поженились, а родители даже не знали. Они очень сильно на них обиделись.
— . . . .

— Я опоздал только на 10 минут, а Женя обиделась.
— . . . .

— Знаешь, Антон не поздравил меня с днём рождения. Я обиделась на него.
— . . . .

— Марина целую неделю была в Москве, а мне даже не позвонила. Я на неё обиделась.
— . . . .

— Ле́на боле́ла, а я к ней ни ра́зу не смог зайти́. Как ты ду́маешь, она́ оби́делась?

— . . . .

— Муж пришёл домо́й обе́дать, а обе́д не гото́в. Он ужа́сно оби́делся.

— . . . .

— «Фило́соф» не знал, что тако́е Абха́зия, и Фази́ль оби́делся.

— . . . .

— Ло́ла назвала́ Бо́ба неуда́чником, и Боб на неё о́чень оби́делся.

— . . . .

8. Каки́е могли́ быть ре́плики?

— Не хо́чешь записа́ться на ку́рсы по ма́ркетингу?
— Зна́ешь, меня́ э́то не интересу́ет.

— . . . .

— Не могли́ бы вы отве́тить на не́сколько вопро́сов?

— . . . .
— Ну нет — так нет.

— . . . .
— Да я ру́сский пло́хо зна́ю.
— Ну нет — так нет.

— Ты сего́дня придёшь обе́дать?
— Не зна́ю. Я бу́ду о́чень за́нят.

— . . . .

— . . . .
— Зна́ешь, у меня́ други́е пла́ны сего́дня.
— Ну нет — так нет.

— Хо́чешь, я тебя́ познако́млю с Ната́шей?

— . . . .
— Ну нет — так нет.

Что опять не так?

В э́том до́ме **сдаётся кварти́ра.** Сто́ит снять и́ли не сто́ит?

— А мы с Ольгой посмотре́ли **всё-таки**[1] ту кварти́ру.

— Ту кварти́ру? Каку́ю ту?

— Ну, по́мнишь, Бо́ря, о ней нам ба́бушка говори́ла.

— *Мне кажется* Чу́вствую, что жить в э́той кварти́ре мы не бу́дем. **Что́** опя́ть **не так,** Нату́ля?

— Не что́, а кто́. Хозя́йка несимпати́чная. Сра́зу ви́дно, что ве́дьма. И Ольге то́же не понра́вилась.

— Ну, тогда́ я молчу́. Ой, Нату́ля, **кста́ти,** к нам Фе́дя собира́лся зайти́. **Дава́й**[2] его́ с Олей познако́мим.

— **Дава́й.**[3] **Это иде́я.** А то она́ до сих пор из-за Серге́я пережива́ет.

---

[1] **Всё-таки** shows that the action took place although nobody was sure it would. Cf "nonetheless."

[2] **Дава́й** — expression of encouragement.

[3] **Дава́й** expresses consent or agreement to do something.

Почему́ Бо́ря говори́т Ната́ше: «Что опя́ть не так?»
Что же ей не понра́вилось в э́той кварти́ре?
Кто реша́ет, снять кварти́ру и́ли не снять: Ната́ша, Бо́ря? И́ли они́ всё реша́ют вме́сте?
Почему́ Оля пережива́ет из-за Серге́я?

1. Как в диало́ге пе́редано:

Мне ка́жется, что жить в э́той кварти́ре мы не бу́дем. ①
Что опя́ть не понра́вилось, Нату́ля? ②
А то она́ всё ещё пережива́ет. ③

2. Вы зна́ете, что Ната́ше с Бори́сом о́чень нужна́ кварти́ра. Но э́ти три кварти́ры им не подхо́дят. Как вы ду́маете, почему́?

СДАЁТСЯ
хорошая однокомнатная квартира.
Только одинокой пожилой женщине.
Звонить вечером.
Тел.: 343-16-59

Пе́рвая им не подхо́дит, потому́ что...

СДАЁТСЯ квартира в Измайлове.
На летнее время.

Тел.: 213-44-06

Втора́я им не подхо́дит, потому́ что...

СДАЁМ ДВУХКОМНАТНУЮ КВАРТИРУ.
От метро „Орехово"
30 мин. на автобусе.

Тел.: 294-31-27

Тре́тья им то́же не подхо́дит, потому́ что...

Они́ прочита́ли объявле́ния и сейча́с говоря́т об э́тих кварти́рах:

— Бо́ря, я прочита́ла сего́дня объявле́ние...

— . . . .

— . . . .

А да́льше мы не слы́шали. Как продолжа́лся разгово́р?

3. Вы согла́сны на предложе́ние и, коне́чно, смо́жете найти́ свои́ аргуме́нты.

— Дава́й всё-таки посмо́трим кварти́ру в Черёмушках.
— Дава́й, я за́втра свобо́дна.

— Дава́йте ку́пим Ма́ше ро́зы.
— Дава́йте, . . .

— Дава́й пое́дем не на такси́, а на метро́.
— Дава́й, . . .

— Дава́й откро́ем окно́? Не возража́ешь?
— Нет, нет, дава́й, . . .

— Дава́й спро́сим Фёдора, как выполня́ть э́ту рабо́ту.
— Ну, что́ же, дава́й, . . .

— Дава́йте сде́лаем э́тот тест.
— Дава́йте, . . .

— Дава́йте в воскресе́нье пое́дем на вы́ставку в Дом худо́жника.
— Я не про́тив, дава́йте, . . .

— Дава́йте сде́лаем переры́в.
— Коне́чно, дава́йте, . . .

— Дава́йте встре́тимся не о́коло институ́та, а о́коло метро́.
— Дава́йте, . . .

— Дава́й познако́мим Олю с Фе́дей.
— Хоро́шая иде́я, дава́й, . . .

— А дава́й всё-таки поста́вим маши́ну на друго́е ме́сто.
— Ну, что́ же, дава́й, . . .

4. Как пра́вильно?

Как насчёт ча́я, Боб?
Я сего́дня опя́ть насчёт кварти́ры звони́л.
Тебе́ звони́ли насчёт рабо́ты.
Ты узна́л насчёт авиабиле́тов?
Что ты ду́маешь насчёт пра́здников?
Что сказа́ли в реда́кции насчёт на́шей програ́ммы?

Кста́ти, мы сде́лали её коро́че.
Кста́ти, Ната́ша приглаша́ла нас к себе́ на да́чу.
Кста́ти, тебе́ ма́ма передала́ телефо́н одноко́мнатной кварти́ры из «Рекла́мы»?
Кста́ти, в на́шем институ́те то́же ну́жен инжене́р.
Кста́ти, их мо́жно заказа́ть по телефо́ну.
Кста́ти, у нас настоя́щий кита́йский.

Между прочам

5. Вы по́мните, что у Оли был друг Серге́й, кото́рый жени́лся на Та́не. Оля не лю́бит, когда́ о них говоря́т, осо́бенно, когда́ кто́-то их хва́лит. Иногда́ её друзья́ забыва́ют об э́том. Разыгра́йте сце́нку.

— Како́й у Та́ни лёгкий хара́ктер!
— . . . .
— . . . .

АРГУМЕНТЫ И ФАКТЫ

III

Мы выбира́ем... Нас выбира́ют...

В знако́мом вам «Рекла́мном приложе́нии» быва́ют и таки́е объявле́ния:

Wellbalanced

Стро́йная блонди́нка, 26 лет, познако́мится с серьёзным, **самостоя́тельным мужчи́ной** высо́кого ро́ста.

30 лет — 160 см — 51 кг.
Разведена́. Дво́е дете́й. *divorced*
———
Diverse Разносторо́нние культу́рные интере́сы, осо́бенно му́зыка и аэро́бика. Хоте́ла бы встре́тить самостоя́тельного мужчи́ну, жела́ющего созда́ть дру́жную споко́йную семью́.

Мне 43 го́да, без дете́й.
Не краса́вец.
education ———
Образова́ние сре́днее техни́ческое.
Познако́млюсь с же́нщиной, име́ющей таки́е же да́нные. *facts*

1. Вы прочита́ли, что де́вушка хо́чет познако́миться с самостоя́тельным мужчи́ной.
Как вы понима́ете, что тако́е «самостоя́тельный мужчи́на»?

☒ Он доста́точно зараба́тывает?
☒ Уме́ет принима́ть реше́ния? *decisions*
☒ Помога́ет други́м?
☐ . . . .?

А по-вáшему, мужчи́на дóлжен быть самостоя́тельным? А же́нщина?

2. Как вы дýмаете, стóит познакóмить мужчи́ну, котóрый дал трéтье объявлéние, с блонди́нкой из пéрвого объявлéния? Подхóдит ли емý жéнщина из вторóго объявлéния?

(не) подхóдит, потомý что . . .
трýдно сказáть . . .

3. Для когó из них **имéет значéние?** *meaning significance*

харáктер, **вóзраст**, **рост**, семья́, **внéшность**, образовáние

Для áвтора пéрвого объявлéния: . . . .
Для áвтора вторóго объявлéния: . . . .
Для áвтора трéтьего объявлéния: . . . .

4. А вот ещё однó объявлéние:

Же́нщина ослепи́тельной красоты́ (striking beauty) ждёт встрéчи с дрýгом на всю жизнь.

?? Ослепи́тельной красоты́? На всю жизнь? Это что — шýтка?

5. Что бы вы сказáли о себé?

— высóкого (срéднего) рóста   — блонди́н
— у меня́ рост 170 см (сантимéтров)   — брюнéт
— **стрóйный** (-ая) *well balanced figure* — шатéн
— **пóлный** ~~complete~~ ~~stout~~ *stout*

— краси́вый   — мне 20 лет
— интерéсный
— **симпати́чный**   — у меня́ нет детéй
— у меня́ двóе детéй

— мои́ интерéсы: мýзыка, аэрóбика, спорт, тури́зм, теáтр, кинó, джаз . . .
— люблю́ путешéствовать, готóвить, занимáться домáшним хозя́йством . . .
— люблю́ детéй, собáк, кóшек . . .
— . . . .

6. Каких людей мы **выбираем?** Какие качества в другом человеке мы хотим видеть? Какие люди нас **привлекают:** похожие на нас или нет? Близкие нам по характеру или противоположные?

Многочисленные эксперименты психологов привели к парадоксальному выводу: качеств, гарантирующих симпатию, вообще нет.

Но всё-таки, каким вы хотели бы видеть своего партнёра? Выберите качества, которые для вас особенно важны: красивый, умный, смелый, волевой, **с чувством юмора,** старается помочь другим, **образованный,** пользуется успехом у женщин/мужчин, любит свою работу, любит выпить, любит танцевать, любит читать книги, любит спорт, ревнивый, агрессивный, расчётливый, весёлый, **жизнерадостный, энергичный, трудолюбивый,** самостоятельный, ленивый, сильный

Хочу, чтобы женщина была (мужчина был) . . .
Надо, чтобы . . .
Важно, чтобы . . .

А какой мужчина (какая женщина) вам не мог (могла) бы понравиться?

Мне не мог (могла) бы понравиться . . .

7. Теперь вы уже сможете составить своё объявление — серьёзно или с чувством юмора. Вы уже знаете, как составлять объявления. Мы вам ещё немного поможем:

хочет познакомиться
познакомлюсь
хотела бы выйти замуж
хотел бы встретить
хотела бы создать семью
жду встречи на всю жизнь

рост, фигура, цвет волос, цвет глаз, внешность, возраст (не имеет значения)

от 25 до 35 лет
до 40 лет

не старше ... лет
не моложе ... лет

Что ему так не понравилось? Внешность? Фигура? Характер?

Какие у Феди тайны!

— Наташенька, сними трубку, я не могу подойти.

— Алло! Привет! Конечно, пожалуйста... ждём, ждём...

— Борь[1], это Фёдя. Звонил от метро. Сейчас зайдёт к нам. Голос какой-то таинственный, чего-то недоговаривает...

— Тебе это **показалось**. Какие у Феди тайны...

з в о н о́ к   в   д в е р ь

— Это, наверное, он. Пойду открою.

— Здравствуйте, ребята! Вот, познакомьтесь, это Оля.

— **Ну, знаете!**[2] Так вы знакомы! А мы-то . . .

Кто пришёл в гости к Орловым?

---

[1]Борь — in colloquial Russian final vowels are dropped from first names as a form of address.
[2]Ну, знаете! — an expressive response with a touch of surprise. Borya never would have expected that Olya and Fedya know each other.

?? Кака́я та́йна оказа́лась у Фе́ди?
Что́ недоговори́л Бори́с? Договори́те за него́.

1. Как в диало́ге пе́редано:

У Фе́ди не мо́жет быть тайн.
Как? Зна́чит, вы знако́мы?

2. Восстанови́те разгово́р Фёдора с Ната́шей по телефо́ну. Что́ мог сказа́ть Ната́ше Фе́дя?

— Алло́!
— . . . .
— Приве́т!
— . . . .
— Коне́чно, пожа́луйста.
— . . . .
— Ждём, ждём.
— . . . .

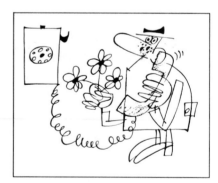

3. Почему́ он не дозвони́лся?

Что́-то с телефо́ном?
За́нято?
Никто́ не подхо́дит?

4. Найди́те отве́тную ре́плику.

Фе́дя, ты отку́да звони́шь? Из институ́та?
Борь, у нас молоко́ ко́нчилось.
Слу́шай, э́то кто у тебя́ на фо́то?
Что́-то он недогова́ривает.
По-мо́ему, мы кофе́йник не вы́ключили.
Жа́лко, у нас нет словаря́.
Мо́жно я к вам забегу́ на мину́ту?

Пойду́ куплю́.
Так ты его́ зна́ешь!
Пойду́ прове́рю.
Пожа́луйста, ждём.
Э́то же Фе́дя!
Нет, э́то у него́ мане́ра така́я.
Пойду́ попрошу́ у кого́-нибудь.
Нет, от метро́.

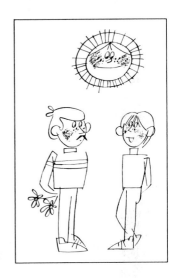

Где познако́мились Оля с Фе́дей?
Каки́е у них о́бщие интере́сы?
Кто из них лу́чше бе́гает?

5. Кто задаёт Фе́де и Оле э́ти вопро́сы?

— Ребя́та, как же вы всё-таки познако́мились?
— И почему́ нам ничего́ не сказа́ли?

— . . . .
— . . . .
— . . . .

Да́льше мы не слы́шали. Как продолжа́лся э́тот разгово́р?

V

Что зна́чит быть бли́зкими друг дру́гу

1. Посмотри́те на э́ти таи́нственные круги́. Что они́ мо́гут означа́ть?

Коне́чно, несло́жный психологи́ческий тест. Дава́йте его́ сде́лаем. Наско́лько вы **близки́** — попро́буйте нарисова́ть. Нарисова́ли?

Что у вас получи́лось?

❑ Вы о́чень близки́?
❑ Близки́, но не о́чень?
❑ Живёте ка́ждый свое́й жи́знью?
❑ Вы абсолю́тно зави́сите от бли́зкого челове́ка?
❑ . . . . ?

2. Что зна́чит для вас «быть бли́зкими друг дру́гу»? Что, по-ва́шему, са́мое ва́жное?

❑ Мно́го вре́мени быть вме́сте?
❑ Име́ть **о́бщие интере́сы**?
❑ Име́ть **о́бщие взгля́ды**?
❑ Всегда́ **понима́ть друг дру́га**?
❑ Нра́виться друг дру́гу?
❑ Помога́ть друг дру́гу?
❑ . . . . ?

(По-мо́ему, са́мое ва́жное . . .)

3. Тепе́рь нарису́йте, каки́ми вы хоти́те ви́деть свои́ отноше́ния в идеа́ле.

По результа́там опро́сов большинство́ мужчи́н рису́ет так:

и́ли да́же так: Это для них идеа́л.

Большинство́ же́нщин так ви́дит **идеа́льные отноше́ния**:

Вы отно́ситесь к большинству́ и́ли понима́ете идеа́льные отноше́ния по-друго́му? Почему́? Вам ка́жется, что

- ☐ ка́ждый до́лжен всё-таки жить свое́й жи́знью?
- ☐ не всё свобо́дное вре́мя ну́жно проводи́ть вме́сте?
- ☐ лу́чше не име́ть друг от дру́га никаки́х **тайн?**
- ☐ хорошо́ бы име́ть не то́лько **о́бщих друзе́й?**
- ☐ необходи́мы о́бщие интере́сы?
- ☐ у ка́ждого должны́ быть свои́ интере́сы?
- ☐ ка́ждому челове́ку необходи́мо иногда́ побы́ть одному́?
- ☐ отдыха́ть на́до всегда́ вме́сте?
- ☐ ску́чно совсе́м не име́ть друг от дру́га тайн?
- ☐ абсолю́тная бли́зость в су́щности невозмо́жна?
- ☐ прия́тно зави́сеть от **люби́мого челове́ка?**
- ☐ нужна́ незави́симость да́же в бли́зких отноше́ниях?
- ☐ . . . . ?

4. Све́та и Сла́ва собира́ются пожени́ться. Как вы ду́маете, у них полу́чится счастли́вая, дру́жная семья́, е́сли Сла́ва бо́льше всего́ интересу́ется спо́ртом и маши́нами, а Све́та бо́льше всего́ лю́бит ходи́ть в кино́ и в го́сти?

5. Ка́тя с Андре́ем встреча́ются уже́ год. По суббо́там Ка́тя всегда́ хо́дит в дискоте́ку. Она́ о́чень лю́бит та́нцы, и все её подру́ги не мо́гут жить без дискоте́ки. Андре́й бо́льше всего́ лю́бит футбо́л. Он приглаша́ет Ка́тю пойти́ в суббо́ту на интере́сный матч. Он с трудо́м доста́л биле́ты. Ка́тя уве́рена, что всё-таки лу́чше пойти́ в дискоте́ку. Разыгра́йте сце́нку.

6. Хорошо́ ли вы понима́ете себя́? Что́бы лу́чше узна́ть себя́, предлага́ем вам ещё оди́н тест:

Где вы лю́бите встреча́ть Но́вый год:

до́ма	2
в рестора́не	3

В како́й компа́нии вы хоте́ли бы провести́ Рождество́:

с семьёй и бли́зкими ро́дственниками	2
в малознако́мой большо́й компа́нии	5

Каку́ю му́зыку вы **предпочита́ете**:

слу́шаете сте́рео	1
са́ми поёте и игра́ете	3

Смо́трите ли вы телеви́зор в пра́здничную ночь:

от нача́ла до конца́	1
то́лько са́мое интере́сное	2
вообще́ не смотрю́	1

Де́лаете ли вы пра́здничные пода́рки:

по тради́ции всем бли́зким	3
то́лько свое́й семье́	2
не де́лаю	1

Како́й вы предпочита́ете пра́здничный стол:

всего́ должно́ быть мно́го	4
всё должно́ быть про́сто и вку́сно	1

Вы пи́шете поздравле́ния с пра́здником:

то́лько са́мым бли́зким	2
всем знако́мым	3
никому́	1

ОТВЕ́ТЫ:

До десяти́ очко́в. Вы не лю́бите больши́е шу́мные **компа́нии,** практи́чны, не лю́бите **тра́тить де́ньги.**

От 11 до 19. Ваш хара́ктер мо́жно назва́ть «золота́я середи́на». Вы **коммуника́бельны,** уме́ете весели́ться.

Бо́льше 20. Вам ра́ды в любо́й компа́нии. У вас прекра́сное чу́вство ю́мора, вы лю́бите му́зыку. Вы добры́, но **непракти́чны,** сли́шком легко́ тра́тите де́ньги.

1. Сде́лали? А тепе́рь вы́берите психо́лога. Он до́лжен оцени́ть ва́ши результа́ты.

. . . .

2. Вы согла́сны с результа́том? Вы та́к себя́ оце́ниваете?

. . . .

Нет? Что не так?

. . . .

VI

Зигза́г

Москви́чка Викто́рия То́карева пи́шет в основно́м расска́зы. Её гла́вная те́ма — жизнь и хара́ктер совреме́нной же́нщины. Должна́ ли она́ всегда́ быть самостоя́тельной? Мо́жет ли ей помо́чь мужчи́на? Как? Жи́зненные ситуа́ции быва́ют о́чень ра́зные, пра́вда? О не совсе́м обы́чной ситуа́ции расска́з.

Ири́на Дубро́вская верну́лась домо́й со **свида́ния** и, не раздева́ясь, как была́ в шу́бе и сапога́х, прошла́ в ко́мнату, останови́лась во́зле окна́ и ста́ла пла́кать.

В до́ме напро́тив свети́лись ре́дкие о́кна—всего́ четы́ре окна́ на весь дом. Лю́ди спа́ли в э́то вре́мя су́ток, а Ири́на стоя́ла и пла́кала.

Разда́лся телефо́нный звоно́к. Ири́на сняла́ тру́бку.

— **Я слу́шаю вас**...

— Э́то И́горь Никола́евич? — спроси́л далёкий (remote) мужско́й го́лос.

— Вы оши́блись.

Ири́на бро́сила тру́бку, но телефо́н зазвони́л опя́ть.

— Э́то И́горь Никола́евич? — опя́ть спроси́л мужско́й го́лос.

— Ну неуже́ли непоня́тно, что я не И́горь Никола́евич? — раздражённо спроси́ла Ири́на. —У меня́ что, го́лос как у И́горя Никола́евича?

— А что вы се́рдитесь? — удиви́лся незнако́мец.

— А что вы всё вре́мя звони́те?

— Я вас разбуди́л?

— Нет. Я не сплю.

— Вы просту́жены?

— С чего́ вы взя́ли?

— У вас тако́й го́лос, бу́дто у вас на́сморк.

— Нет, у меня́ нет на́сморка.

— А почему́ у вас тако́й го́лос?

— Я пла́чу.

— А хоти́те, я к вам сейча́с прие́ду?

— Хочу́, — сказа́ла Ири́на. — А вы кто?

— Вы меня́ не зна́ете, и моё и́мя вам ничего́ не ска́жет. Ваш а́дрес...

— Фестива́льная у́лица, дом 7 дробь 9, кварти́ра оди́ннадцать.

— Легко́ запо́мнить. Нечётные чи́сла.

Он появи́лся че́рез два́дцать мину́т. Ири́на посмотре́ла на него́ и обра́довалась, что он и́менно тако́й, а не друго́й. Друго́й, да́же бо́лее краси́вый, понра́вился бы ей ме́ньше.

У него́ бы́ли очки́, увели́чивающие глаза́. Он посмотре́л на неё, сидя́щую в пальто́, как на вокза́ле, и сказа́л:

— Вам не на́до здесь остава́ться. Вам на́до **перемени́ть обстано́вку.** Пойдёмте со мной.

Ири́на вста́ла и пошла́ за ним. Куда́? Заче́м?

На у́лице он останови́л такси́ и привёз её в аэропо́рт.

В аэропорту́ он купи́л биле́ты, пото́м завёл её в самолёт и вы́вел из самолёта в го́роде Ри́ге.

Бы́ло четы́ре часа́ утра́, и они́ пое́хали в гости́ницу.

Оста́вшись в но́мере, Ири́на подошла́ к окну́. Она́ стоя́ла и ждала́. Его́ неожи́данный звоно́к и э́то неожи́данное **путеше́ствие** она́ воспринима́ла как тала́нтливое нача́ло мужско́го интере́са. А там, где есть нача́ло, должно́ быть продолже́ние. Зна́чит, че́рез не́сколько мину́т он до́лжен постуча́ть в её дверь. Но сту́ка не́ было. Ири́на подождала́ ещё немно́го, разде́лась и пошла́ спать.

Утром Он позвони́л ей **по телефо́ну** и предложи́л **поза́втракать в буфе́те.** Они́ е́ли и удивля́лись: почему́ э́ти **блю́да** де́лают то́лько в Приба́лтике. Почему́ ло́био — то́лько на Кавка́зе. Спаге́тти — то́лько в Ита́лии. Лу́ковый суп — то́лько во Фра́нции. А борщ — то́лько в Росси́и.

По́сле за́втрака они́ се́ли в электри́чку и пое́хали на Ри́жское взмо́рье.

Снача́ла они́ пошли́ в «де́тский городо́к» и ста́ли кача́ться на каче́лях. Это бы́ло ве́село и стра́шно, и она́ визжа́ла от весе́лья и от стра́ха.

Отпра́вились гуля́ть по побере́жью. Мо́ре не замёрзло. И вдруг показа́лось, что так когда́-то уже́ бы́ло в её жи́зни. Но когда́? Где? Мо́жет быть, в са́мом ра́ннем де́тстве? А мо́жет быть, ещё ра́ньше, до де́тства?

Днём пое́хали в До́мский собо́р*. Слу́шали «Ре́квием» Мо́царта. Ири́на взгляну́ла на него́, ища́ в нём при́знаки заинтересо́ванности. Но ничего́ не́ было, ни взгля́да, ни прикоснове́ния, ни еди́ного при́знака.

Ири́на слегка́ удиви́лась и слегка́ оби́делась. Но вдруг забы́ла и удивле́ние, и оби́ду.

Ве́чером э́того же дня они́ верну́лись в Москву́.

Он довёл её до двере́й и снял ша́пку.

— Вам лу́чше? — спроси́л Он.

— Коне́чно, — сказа́ла Ири́на. — Раз существу́ет мо́ре, Мо́царт и вы, зна́чит, жить не то́лько ну́жно, но и хорошо́.

Он поцелова́л её ру́ку и пошёл вниз по ле́стнице.

Он дое́хал на метро́ до ста́нции «Юго-За́падная». Пото́м на авто́бусе до остано́вки «44 кварта́л». Пото́м на ли́фте до свое́й две́ри. Отвори́л дверь свои́м ключо́м.

В прихо́жей стоя́ла его́ жена́ с годова́лой до́чкой на рука́х.

---

* An old cathedral that is now a museum with the best pipe organ in the country. It is a popular place for concerts.

— Опя́ть в зигза́г ходи́л? — спроси́ла жена́.

Он не отве́тил. Раздева́лся мо́лча.

— Тебе́ нра́вится поража́ть, а я тут одна́ с ребёнком. Я уста́ла. Ты хо́чешь сде́лать **счастли́вым** всё челове́чество, а для меня́ ты не де́лаешь ничего́. Для меня́ тебе́ лень и ску́чно.

— А что ты хо́чешь, чтобы я для тебя́ сде́лал?

— Хотя́ бы вы́неси ведро́. (Take out the trash. It's too full.) У меня́ уже́ му́сор не помеща́ется.

— Но ра́зве ты не мо́жешь сама́ вы́нести ведро́? — удиви́лся Он. — Ты же ви́дишь, я уста́л.

Он сел в кре́сло, снял очки́ и закры́л глаза́.

Жена́ посмотре́ла на него́ с сочу́вствием.

— Я ничего́ не име́ю про́тив твои́х чуде́с, — сказа́ла она́. — Пусть лю́ди с твое́й по́мощью бу́дут здоро́вы и сча́стливы. Но почему́ за мой счёт?

Он откры́л глаза́.

— А за чей счёт де́лаются чудеса́ в ска́зках?

Жена́ поду́мала.

— За счёт фей,—вспо́мнила она́.

— Ну вот. Зна́чит, ты—моя́ фе́я.

Жена́ хоте́ла что́-то отве́тить, но пока́ собира́лась, он засну́л. Он действи́тельно уста́л.

Фе́я уложи́ла до́чку. Пото́м уложи́ла му́жа. Пото́м вы́несла ведро́. Пото́м вы́мыла посу́ду. Пото́м свари́ла макаро́ны, чтобы у́тром их мо́жно бы́ло бы́стро разогре́ть.

1. Как в те́ксте пе́редано:

он пришёл	с чего́ вы взя́ли
еда́	блюда
почему́ вы так реши́ли	слегка́ оби́делась
свети́лось ма́ло о́кон	бу́дто у вас на́сморк
положи́ла тру́бку	свети́лись ре́дкие о́кна
немно́го оби́делась	бро́сила тру́бку
ка́жется, что у вас на́сморк	он появи́лся

2. Помните, в начале рассказа есть такая фраза:

«Ирина вернулась домой... остановилась возле окна и стала плакать».

Как вы думаете, почему плакала Ирина, что случилось до начала рассказа?

3. А как постепенно меняется настроение Ирины?

Найдите фразы в тексте.

4. «А хотите, я к вам сейчас приеду?» —

Незнакомый человек поздно вечером предложил приехать к Ирине. Она сразу же согласилась. Почему она так поступает?

❑ У неё **легкомысленный** характер?
❑ Ей хочется, чтобы кто-нибудь был с ней рядом?
❑ . . . . ?

5. Вы запомнили:

В какой город повёз незнакомец Ирину?
Сколько времени они там были?
Где были   утром,
              днём,
              вечером?

6. Он помог Ирине, правда? Почему?

❑ Ему стало её жалко?
❑ Он всегда старается помочь другим?
❑ Ему нравится помогать?
❑ Ему нравится производить впечатление на других?
❑ . . . . ?

7. Что об этом думает его жена?

Найдите фразу в тексте.

8. Какие из этих качеств можно отнести к каждому из героев:

Он ...
Ирина ...
Жена ...

Терпеливый, добрый, отзывчивый, жизнерадостный, доверчивый, энергичный.

9. Ирина и незнакомец завтракали в гостинице и вспоминали разные национальные блюда. Помните, где делают такие блюда?

лобио . . . .
спагетти . . . .
борщ . . . .
луковый суп . . . .

Какие вы знаете ещё русские блюда? Итальянские? Французские?

. . . .

А что будет есть на завтрак «фея» и её семья?

. . . .

10. Кто же всё-таки главный герой рассказа?

11. Зигзагом называет жена этот эпизод из жизни своего мужа. «Зигзаг» назвала свой рассказ Виктория Токарева. Вам нравится такое название? У вас есть другие варианты? Какие?

Слова урока

агресси́вный aggressive
беспоко́йный restless
бле́дный pale
блонди́нка blonde, fair-haired woman
блю́до dish
брюне́т brunette, dark-haired man
буди́ть / разбуди́ть to wake up
вдвоём the two together
ведро́ (с му́сором) trash can

взгляд glance
взмо́рье shore, seaside
визжа́ть to squeal
влия́ть / повлия́ть to influence
вне́шность f. appearance, looks
возража́ть / возрази́ть to object
волево́й strong willed
воспринима́ть / восприня́ть to perceive

всё-таки after all
гаранти́ровать to guarantee
годова́лый a year old
да́нные data
де́тский городо́к playground
дове́рчивый trusting
дробь f. slash as used in addresses — 7/9
еди́ный one, single, sole
жела́тельный desirable
жизнера́достный cheerful

заинтересо́ванность f. personal interest

запомина́ть / запо́мнить to memorize, remember

зигза́г zigzag

злой mean, nasty

интенси́вный intensive

кача́ться to swing

каче́ли swing

кофе́йник coffee-pot

краса́вец handsome man

кста́ти by the way

лени́вый lazy

лень f. laziness

лифт elevator

ло́био spicy bean dish

лу́ковый onion (attr.)

макаро́ны pl. thick, hollow spaghetti

мане́ра manner, style

многочи́сленный numerous

му́сор trash

набира́ть / набра́ть очки́ to earn points, etc. in tests or sports

наблюде́ние observation

на́сморк head cold

настрое́ние mood

недогова́ривать / недоговори́ть not to tell everything, leave something unsaid

незави́симость f. independence

незнако́мец stranger

неожи́данный unexpected

неуже́ли really? is it possible?

нечётный odd (number)

оби́да offense, insult

обижа́ться / оби́деться to take offence

обстано́вка conditions, environment

одино́кий here: single

означа́ть to mean, signify

ослепи́тельный dazzling

о́стрый нос pointed nose

отворя́ть / отвори́ть to open

отзы́вчивый responsive

оце́нивать / оцени́ть to estimate, evaluate

парадокса́льный paradoxical

партнёр partner

пережива́ть / пережи́ть (из-за кого́-л.) here: to be unable to get over smbd.; to suffer

перемени́ть обстано́вку to have a change of scenery

пересека́ться / пересе́чься to cross

побере́жье coast

по́льзоваться успе́хом to be a success

помеща́ться / помести́ться to go in

поража́ть / порази́ть to impress, to show off

постепе́нно gradually

похо́жий resembling, alike; similar

появля́ться / появи́ться to appear, show up

преувели́чивать / преувели́чить to exaggerate

при́знак sign, indication, symptom

прикоснове́ние touch

прихо́жая entryway

продолже́ние continuation

просту́женный having a cold

противополо́жный opposite

психо́лог psychologist

психологи́ческий psychological

раз if, since

разбуди́ть see буди́ть

раздава́ться / разда́ться to ring out

раздева́ться / разде́ться to get undressed, take off clothes

раздражённый irritated

разносторо́нний versatile

разогрева́ть / разогре́ть to warm up

расчётливый thrifty

ревни́вый jealous

ре́дкий rare

реше́ние: принима́ть / приня́ть реше́ние decision: to make a decision

самооце́нка self-evaluation

самостоя́тельный independent

сапоги́ boots

свети́ться (об о́кнах) there is a light in the window

свида́ние date, engagement

серди́тый angry

серди́ться / рассерди́ться to be angry

симпа́тия attraction, positive reaction

ска́зка fairy tale

слегка́ slightly

снима́ть / снять тру́бку to pick up the telephone

сочу́вствие sympathy

справля́ться / спра́виться to cope

сра́зу at once, right away

страх fear

стро́йный slender, having a good figure

стук knock

счёт: за чей-л. счёт at smbd.'s expense

таи́нственный mysterious

тала́нтливый talented

та́йна secret

терпели́вый patient

тру́бка телефо́на telephone receiver

трудолюби́вый industrious

увели́чивать / увели́чить to enlarge

удивле́ние surprise

удивля́ться / удиви́ться to be surprised

укла́дывать / уложи́ть спать to put to bed

фе́я fairy

хвали́ть / похвали́ть praise

челове́чество mankind

чу́вство ю́мора sense of humor

чу́вствовать to feel, to have a feeling

чу́до (pl. чудеса́) miracle, marvel

шате́н person with brown hair

шу́ба fur coat

электри́чка commuter train

энерги́чный energetic

эпизо́д episode

язы́к tongue; злы́е языки́ sharp tongues

У Р О К

- ❑ Манче́стерская шко́ла для молоды́х социо́логов
- ❑ У меня́ неожи́данный вопро́с
- ❑ Каки́е мы, о чём мы говори́м
- ❑ Мо́жет, э́то да́же и к лу́чшему
- ❑ Чего́ нам не хвата́ет
- ❑ Михаи́л Задо́рнов «Настоя́щая подру́га»

Манче́стерская шко́ла для молоды́х социо́логов

Это объявле́ние, коне́чно, **заинтересова́ло** молоды́х сотру́дников ИСИ, в том числе́ и Бори́са Орло́ва. Он обраща́ется к замести́телю дире́ктора по нау́чной рабо́те, что́бы поговори́ть о возмо́жности уча́стия в ко́нкурсе.

ПРОВОДИТСЯ КОНКУРС: КТО ПОЕДЕТ В АНГЛИЮ

━━━РЕКЛАМА, ОБЪЯВЛЕНИЯ━━━

Манчестерская школа для молодых социологов

Британская академия наук, Советская социологическая ассоциация АН СССР при поддержке советско-американского фонда «Культурная инициатива» с 1 июля по 1 октября 1989 г. проводят школу для молодых советских социологов — членов ССА в Англии [Манчестер].

Программа обучения состоит из 12 специальных курсов по различным направлениям социологии [социология труда, социология культуры, экономическая социология, историческая социология, социология села и др.]. Занятия будут проводить ведущие ученые-социологи Манчестерского, Оксфордского и Эссекского университетов.

Приглашение на экзамен будет выслано по домашнему адресу.

По результатам собеседования и экзамена будут отобраны 20 участников школы.

Влади́мир
Никола́евич у себя́?
К нему́ мо́жно?

— Алла Гаври́ловна, Влади́мир Никола́евич у себя́? К нему́
мо́жно?

— Да, пожа́луйста.

— Влади́мир Никола́евич, вы не за́няты? Мо́жно?

— Пожа́луйста, Бори́с. **У вас ко мне де́ло?**

— Да. Мне сове́туют **пода́ть на ко́нкурс** в Англию. **Как вы на э́то
смо́трите?**

— **Ну что́ же[1].** Вы ведь у нас молодо́й. Вам нет 30-ти?

— Мне 28.

— Это хорошо́. А **как у вас с публика́циями?**

— Есть, но почти́ все по стати́стике.

— Почему́ же «но», э́то **как раз[2]** непло́хо.

— Так вы счита́ете, что сто́ит попро́бовать?

— Безусло́вно.

?? Как зову́т секретаря́ Влади́мира Никола́евича?
Что ду́мает замдире́ктора о рабо́те Бори́са?

---

[1]**Ну что́ же** — expression of consent and acceptance.
[2]**Как раз** here expresses contrast or opposition. Cf. English "on the contrary."

1. Как передано в диалоге:

Владимир Николаевич, не помешаю? Можно?

Что вы об этом думаете?

А как у вас дела с публикациями?

Именно это неплохо.

2. Прочитав объявление о школе молодых социологов в Манчестере, Борис звонит Наташе по телефону и рассказывает ей об этом интересном для него объявлении, но слышно плохо, и Наташа всё время переспрашивает.

Какие могли быть реплики?

— Алло! Наташа? Слушай, мне нужно с тобой посоветоваться. Я прочитал одно объявление . . . .

— Что? Школа для кого?

— . . . .

— Когда, когда?

— . . . .

— Где, ты сказал?

— . . . .

— Сколько, сколько курсов, я не поняла?

— . . . .

— С кем ты посоветовался?

— . . . .

— Прекрасно! Хорошо бы тебе съездить.

УСЛОВИЯ УЧАСТИЯ В КОНКУРСЕ

Возраст участников — 25—35 лет.

Образование: социологическое, философское, экономическое.

Практический опыт работы в области социологии.

Свободное владение английским языком.

Рекомендация одной из секций ССА.

Заявление (указать служебный, домашний адрес и телефон).

3. Мóжет ли Борúс учáствовать в э́том кóнкурсе?

Емý 28 лет, он окóнчил филосóфский факультéт МГУ, работает нау́чным сотрýдником в ИСИ 4 гóда, член ССА, знáет англи́йский.
Мóжет? Да? Нет? Почемý?

4. Борúс Орлóв написáл **заявлéние,** но у негó такóй плохóй пóчерк, его́ нельзя́ поня́ть. Помóжете?

Заявлéние

Прошý приня́ть меня́ на учёб... в Манчéстерск... шкóл... для молод... социóлог... . Я занимáюсь проблéм... социолóгии культýр..., работаю ... Институ́те социологи́ческ... исслéдован... . Явля́юсь члéном Совéтск... социологи́ческ... ассоциáц... . Принимáл учáстие в проведéнии социологи́ческ... опрóс... совéтск.... молодёжи. Учёба в Англ... даст мне возмóжность бóльше узнáть о мéтодах социолóгии ... Зáпад... и бýдет полéзна ... моéй рабóт... .

5. Найди́те отвéтную рéплику.

Пётр **подаёт заявлéние** на кóнкурс?	Да, ей однóй ССА даёт рекомендáцию.
На слéдующей недéле я хочý подáть на кóнкурс.	Нет, тóлько сéкции ССА.
Что должнó быть в заявлéнии?	Заявлéния принимáлись до 1-го февраля́.
Рáзве тебя́ не интересýют кýрсы в Áнглии?	Он и сам не бýдет, емý ужé за 30.
А рекомендáция с мéста рабóты нужнá?	Я недостáточно свобóдно говорю́ по-англи́йски.
Ви́ктору не совéтуют **учáствовать в кóнкурсе.**	Домáшний áдрес, домáшний и служéбный телефóн.
Это прáвда, что в Áнглию поéдет тóлько Áнна?	Сомневáюсь, ведь он истóрик.

6. Борúс расскáзывает о кóнкурсе Рóберту. Они́ обсуждáют, стóит ли Борúсу подáть на кóнкурс. Разыгрáйте сцéнку.

(узнáл о кóнкурсе..., кóнкурс провóдится..., в кóнкурсе мóгут учáствовать.., мне совéтуют... . Как у тебя́ с англи́йским? Посовéтовался с Натáшей... Как онá на э́то смóтрит?)

7. Кто мо́жет уча́ствовать в э́том ко́нкурсе и кто нет? Почему́?

Петро́в Алексе́й Гео́ргиевич. 28 лет. Око́нчил филосо́фский факульте́т МГУ. Рабо́тает нау́чным сотру́дником в Институ́те психоло́гии. Владе́ет англи́йским. Состои́т в ССА.

Ни́на Семёновна Оре́хова. 29 лет. Социо́лог по специа́льности. Име́ет мно́го публика́ций. Преподаёт социоло́гию в Исто́рико-архи́вном институ́те (Institute of History and Archives). Свобо́дно владе́ет англи́йским. Чле́ном Ассоциа́ции не явля́ется.

Якове́нко Васи́лий Петро́вич. 24 го́да. Око́нчил истори́ческий факульте́т МГУ. Рабо́тает социо́логом на заво́де. Ча́сто печа́тается в нау́чных журна́лах. Англи́йским владе́ет свобо́дно. Состои́т в ССА.

Все они́ по́дали на ко́нкурс. Коми́ссия рассма́тривает их докуме́нты. Разыгра́йте сце́нку.

8. А тепе́рь пусть кто́-то из коми́ссии поговори́т с Петро́вым, Оре́ховой и Якове́нко.

9. Ни́на Оре́хова разгова́ривает с подру́гой, расска́зывает ей о ко́нкурсе и о том, как она́ подава́ла докуме́нты.

10. Перепу́тались ре́плики двух диало́гов. Как пра́вильно?

— Алекса́ндр Яковлевич, к вам мо́жно?

— Приве́т, норма́льно.

— Да, зна́ете, хоте́л посове́товаться насчёт симпо́зиума.

— Да про́сто хоте́ла посове́товаться.

— Ты что́, хоте́ла что́-то спроси́ть?

— Да-да, заходи́те, пожа́луйста. У вас ко мне де́ло?

— Саш, приве́т, как дела́?

Разобрали́сь? Хорошо́, молодцы́. Получи́лся у вас официа́льный диало́г? А неофициа́льный?

11. Возрази́те:

— Пло́хо, что он тако́й молодо́й.

— Что вы, как раз хорошо́!

— Эта тема совсем несложная.

— . . . .

— Виктор Ефремович так неинтересно проводит семинары.

— . . . .

— Её так трудно слушать. Она ужасно громко говорит.

— . . . .

— Как давно это было!

— . . . .

— У него очень маленький опыт работы.

— . . . .

— Она плохо владеет английским языком.

— . . . .

— У него много публикаций.

— . . . .

— Он работает не по специальности.

— . . . .

— У него нет никаких рекомендаций.

— . . . .

— По-моему, Олегу не стоит подавать на конкурс.

— . . . .

— ИСИ очень редко проводит опросы.

— . . . .

12. Вот ещё одно объявление:

Молодых юристов, желающих поехать
на десятимесячную стажировку в США,
приглашают принять участие в конкурсе.

УСЛОВИЯ УЧАСТИЯ В КОНКУРСЕ:

– владение английским языком
– актуальность темы
– научные публикации
– участие в симпозиумах, конференциях.

Какие вопросы задаст комиссия желающему участвовать
в этом конкурсе?
Разыграйте сценку.

II

У меня неожиданный вопрос

Поговорить хочется не только о работе. Нашли они общий язык?

— Борис, у меня несколько неожиданный вопрос.

— Давай, какой?

— Как русские обычно знакомятся?

— Ну, трудно сказать. По-разному, наверное.

— А всё-таки. Ты вот, например, где со своей женой познакомился?

— Я не пример. Я ленивый. Мы жили рядом.

— Ну и что? Ты подошёл на улице и спросил: «**Как дела? Как поживаете?**»

— Нет, это говорят довольно **близким знакомым,** скорее **приятелям.** Я её спросил: «Простите, сколько сейчас времени?»

— А да́льше что?

— А тебе́ заче́м? Ты познако́миться с ке́м-то хо́чешь?

— Пото́м скажу́.

?? Почему́ Бори́с реши́л рассказа́ть о том, как он познако́мился с жено́й? Бори́с отве́тил на вопро́с Ро́берта?

1. Как в диало́ге пе́редано:

   У меня́ немно́го неожи́данный вопро́с.
   Что бы́ло пото́м?

2. По́мните нача́ло диало́га:

   — Бори́с, у меня́ не́сколько неожи́данный вопро́с.
   — Дава́й, како́й?

   В како́й ситуа́ции — официа́льной и́ли неофициа́льной — вме́сто **пожа́луйста** мо́жно сказа́ть **дава́й (дава́йте)**?

3. — Та́ня у себя́?   — Не зна́ешь, ско́лько лет Фе́де?
   — А тебе́ заче́м ?   — А тебе́ заче́м?
   — Де́ло у меня́ к ней есть.   — Про́сто так, интере́сно.

   А тепе́рь вы са́ми:

   — Ты не зна́ешь, кто е́дет на стажиро́вку в Англию?
   — . . . .
   — . . . .

   — Еле́на Миха́йловна сейча́с не занята́?
   — . . . .
   — . . . .

   — Оле́г никуда́ не уе́хал?
   — . . . .
   — . . . .

— Не зна́ешь, ско́лько сто́ит Са́шин фотоаппара́т?
— . . . .
— . . . .

— А что, Серге́й Ива́нович у вас уже́ не рабо́тает?
— . . . .
— . . . .

— Ты не ви́дел, Ли́ля уже́ пришла́?
— . . . .
— . . . .

— Как ты ду́маешь, Ви́ктор вернётся к среде́ из Ленингра́да?
— . . . .
— . . . .

— У Никола́я Ива́новича ко́нчился семина́р?
— . . . .
— . . . .

4. Перепу́тались ре́плики диало́гов. Как пра́вильно?

— Кака́я у Потёмкина жена́ краси́вая.
— *Скоре́е лило́вый. Ей бо́льше иду́т тёмные цвета́.*

— Как ты ду́маешь, кто в их семье́ гла́вный? Фе́дя?
— *Скоре́е «Дина́мо», у них ша́нсов бо́льше.*

— Ты ду́маешь, в э́том сезо́не вы́играет «Спарта́к»?
— *Скоре́е он про́сто везу́чий.*

— Ни́не о́чень идёт сире́невый цвет.
— *Скоре́е Оля, у неё хара́ктер сильне́е.*

— Пра́вда, он уме́ет добива́ться своего́?
— *Скоре́е симпати́чная. Краси́вой её всё-таки нельзя́ назва́ть.*

5. Где лю́ди ча́ще всего́ знако́мятся?

На у́лице, на рабо́те, в гостя́х, в рестора́не, в спортклу́бе, в кафе́, в дискоте́ке, на пля́же, в по́езде, в самолёте, в магази́не, у врача́, в компа́нии.

6. Перепу́тались по́дписи под рису́нками. Как пра́вильно?

Вы то́же ждёте авто́бус?
Вода́ сего́дня тёплая?
Потанцу́ем?

Как могли́ продолжа́ться таки́е диало́ги?

А мо́жет быть, вы предло́жите в э́тих ситуа́циях други́е вопро́сы, бо́лее интере́сные?

7. Где вы познако́мились со свои́м дру́гом и́ли подру́гой? Где бы вы не сове́товали знако́миться и почему́?

8. А как мо́жно познако́миться в таки́х ситуа́циях?

Какие мы, о чём мы говорим

Какие мы? **Общительные или замкнутые?** Легко или трудно знакомимся с людьми? Где и **с кем мы общаемся?** О чём чаще всего говорим?

Вот некоторые результаты исследований проблем общения, проведённых в Латвии. Отвечая на вопрос «Какое занятие вы предпочитаете в свободное время?», молодёжь **на первое место поставила** общение, на второе — спорт.

1.   А вы? Вы тоже любите

☐ поболтать по телефону?

☐ поговорить о делах, о политике, о серьёзных вещах?

☐ посплетничать об общих знакомых?

☐ поделиться неприятностями?

☐ обсудить бестселлер, сенсацию, новости?

☐ . . . .?

Или вы не любите болтать по телефону... (не очень любите, **терпеть не можете**). С кем?

☐ С близкими людьми?

☐ С приятелем?

☐ С совершенно незнакомым человеком?

☐ С коллегами?

☐ С соседом (соседкой) по комнате?

☐ С родителями?

☐ С однокурсниками?

☐ С подругой?

2.   Вы любите посидеть в столовой с другими студентами, поговорить о **новостях** за обедом, за чашкой кофе?

Где вы обычно узнаёте новости?
Вы часто встречаетесь с друзьями?
Проводите с ними много времени?

. . . .

3. Аня о́чень общи́тельная. У неё ма́сса друзе́й. Она́ ча́сто разгова́ривает по телефо́ну, хо́дит в го́сти... Она́ жа́луется, что не успева́ет де́лать все зада́ния. Что ей мо́жно посове́товать? Разыгра́йте сце́нку.

(Коне́чно, хорошо́, что..., но...; Я понима́ю, что...; Всё зави́сит от хара́ктера...; У тебя́ хара́ктер...; На пе́рвое ме́сто всё-таки на́до поста́вить...)

4. Ми́нди жа́луется, что в университе́те у неё ма́ло друзе́й. Ей не́ с кем обща́ться. Все её друзья́ оста́лись в том го́роде, где она́ жила́ ра́ньше. Что ей мо́жно посове́товать? Разыгра́йте сце́нку.

(Ча́ще быва́ть...; бо́льше уча́ствовать...; приглаша́ть к себе́...; ходи́ть с ребя́тами...)

Кто общи́тельнее — мужчи́ны и́ли же́нщины? В како́м во́зрасте мы ле́гче и быстре́е схо́димся с людьми́?
Социологи́ческое иссле́дование, о кото́ром мы говори́ли, показа́ло, что от приро́ды же́нщины общи́тельнее, разгово́рчивее. Но с года́ми мужчи́ны стано́вятся намно́го бо́лее общи́тельными. В любо́м во́зрасте и мужчи́ны, и же́нщины бо́льше всего́ обща́ются с друзья́ми.

5. А как по-ва́шему, кто общи́тельнее? Мужчи́ны и́ли же́нщины? Молоды́е и́ли пожилы́е? Или э́то не зави́сит от во́зраста? А от чего́ э́то зави́сит? Мо́жет быть, **скоре́е** от хара́ктера? От темпера́мента?

· ·

6. Что бы вы могли́ рассказа́ть о себе́? Вам ка́жется, что вы общи́тельны, легко́ схо́дитесь с людьми́ и поэ́тому охо́тно **де́литесь** с бли́зкими и друзья́ми **свои́ми пробле́мами.**

Или вы не осо́бенно разгово́рчивы и поэ́тому не лю́бите больши́х шу́мных компа́ний, ре́дко вступа́ете в конта́кт с но́выми людьми́. Вам прия́тнее побы́ть вдвоём с бли́зким челове́ком, иногда́ поговори́ть о дела́х с одноку́рсниками и́ли колле́гами.

Или, наоборо́т, вы о́чень общи́тельны, лю́бите поболта́ть, обсуди́ть с подру́жкой чужи́е дела́ и пробле́мы, хотя́ терпе́ть не мо́жете спле́тничать.

· ·

7. Как вы ду́маете, общи́тельность— э́то положи́тельная и́ли отрица́тельная черта́ хара́ктера? Каки́е лю́ди бо́лее популя́рны в ва́шем университе́те— общи́тельные, конта́ктные и́ли за́мкнутые, неконта́ктные?

. . . .

8. О чём мы говори́м? Тако́й опро́с провели́ америка́нцы. В Аме́рике ведь лю́бят са́мые неожи́данные опро́сы.

Социо́логи США **вы́яснили**, о чём говоря́т ме́жду собо́й мужчи́ны и о чём — же́нщины.

Вот что получи́лось:

Ох, уж эти разговоры...

Известна страсть американцев к различным, причем самым неожиданным опросам и исследованиям. На этот раз социологи решили выяснить, о чем говорят между собой мужчины и женщины в США. Опрос показал, что

71% американских мужчин, встречаясь, говорят о текущих новостях,
68% — о работе,
66% — обсуждают телепередачи,
66% — говорят о деньгах,
65% — о спорте,
63% — о еде,
61% — о здоровье,
53% — о кинофильмах,
47% — о праздниках,
40% — о личных проблемах,
2% — о сексе,
0,2% — об одежде.

Что же касается лучшей половины человечества, то
76% американок говорят о еде,
72% — о здоровье,
70% — о телепередачах,
67% — о деньгах,
66% — о текущих событиях,
59% — о работе,
57% — о кинофильмах,
52% — о личных проблемах,
49% — о праздниках,
42% — о спорте,
1,8% — об одежде,
0,8% — о сексе.

Диаграмма из журнала «Ю. С. ньюс энд уорлд рипорт» (США).

«Аргументы и факты»

9. Ита́к, кого́ бо́льше интересу́ет здоро́вье?

. . . .

А кто бо́льше ду́мает о рабо́те?

. . . .

Кого́ бо́льше интересу́ет спорт?

. . . .

У кого́ **еда́** на пе́рвом ме́сте?

. . . .

О чём одина́ково хо́чется поговори́ть и мужчи́нам, и же́нщинам?

. . . .

10. А о чём бо́льше всего́ говоря́т студе́нты?

Как вы ду́маете, каки́е пробле́мы на пе́рвом ме́сте? Напиши́те пять са́мых типи́чных тем. Узна́йте друг у дру́га, что получи́лось.

IV

Мо́жет, э́то да́же и к лу́чшему

Како́е настрое́ние у Бори́са?

— Каки́е но́вости, Бори́с?

— Но́вости, Боб, **нева́жные. По ко́нкурсу я не прошёл.**

— Англи́йский?

— Коне́чно. Пра́ктики-то у меня́ совсе́м не́ было.

— Ну, ничего́. **С э́тим я тебе́ как раз[1] помогу́.** Пое́дешь на бу́дущий год.

— Мо́жет, э́то да́же и к лу́чшему. И Ната́ша про́тив была́. Не лю́бит одна́ остава́ться.

— Тогда́ тем бо́лее всё о'ке́й.

— У вас, у америка́нцев, всегда́ всё о'ке́й.

?? О како́м ко́нкурсе говори́т Бори́с? Как реаги́рует на его́ но́вость Ро́берт? Что он ему́ предлага́ет?

---

[1]**Как раз** — here: similar to Russian **и́менно** and **то́чно.** It is possible that Bob would not be able to help in another matter, but as far as English is concerned, he can definitely help.

1. Как в диалóге пéредано:

Нóвости плохи́е, Боб.

Именно с англи́йским я тебé помогу́.

Мóжет быть, дáже лу́чше, что так случи́лось.

2. К сожалéнию, Бори́с Орлóв в Англию не поéхал, так как англи́йский язы́к он не óчень хорошó знáет. На бу́дущий год он снóва собирáется учáствовать в кóнкурсе. Дáйте ему́ совéт, как лу́чше подготóвиться к кóнкурсу, что ему́ стóит дéлать.

3. Закóнчите диалóги:

— Дени́с, ты чтó такóй мрáчный? Опя́ть дéнег нет?
— Да нет. С э́тим как раз всё в поря́дке, дéньги покá есть.

— Ну как рабóта, Лю́ся? Началá получáться?
— Нет. С э́тим покá невáжно, ...

— Что слы́шно о поéздке, Валéрий? Едешь ты и́ли нет?
— С э́тим покá ничегó не извéстно, ...

— Когдá же наконéц мы полу́чим нóвый компью́тер?
— С э́тим придётся подождáть, ...

— Нáдо ему́ помóчь подготóвиться к экзáмену.
— С э́тим он сам спрáвится, ...

— Говоря́т, что тепéрь óчень тру́дно поступи́ть в институ́т.
— Да, с э́тим стáло намнóго сложнéе, ...

— Не знáешь, с кем я могу́ посовéтоваться? Опя́ть ви́део не рабóтает.
— С э́тим у нас тебé никтó не помóжет, ...

— Хочу́ поговори́ть с дирéктором о кóнкурсе.
— С э́тим к нему́ обращáться не стóит, ...

4. Согласи́тесь:

— На у́лице опя́ть дождь.
— Да, кли́мат у нас невáжный.

— Как онá плóхо вы́глядит.
— . . . .

результáты
вид
отмéтки
настроéние

— Что́-то мра́чный он сего́дня.

— . . . .

— Пло́хо Гри́ша у́чится.

— . . . .

— Не получа́ется у него́ с рабо́той.

— . . . .

— Мари́на о́чень бле́дная сего́дня.

— . . . .

5. Кака́я мо́жет быть реа́кция?

— В э́том году́ я не бу́ду уча́ствовать в симпо́зиуме.
— Мо́жет, э́то и к лу́чшему, пое́дем все вме́сте в Гре́цию.

А тепе́рь вы са́ми:

— Ты слы́шал, Ни́на с Андре́ем разво́дятся.

— . . . .

— Жа́лко, не успе́л сего́дня получи́ть стипе́ндию.

— . . . .

— Не повезло́ мне, не доста́л я биле́та на самолёт.

— . . . .

— Зна́ешь, не сда́ли нам всё-таки э́ту кварти́ру.

— . . . .

— Наш но́вый дире́ктор ещё о́чень молодо́й.

— . . . .

— А у нас телеви́зор слома́лся.

— . . . .

— Макси́м е́дет на стажиро́вку не в Москву́, а в Ленингра́д.

— . . . .

— Пэм, ты слы́шала, ле́кции по сове́тской литерату́ре бу́дут чита́ть то́лько по-ру́сски.

— . . . .

— Илья́ поступи́л не в Педагоги́ческий, как хоте́л, а в Литерату́рный.

— . . . .

— Орло́вы приглаша́ют нас к себе́ не в суббо́ту, а в пя́тницу.

— . . . .

V

Аргументы и факты

Чего́ нам не хвата́ет?

Психо́логи сейча́с мо́гут корректи́ровать мно́гие психологи́ческие ка́чества: невнима́тельного челове́ка мо́гут сде́лать внима́тельным, за́мкнутого — общи́тельным, челове́ка со сла́бой во́лей — волевы́м.

Но лю́ди ча́сто са́ми не понима́ют, **чего́ им не хвата́ет.** Наприме́р, мно́гие счита́ют, что им не хвата́ет **си́лы во́ли,** чтобы занима́ться каки́м-то де́лом. А им, мо́жет быть, про́сто не хвата́ет интере́са к э́тому де́лу и́ли да́же спосо́бностей к нему́.

«Зна́ние — си́ла»

1. Как на́до **поступи́ть** в э́том слу́чае?

   ❑ Перемени́ть заня́тие?

   ❑ Нача́ть друго́е де́ло?

   ❑ Воспи́тывать да́льше си́лу во́ли?

   ❑ Или что́-то ещё?

   ❑ . . . .?

   В журна́ле «Зна́ние — си́ла» опублико́ваны интере́сные результа́ты психологи́ческих иссле́дований. Уча́стникам иссле́дования за́дали два вопро́са: Каки́х ка́честв не хвата́ет вам? Каки́х ка́честв не хвата́ет вам в други́х лю́дях?

2. А е́сли бы э́ти вопро́сы за́дали вам, как бы вы отве́тили?

   На пе́рвый вопро́с

   . . . .

   А на второ́й?

   . . . .

Сравни́м с опублико́ванными в журна́ле да́нными:

отве́ты на пе́рвый вопро́с   *отве́ты на второ́й вопро́с*

не хвата́ет **уве́ренности в себе́,**   доброты́ 50%
реши́тельности 46%

не хвата́ет **си́лы во́ли,**   взаимопонима́ния,
целеустремлённости ....30%   конта́ктности 22%

3. Ита́к, что хоте́ли бы мно́гие воспита́ть в себе́?

. . . .

Что хо́чет ви́деть большинство́ люде́й в други́х?

. . . .

Парадокса́льная ситуа́ция, по-ва́шему? Результа́ты опро́са бы́ли для вас неожи́данными?

. . . .

А что вы хоте́ли бы воспита́ть в себе́? Ви́деть в други́х? Мно́гие из вас ждут в други́х доброты́, а са́ми хотя́т быть твёрже, сильне́е?

. . . .

4. Так что́ же де́лать в э́той ситуа́ции психо́логам? Как помо́чь лю́дям доби́ться жела́емого?

. . . .

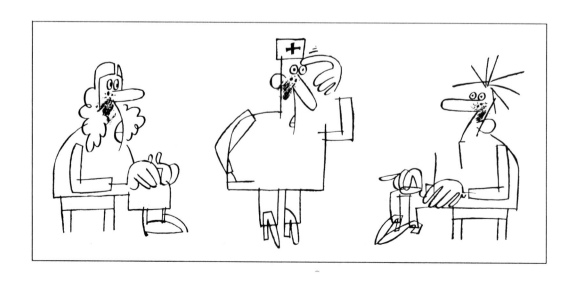

Настоящая подруга

Михаил Задорнов — популярный юморист. Часто выступает со своими короткими рассказами, сценками на эстраде (stand-up comedian). Его любят и телезрители. В рассказах Задорнова не только юмор. В 1989 году вышла его первая книга.

Воскресное утро. Я сижу в кресле, читаю книжку, от которой **меня то и дело** (all the time) отрывают телефонные звонки.

— Старуха, привет, — это Ольга. В школе мы сидели с ней за одной партой, я ей записки от мальчишек передавала, а она у меня контрольные списывала (copy, cheat). С тех пор прошло много лет.

— Как дела? — спрашивает Ольга.

Во-первых, у меня по-прежнему нет никаких дел, которые могли бы её заинтересовать, во-вторых, она это прекрасно знает, в-третьих, я знаю, что она знает, в-четвёртых, она знает, что я знаю, что она знает. Поэтому спрашивает она меня не для того, чтобы я отвечала, а чтобы переспросила: «Ничего, а как твой?»

— Ничего, а как твой? — переспрашиваю я.

— Ой! Что расскажу!

Ольга с пятого класса рассказывает мне о том, как кто-то сделал ей предложение: сначала это были одноклассники, потом пошли студенты, затем два почти профессора, а теперь — итальянец.

С Ольгой легко разговаривать. На все её вопросы не надо отвечать, достаточно просто **удивляться.**

— Ну, ты даёшь! (You're something else!) — изо всех сил удивляюсь я.

— Здорово, правда!? — радуется Ольга. — Ладно, **буду держать тебя в курсе** событий. Чао, бамбино!

Она вешает трубку, а я возвращаюсь к книжке.

Но не успеваю прочесть даже один абзац.

— Алло, Люси? — это моя **подруга по институту** Валерия. Она всегда говорит проникновенно (with feeling), томно (languidly) растягивая слова и от этого представляется всем, кто её не знает, то есть в первую очередь своим родителям, ласковой тихоней — подарком будущему супругу. — Люси, милая, если тебе позвонят мой «пёрентс», скажи им, что я только что ушла от тебя, и, пожалуйста, перезвони на «флэт» Сержу. Нет, не тому что с бородой, а тому, что с видиком...

Кстати, если бы ты хотела, я бы тебя взяла какой-нибудь фильм посмотреть. Но **тебе** всегда **некогда**. Целую, Люси! Ты настоящая подруга!

Все родители спокойны, когда их дочери со мной. Ведь я скромная, начитанная, в очках... А значит, если их дочь пошла с Люсей, то уже ни один мужчина к ним ни за что не подойдёт. Нет, эти звонки вымотают из меня всю душу...

— Алло, Люсяшка! Это я, Володька! — он мог бы и не представляться, потому что всё равно никто из ребят мне больше не звонит. Его родители **дружат** с моими и считают, что лучшей жены, чем я, ему не найти. Я всегда волнуюсь, когда разговариваю с ним. Но этого, слава богу, никто не знает. Мы с ним просто хорошие друзья. — Люсяшка, позвони моим, а? Скажи им, что у тебя сегодня день рождения. Как? Уже был? Семь раз в этом году? А именины? Всего два? Всё равно много. Ну, неужели никакого праздника сегодня нет? Что? Первое мая по старому стилю? Отлично! Пойми, ужасно в одно место выбраться надо. На свадьбу? На чью? На твою? Нет. Мои тогда на себя руки наложат (My folks will kill themselves)! Да и неожиданно! Лучше бы Первое мая по старому стилю — новая традиция вроде как (sort of), да? Ну, спасибо, Люсяшка! Должник (I owe you one) на всю жизнь. Всё что хочешь тебе за это сделаю. Хочешь, приеду, окна вымою, бутылки сдам! Эх, любила бы ты меня, я бы на тебе точно женился! Но ты же выше этого. Завидую! Молодец! Пока.

После Вовкиного звонка мне уже не хочется возвращаться к книжке. Поэтому я просто сижу и долго смотрю на себя в зеркало напротив. «Бутылки сдам..» — усмехаюсь (snicker) я, а рука сама тянется к телефону, чтобы отключить его. Но в последний момент я отдёргиваю её (pull my hand back). Всё-таки воскресенье. Может, ещё кто позвонит...

1. Как в тексте передано:

Очень-очень в одно место надо съездить.

Буду сообщать тебе все новости.

У тебя никогда нет времени

К счастью, этого никто не знает.

Замечательно, правда?

Не тому, у которого борода,

а тому, у которого есть видео.

Буду держать тебя в курсе событий.

Здорово, правда?

Не тому, что с бородой, а тому, что с видиком.

Тебе всегда некогда.

Но этого, слава богу, никто не знает.

Ужасно в одно место выбраться надо.

2. Пóмните телефóнные разговóры Люси с друзья́ми. Восстанови́те все ре́плики диалóгов:

— Стару́ха, приве́т, как дела́?

— . . . .

— Ой, что расскажу́...

— . . . .

— Ну, ты даёшь!

— Здóрово, пра́вда? Ча́о, бамби́но.

— . . . .

— Аллó, Люси?

— . . . .

— Лю́си, ми́лая, е́сли тебé позвоня́т мой «пе́рентс», скажи́ им, что я тóлько что ушла́ от тебя́.

— . . . .

— И позвони́ Се́ржу. Кста́ти, я бы тебя́ тóже взяла́ к немý посмотре́ть фильм по ви́дику.

— . . . .

— Целу́ю, Лю́си. Ты настоя́щая подру́га.

— Аллó, Люся́шка, э́то я, Волóдька.

— . . . .

— Позвони́ мойм, а?

— . . . .

— Скажи́ им, что у тебя́ сегóдня день рожде́ния.

— . . . .

— Ну, тогда́ — имени́ны.

— . . . .

— И имени́ны уже́ бы́ли? Неуже́ли никакóго пра́здника сегóдня нет?

— . . . .

— Пе́рвое ма́я по ста́рому сти́лю? Отли́чно. Нóвая тради́ция как бу́дто. Ну, спаси́бо, Люся́шка. Должни́к на всю жизнь. Пока́.

3. Как вы ду́маете, почемý в самóм расска́зе мы не слы́шим гóлоса Лю́си?

. . . .

Ольга, Валéрия и Волóдя называ́ют Люсю «настоя́щей подру́гой». А они́ са́ми настоя́щие друзья́?

. . . .

4. Какóй и́мидж создала́ себé Люся? Найди́те э́то мéсто в расска́зе. Друзья́ согла́сны с э́тим и́миджем?
А что ду́мают роди́тели Волóди о Люсе, она́ им нра́вится?

5. Каки́е из э́тих ка́честв мо́жно отнести́ к Люсе, к её друзья́м?

Люся —

Её друзья́—

Акти́вный, за́мкнутый, готóв помóчь други́м, увéрен в себé, пасси́вный, ду́мает тóлько о себé, дóбрый, не увéрен в себé, нереши́тельный.

6. Как вы ду́маете, чегó не хвата́ет Люсе, чтóбы в воскресéнье не сидéть однóй у телефóна? Что бы ей посовéтовал психóлог?

. . . .

7. Закóнчите диалóги.

> Бу́ду держа́ть тебя́ в ку́рсе.
> Ты настоя́щая подру́га.
> Тебé всегда́ нéкогда.

— Дава́й пойдём сегóдня смотрéть бейсбóл.
— Зна́ешь, как раз сегóдня я óчень за́нят.

— . . . .

— У меня́ сегóдня свида́ние с Артёмом, а я ника́к не могу́ пойти́. Скажи́ ему́, что я должна́ тебé сегóдня лека́рство привезти́.
— Ла́дно, скажу́.

— . . . .

— Лари́са, привéт. Зна́ешь, мы сегóдня éдем в Ленингра́д продолжа́ть эксперимéнт.
— Да? Ты всё-таки звони́ отту́да, мне ведь интерéсно.

— . . . .

Слова́ уро́ка

абза́ц paragraph
актуа́льность f. topicality
актуа́льный вопро́с
  pressing question
безусло́вно absolutely
бестсе́ллер best seller
болта́ть / поболта́ть to
  chatter
веду́щий leading
ве́шать / пове́сить тру́бку
  (телефо́на) to hang up
  (the telephone)
взаимопонима́ние mutual
  understanding
ви́део(магнитофо́н) VCR
ви́дик (colloq.) VCR
владе́ние языко́м
  command of the language
всё-таки nevertheless;
  after all
выбира́ться / вы́браться to
  get to
вы́глядеть to look
выма́тывать / вы́мотать
  всю ду́шу to wear out
выясня́ть / вы́яснить to
  find out
дели́ться / подели́ться to
  share
держа́ть в ку́рсе собы́тий
  to keep smb. informed
десятиме́сячный ten month
  long
добива́ться / доби́ться to
  get, obtain, secure
должни́к debtor
дружи́ть to be friends
жела́емый (от жела́ть)
  desired
зави́довать to envy
замести́тель deputy
за́мкнутый reserved about
  people
запи́ска note
заявле́ние application
имени́ны (pl.) name-day
и́мидж image
компа́ния group of friends
конта́ктность f. amiability
контро́льная (рабо́та) test,
  exam
корректи́ровать to correct
ла́сковый affectionate

лило́вый lilac, purple
лома́ться / слома́ться to be
  out of order, to not work
любопы́тный curious;
  interesting
мра́чный gloomy
направле́ние direction
нау́чный сотру́дник
  research assistant
начи́танный well-read,
  widely-read
нева́жный here: bad
недоста́ток shortage, lack
неприя́тность f. problem,
  trouble
обща́ться to socialize, hang
  out
общи́тельный sociable,
  outgoing
опублико́ванный
  published
отрыва́ть / оторва́ть to tear
  away
па́рта (school) desk
переспра́шивать /
  переспроси́ть to repeat
  one's question
печа́таться to be published
подава́ть / пода́ть на
  ко́нкурс to apply
подде́ржка support
по-пре́жнему as before, as
  usual
предложе́ние proposal
представля́ться /
  предста́виться to
  introduce oneself
прилага́ть / приложи́ть to
  enclose
принима́ть / приня́ть
  уча́стие to take part, to
  participate
про́бовать / попро́бовать to
  try
публика́ция publication
разгово́рчивый talkative
расстава́ться / расста́ться
  to part
расстра́иваться /
  расстро́иться to get upset
реаги́ровать to react
рекоменда́ция
  recommendation

реши́тельность f.
  determination
сдава́ть / сдать буты́лки to
  turn in bottles for recycling
се́кция section
село́ village
симпо́зиум symposium
сире́невый lilac
скро́мный modest
сла́ва бо́гу thank God
служе́бный а́дрес work
  address
сотру́дник member of the
  staff
спи́сывать / списа́ть to
  copy, cheat
спле́тничать /
  посплетни́чать to gossip
стажиро́вка special training
ста́рый стиль old Style
  (Julian calendar)
стати́стика statistics
супру́г spouse
сходи́ться с людьми́
  (легко́, бы́стро) to
  become friends (easily,
  quickly)
тем бо́лее so much the better
темпера́мент temperament
терпе́ть не мо́жет (не
  мо́гут) s/he (they) can't
  stand it
то и де́ло continually, time
  and again
тяну́ться to stretch, extend
уве́ренность в себе́ self-
  confidence
усло́вие condition
уча́ствовать to participate
уча́стие participate
уча́стник participant
фонд fund
целеустремлённость f.
  purposefulness
член member
эстра́да stage
юри́ст lawyer

*H*ow to:

- ❑ make a request, respond to a request
- ❑ make a suggestion, respond to a suggestion

I

How to make a request, respond to a request

— **Не могли́ бы вы отве́тить** на на́ши вопро́сы?
— На ва́ши вопро́сы? **Смотря́ на каки́е.**

— Ты **не мо́г бы дать** мне 30 до́лларов до за́втра?
— 30 до́лларов? **Пожа́луйста!**

— Прости́те, ребя́та! **Если мо́жно**, не́сколько слов для програ́ммы «До́брый ве́чер, Москва́». **Предста́вьтесь, пожа́луйста.**
— **Пожа́луйста.** Ната́ша и Бо́ря Орло́вы.

— **Скажи́, пожа́луйста**, Артёму, что в суббо́ту я занята́.
— **Ла́дно, скажу́. (Хорошо́, скажу́).**

— Ната́шенька, **сними́** тру́бку, я не могу́ подойти́.
— **Коне́чно, пожа́луйста.**

— Люся́шка, **позвони́** мои́м, **а?**
— **Обяза́тельно позвоню́.**

Just as in English, a request is often expressed through imperatives.

Пожа́луйста, позвони́(те), узна́й(те), переда́й(те)...

Ordinarily a verb expressing a request is in the perfective aspect; in case of negation, the verb is normally in the imperfective aspect: **Не говори́те**, пожа́луйста, ма́ме, что Ната́ша заболе́ла.

To soften a request, the interrogative particle **а** can be added. **А** adds a coaxing note to the request or suggestion.

Позвони́ мои́м, **а**?

Подожди́те нас немно́го, **а**?

Закро́й, пожа́луйста, окно́, **а**?

The same function can be performed by the words **хорошо́, ла́дно**:

Позвони́ мои́м, **хорошо́**?

Зайди́ ко мне по́сле заня́тий, **ла́дно**?

A request can contain a question in the following way: **Не могли́ бы вы отве́тить на на́ши вопро́сы? Не мог бы ты мне помо́чь?**

The form **не + мог бы (могла́ бы, могли́ бы)** + an infinitive of a verb in the perfective aspect is used for polite questions which are frequently needed in speech. It is used in all kinds of situations with the implication that the speaker understands that his request may be an imposition on the other person.

Another common form of request is the expression **е́сли мо́жно** used with an imperative which plays a role similar to the one outlined above.

The reaction to a request may vary. One of the most widely used is **пожа́луйста!**.

The word **пожа́луйста** also may be used to express consent to a request:

— **Пожа́луйста, откро́й дверь!**

— **Пожа́луйста!**

Other reactions are also possible:

ла́дно

хорошо́

обяза́тельно

охо́тно

с удово́льствием

Some are less definite:

е́сли смогу́...

смотря́ когда́ (где, куда́)

1. Где мо́жно доба́вить сло́во **пожа́луйста**? Пожа́луйста, доба́вьте:

— Е́сли мо́жно, вы́ключите телеви́зор, он мне меша́ет.
— Хорошо́.

— Переда́йте мне соль, она́ спра́ва от вас.
— Коне́чно.

— Нале́й мне ча́я.
— Коне́чно.

— Покажи́, чьи э́то у тебя́ фотогра́фии.
— Э́то ребя́та из на́шей гру́ппы, ты их не всех зна́ешь.

— Ты идёшь в магази́н? Опусти́ по доро́ге моё письмо́.
— Хорошо́.

— Подожди́ меня́ мину́точку, мне на́до сро́чно позвони́ть.
— Звони́. Я не тороплю́сь.

— Повтори́те, что вы сказа́ли? Я не по́нял.
— Мне ка́жется, что э́ту часть ва́шей рабо́ты на́до измени́ть.

— Е́сли мо́жно, напиши́те мне свой а́дрес, я его́ уже́ совсе́м забы́л.
— Вот, написа́л.

— Назови́те те́му ва́шего докла́да, мы составля́ем програ́мму конфере́нции.
— «Мето́дика иссле́дования разгово́рной ре́чи».

— Кака́я э́то у тебя́ кни́га, покажи́.
— Э́то но́вая рабо́та по социоло́гии.

— Скажи́те мне, когда́ у вас бу́дет выступа́ть профе́ссор Дени́сов, хорошо́? Я давно́ хочу́ его́ послу́шать.
— Хорошо́.

— Зажги́те свет, уже́ темно́.
— Коне́чно.

— Е́сли мо́жно, послу́шайте, я пра́вильно произношу́ э́ти слова́?
— Слу́шаю.

— Ты сейча́с не идёшь на у́лицу? Дай мне твой зо́нтик, я че́рез полчаса́ верну́сь.
— Бери́.

— Познако́мь меня́ со свое́й сестро́й, а?
— Она́, кста́ти, сего́дня зайдёт ко мне на рабо́ту.

2. А иногда́ в ситуа́ции для выраже́ния про́сьбы доста́точно сло́ва **пожа́луйста**. Найди́те рису́нки к диало́гам.

— Три конве́рта, пожа́луйста.
— Пожа́луйста.

— Ва́ши права́, пожа́луйста.
— Пожа́луйста.

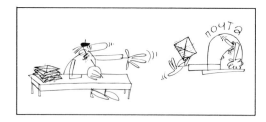

— В центр, пожа́луйста.
— Пожа́луйста.

3. Каки́е могли́ быть диало́ги?

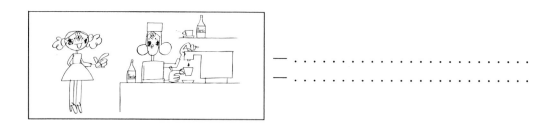

— . . . .
— . . . .

— . . . .
— . . . .

— . . . .
— . . . .

— . . . .
— . . . .

— . . . .
— . . . .

— . . . .
— . . . .

4. Каки́е могли́ быть про́сьбы?

Вы пропусти́ли не́сколько ле́кций и про́сите конспе́кты у
това́рища по гру́ппе:

— Фрэнк, **ты не мог бы** дать мне конспе́кты ле́кций на оди́н
ве́чер?
— **Коне́чно, пожа́луйста.**

А тепе́рь вы са́ми:

1. Ваш фотоаппара́т слома́лся. Вы е́дете на два дня на экску́рсию.

2. Вы хоти́те что́-то купи́ть, вам не хвата́ет ста до́лларов. Вы мо́жете верну́ть их через неде́лю.

3. Вы гото́вите докла́д к семина́ру, вам о́чень нужна́ на не́сколько дней кни́га «Ру́сская исто́рия второ́й полови́ны XVIII ве́ка».

4. У вас нет кассе́т к уче́бнику ру́сского языка́, вы хоти́те их в суббо́ту послу́шать.

5. Вы е́дете в Ленингра́д на 6 дней. Вы зна́ете, что у ва́шего знако́мого есть план Ленингра́да.

6. У ва́шей подру́ги есть ну́жная вам статья́ «Мето́дика социологи́ческого опро́са», вы хоти́те сде́лать ксероко́пию.

5. Объясни́те, почему́ вы об э́том про́сите:

Говори́те, пожа́луйста, гро́мче. **Здесь о́чень шу́мно.**

Е́сли мо́жно, посмотри́те, пожа́луйста, как я запо́лнил анке́ту. ...

Подойди́, пожа́луйста, к телефо́ну. ...

Не говори́ Ната́ше, что я забы́л позвони́ть Оле. ...

Не забу́дьте, пожа́луйста, принести́ мне газе́ту с усло́виями ко́нкурса. ...

Помоги́ мне, пожа́луйста, с англи́йским. ...

Объясни́, пожа́луйста, как к вам е́хать. ...

Скажи́те, пожа́луйста, ско́лько сейча́с вре́мени. ...

Е́сли мо́жно, постара́йтесь зако́нчить э́ту рабо́ту поскоре́е. ...

Ты не мог бы дать мне свою́ су́мку. ...

Вы не могли́ бы встре́тить в пя́тницу на́шего но́вого стажёра? Самолёт прилета́ет в 12.30. ...

Принеси́те мне вчера́шнюю газе́ту, хорошо́? ...

Е́сли мо́жно, закажи́те телефо́нный разгово́р с Москво́й на суббо́ту, лу́чше всего́ на 9—10 утра́. ...

Пожа́луйста, узна́й, есть ли в библиоте́ке э́тот уче́бник. ...

Ты ведь зна́ешь Ша́хматова? Скажи́ мне, как он вы́глядит. ...

Узна́й, пожа́луйста, как мо́жно записа́ться в ваш спортклу́б. ...

6.   В каки́х ситуа́циях могли́ быть э́ти про́сьбы?

1. Прости́те, Алла Алекса́ндровна, вы не могли́ бы перенести́ консульта́цию на сре́ду?

2. Прости́те, пожа́луйста, вы не могли́ бы закры́ть окно́, о́чень ду́ет.

3. Пе́тя, ты за́втра свобо́ден? Ты не мо́г бы помо́чь мне с компью́терной програ́ммой?

4. Людми́ла Ива́новна, у меня́ к вам больша́я про́сьба. Мы уезжа́ем на две неде́ли. Вы не могли́ бы взять на э́то вре́мя на́шего кота́?

Испо́льзуйте ту же фо́рму про́сьбы в сле́дующих ситуа́циях. Проведи́те диало́ги:

1. Ва́ша знако́мая е́дет на 5 дней в Ленингра́д. Вы про́сите её переда́ть запи́ску и како́й-то небольшо́й пода́рок ва́шему дру́гу Арка́дию. Его́ дома́шний телефо́н 245-67-18, рабо́чий — 161-43-45.

2. Ваш това́рищ по гру́ппе занима́лся на ле́тних ку́рсах в Москве́ и записа́л на ви́део не́сколько телепереда́ч. Вы хоте́ли бы их посмотре́ть.

7.   Каки́е могли́ быть про́сьбы?

Пожа́луйста, ... + императи́в (пожа́луйста, покажи́те....)
и́ли
Не мо́г бы ты .... (Не могли́ бы вы....?)

Макси́м Фёдорович, у меня́ к вам про́сьба. Я хоте́л бы пода́ть докуме́нты на ко́нкурс. Мне о́чень нужна́ ва́ша рекоменда́ция. ...

Аллочка, мы сейча́с прово́дим экспериме́нт. Меня́ о́чень интересу́ют его́ результа́ты, но пока́ у нас ма́ло уча́стников. ...

Евге́ний Влади́мирович, мы договори́лись с ва́ми встре́титься в сре́ду, но неожи́данно в сре́ду приезжа́ет мой брат. ...

Таню́ша, там ря́дом с тобо́й лежи́т журна́л, по-мо́ему, я ещё не ви́дел э́тот но́мер. ...

Какóй у тебя интерéсный значóк, Вáдик, мóжно мне егó посмотрéть? ...

Суп совсéм несолёный. ...

Знáешь, бáбушка, в суббóту к нам прихóдят гóсти, ты замечáтельно готóвишь лóбио по-грузи́нски. ...

Натáшенька, телефóн, я не могу́ подойти́. ...

Кóстя ещё не знáет, что мы все éдем на экску́рсию. Ты ведь егó уви́дишь. ...

Мне э́ти бумáги покá не нужны́, пусть лежáт здесь. ...

Знáешь, Слáва заболéл, а мы ужé не мóжем отмени́ть соревновáния. Ты ведь отли́чно игрáешь в бейсбóл. ...

Зóя Мирóновна, у меня к вам нéсколько неожи́данная прóсьба. Мне необходи́мо уéхать на мéсяц, не знáю, как быть с собáкой, онá такáя нéрвная. А вас онá лю́бит. ...

Одну́ мину́тку. Я тóлько закóнчу разговóр. ...

Фред, ты брал у меня конспéкты лéкций. Знáешь, они́ мне сейчáс самому́ нужны́. ...

Фéдя, ты не покáжешь гóрод нáшему гóстю?
Не помóжешь налáдить компью́тер?
Ты не подождёшь меня пóсле заня́тий?

Не + future perfective is another common expression of request used both in formal and informal contexts. It can be used as a substitute for either an imperative or the construction **не могли́ бы вы...?**

Thus, for example, in asking a complete stranger for instructions, you can say:
Прости́те, вы не скáжете, где здесь Энергети́ческий институ́т?

8.   Как мóжно бы́ло бы вы́сказать прóсьбу по-другóму?

Лю́ся, **позвони́, пожáлуйста**, мои́м роди́телям.
Скажи́те, пожáлуйста, где здесь стоя́нка такси́?
Попроси́, пожáлуйста, Мáшу позвони́ть мне сегóдня вéчером.
Налéй мне чáю.
Узнáй у Кáти, когдá у неё день рождéния.

Включи́, пожа́луйста, свет, темно́ занима́ться.

Сядь ко мне побли́же.

Объясни́те, почему́ в э́том предложе́нии ну́жен соверше́нный вид.

Помоги́ мне, подержи́, пожа́луйста, э́ту коро́бку.

Нале́й в ва́зу воды́.

Дай мне на не́сколько дней твои́ конспе́кты.

Запо́лните, пожа́луйста, на́шу анке́ту.

Переда́йте от меня́ приве́т Са́ше Петро́ву.

Посмотри́те, пожа́луйста, что с маши́ной, ка́жется что-то с мото́ром.

9.

— Алло́!

— До́брый день. Ро́берта Макдо́нальда, пожа́луйста.

— Он бу́дет по́зже. Позвони́те мину́т че́рез 20.

— Спаси́бо.

 Ро́берт ско́ро придёт?

— Алло́!

— Пожа́луйста, попроси́те Ве́ру Серге́евну.

— Пожа́луйста. ... Ве́ра Серге́евна, вас к телефо́ну.

— Я слу́шаю.

 Кого́ про́сят к телефо́ну?

— Институ́т социологи́ческих иссле́дований.

— До́брый день. Бори́са Орло́ва, пожа́луйста.

— Его́ сейча́с нет. Что ему́ переда́ть?

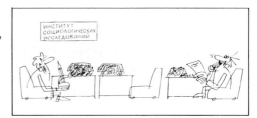

— Пожа́луйста, переда́йте, что ему́ звони́ли из «Литерату́рной газе́ты».

— Хорошо́. Обяза́тельно переда́м.

?? Отку́да звони́ли Бори́су Орло́ву?

Что́ ему́ проси́ли переда́ть?

А тепе́рь вы са́ми:

— Алло́!

— До́брый день. Пожа́луйста, Генна́дия Влади́мировича.

— Пожа́луйста, . . .

— . . . .

— Алло́!

— До́брый день. Если мо́жно, Лю́сю, пожа́луйста.

— Она́ бу́дет по́зже. . . .

— . . . .

— Институ́т ру́сского языка́.

— До́брый день. Ната́лью Дми́триевну, пожа́луйста.

— Её сейча́с нет. . . .

— . . . .

How to make a suggestion, respond to a suggestion

— **Дава́йте откро́ем** окно́, здесь так жа́рко.
— **Дава́йте.**

— **Дава́й запи́шемся** на ку́рсы англи́йского?
— **Ну, что же, дава́й запи́шемся.**

— К нам Фе́дя собира́лся зайти́. **Дава́й** его́ с Олей **познако́мим.**
— **Дава́й. Это иде́я.**

— Ната́ша, **не хо́чешь подрабо́тать?**
— Кто́ же не хо́чет?

— **Не хоти́те пойти́** с на́ми на джа́з?
— Спаси́бо, но я́ не люби́тель джа́за.

— **Хоти́те приня́ть** уча́стие в опро́се?
— Не люблю́ я́ э́того.

— Ва́м не на́до здесь остава́ться. **Пойдёмте** со мной.
— Спаси́бо, но мне здесь бу́дет лу́чше.

There are two main ways to express a suggestion or a proposition. One way is **дава́й (дава́йте)** + future tense, usually used in the affirmative with perfective form. The other way is **хо́чешь, не хо́чешь (хоти́те, не хоти́те)** + a perfective infinitive. It functions simultaneously both as a suggestion and as a means to sound out the listener's feeling towards the proposed action. In case of a lukewarm response, one may say **Ну что́ же, дава́й(те).   Дава́й, э́то иде́я!**, on the other hand, signals an enthusiastic reaction.

The particle **дава́й(те)** is used when the speaker who suggests an activity is planning to participate in the proposed activity.

Не хоти́те (не хо́чешь) may be used in different contexts:
Не хоти́те вы́пить ча́шечку ко́фе?
Не хо́чешь пойти́ погуля́ть?

10. Отве́тьте на предложе́ние:

Дава́й(те).
Дава́й(те), э́то иде́я.
Ну, что́ же, дава́й(те).

— Дава́йте порабо́таем сего́дня подо́льше.
— . . . .

— Дава́йте проведём заня́тия в па́рке, — пого́да сего́дня прекра́сная.
— . . . .

— Дава́йте не бу́дем де́лать сего́дня дома́шнее зада́ние.
— . . . .

— Давайте не будем делать упражнения, вместо этого посмотрим фильм.

— . . . .

— Давайте сделаем все эти упражнения письменно.

— . . . .

— Давай сыграем в какую-нибудь игру.

— . . . .

— Давайте включим во время перерыва музыку.

— . . . .

— Давайте отменим экзамен по русскому языку.

— . . . .

— Давайте поговорим о чём-нибудь необычном.

— . . . .

— Давай сделаем тест. У меня есть очень интересный.

— . . . .

11. Выскажите предложение:

— С пятнадцатого до девятнадцатого открыта выставка цветов.

— . . . .

— Сегодня в 7 часов по первой программе чемпионат мира по хоккею.

— . . . .

— Я видела рекламу нового коктейля. Там, кажется, пять видов фруктов.

— . . . .

— Нам предлагают записаться на курсы переводчиков.

— . . . .

— В четверг у нас выступает наш гость из Эссекского университета.

— . . . .

— Рекомендацию для участия в конкурсе можно взять у заместителя директора.

— . . . .

— Зна́ешь, восьмо́го у Ди́мы с Га́лей сва́дьба.

— . . . .

— Джон неда́вно прие́хал из Новосиби́рска. Он был там с гру́ппой учёных-социо́логов.

— . . . .

— Я бы охо́тно пое́хал ле́том на ку́рсы, но де́нег нет.

— . . . .

— Наве́рное, конфере́нция по перестро́йке бу́дет интере́сная, но я совсе́м не зна́ю её програ́мму.

— . . . .

— О́чень гро́мко обсужда́ют что́-то в сосе́дней ко́мнате. Тру́дно рабо́тать.

— . . . .

— Интере́сно, мо́жно заказа́ть биле́ты в теа́тр по телефо́ну?

— . . . .

— Отсю́да до пло́щади Гага́рина е́хать на авто́бусе не ме́ньше, чем полчаса́. Мы мо́жем опозда́ть.

— . . . .

— Не понима́ю, как выполня́ть э́ту рабо́ту.

— . . . .

— Цветы́ мы уже́ не найдём. Все магази́ны закры́ты. Как быть?

— . . . .

— Сего́дня замеча́тельный конце́рт. Выступа́ет Ростропо́вич, но биле́тов уже́ нет.

— . . . .

12. Предложи́те свою́ по́мощь.

— Не могу́ откры́ть дверь.
— **Дава́йте я попро́бую. Мо́жет быть, я откро́ю.**

— Не могу́ перевести́ одно́ предложе́ние.

— . . . .

— Не могу́ дозвони́ться в о́фис. Всё вре́мя за́нято.

— . . . .

— Не могу́ объясни́ть Би́ллу, как на́до употребля́ть сло́во
«ра́зве», он меня́ не понима́ет.

— . . . .

— Ника́к не могу́ нала́дить компью́тер. Не зна́ю, что случи́лось.

— . . . .

— Не получа́ется у меня́ э́та програ́мма.

— . . . .

— Не понима́ю, в чём де́ло: маши́на не заво́дится.

— . . . .

— Не могу́ соста́вить рекла́му. Получа́ется совсе́м не интере́сно.

— . . . .

— Не могу́ доста́ть биле́т на деся́тое. Звони́л уже́, по-мо́ему, во
все аге́нтства.

— . . . .

— Ника́к не могу́ договори́ться с Петро́м Семёновичем о встре́че.
Всё вре́мя у него́ каки́е-то дела́.

— . . . .

— Не могу́ включи́ть компью́тер. Не понима́ю, как он
включа́ется.

— . . . .

13. Предложи́те, что вы э́то сде́лаете са́ми:

— Ди́ма, скажи́, куда́ мо́жно пове́сить пальто́?
— **Дава́й я сам пове́шу.**

— Как включа́ется ваш телеви́зор, Ната́ша?

— . . . .

— Куда́ поста́вить цветы́, как ты ду́маешь, Оля?

— . . . .

— Са́ша, скажи́, ско́лько молока́ тебе́ нали́ть в ко́фе? Побо́льше?
Поме́ньше?

— . . . .

— Андре́й, не зна́ешь, по како́му телефо́ну мо́жно заказа́ть
такси́?

— . . . .

— Знáешь, не решáюсь я позвони́ть Елéне Николáевне.

— . . . .

— Какóй-то у вас необы́чный ксéрокс, Тамáра Петрóвна, не знáю, как на нём сдéлать кóпии.

— . . . .

— Ни́ночка, скажи́, кудá мóжно постáвить мои́ сýмки?

— . . . .

— Не могý я попроси́ть у Би́лла при́нтер, мне у негó неудóбно проси́ть.

— . . . .

— Зи́на, как постáвить э́тот буди́льник на нýжное врéмя?

— . . . .

— Не успевáю я позвони́ть насчёт кооперати́ва, Бóря.

— . . . .

14. В отвéт на предложéние задáйте вопрóс:

— Давáйте съéздим в Остáнкино на вы́ставку собáк.
— А там чтó, сейчáс вы́ставка собáк?

— Давáйте попрóсим Игоря Григóрьевича рассказáть нам о Совéтской ассоциáции истóриков.

— . . . .

— Давáйте посмóтрим сегóдня чемпионáт по бóксу.

— . . . .

— Давáй пошлём Натáше с Бóрей поздравлéние.

— . . . .

— Давáй схóдим в Филармóнию на симфони́ческий оркéстр из Филадéльфии.

— . . . .

— Давáй подади́м на кóнкурс в Манчéстерскую шкóлу молоды́х социóлогов.

— . . . .

— Давáй схóдим в Беля́ево на вы́ставку францýзского авангáрда.

— . . . .

— Давай попросим у Тани последний номер «Нового мира».

— . . . .

— Давайте поедем в Измайлово не на метро, а на автобусе, ладно?

— . . . .

— Давайте попросим Василия Ивановича перевести нам эту статью с русского.

— . . . .

— Давайте сделаем на полчаса перерыв, вы не против?

— . . . .

15. В ответ на предложение выразите сомнение:

— Давайте сходим в Исторический музей на выставку фарфора.
— **Разве выставка фарфора в Историческом музее? По-моему, ты ошибаешься.**

— Давай выпишем «Литературную газету» с середины февраля.

— . . . .

— Давай поедем на стажировку не в Ленинград, а в Киев.

— . . . .

— Давайте съездим в воскресенье на выставку цветов в Дом художника.

— . . . .

— Давай поставим машину за институтом.

— . . . .

— Давай спросим у Володи, как это будет по-фински.

— . . . .

— Давай зайдём в это кафе, съедим по шашлыку.

— . . . .

— Давай запишемся на спецкурс по литературе к профессору Белкину.

— . . . .

— Давай посмотрим в русском клубе фильм «Вокзал для двоих».

— . . . .

— Давáй лéтом поéдем отдыхáть к Олиной тёте на мóре.

— . . . .

16. А как вы́ражено предложéние в э́тих диалóгах?

— Вáдик, пошли́ в буфéт, вы́пьем кóфе.

— Пошли́, с удовóльствием вы́пью.

— А мóжет, в воскресéнье нам съéздить к тёте Ире? Давнó мы у неё нé были, онá ужé обижáется.

— Конéчно, давáй съéздим.

— Слу́шай, не взять ли нам морóженого? Здесь, кáжется, какóе-то осóбенное, фи́рменное.

— Возьми́, éсли хóчешь. А у меня́, к сожалéнию, гóрло боли́т.

— Не хóчешь попрóбовать торт? Очень вку́сный, шоколáдно-вáфельный.

— Спаси́бо, но я ещё не обéдал.

17. В каки́х ситуáциях могли́ быть э́ти диалóги? Кто в них учáствует?

— Не забу́дьте, пожáлуйста, в срéду у нас зачёт.

— Елéна Константи́новна, éсли мóжно, перенеси́те нам егó на втóрник и́ли на четвéрг. В срéду мы приглашены́ в Дом дру́жбы.

— Ну, чтó же. Давáйте тогдá перенесём на четвéрг.

— Не могли́ бы вы задержáться на 10—15 мину́т. Я хотéл уточни́ть задáние.

— Пожáлуйста. Чтó-то нея́сно?

— Да нет. Мне кáжется, что формулирóвка не совсéм тóчная.

— Послу́шай, мне кáжется, что ты рáно сдáлся.

— Да нет. Ничегó не вы́йдет. Я же невезу́чий.

— Ну, пожáлуйста, попрóбуй ещё раз. Мне кáжется, ты спрáвишься.

— Прости́те, не помешáю?

— У вас ко мне дéло?

— Да. Не могли́ бы вы помóчь разобрáться в э́той анкéте?

УРОК 6

- ❑ Музыка́льный ринг
- ❑ Мы по объявле́нию
- ❑ Ро́к-н-ро́лл жив!
- ❑ Ты америка́нцу хо́чешь у нас пласти́нки покупа́ть?
- ❑ Кто добива́ется успе́ха?
- ❑ Гео́ргий Гу́лиа «Как в Аризо́не»

I

Музыка́льный ринг

«Музыка́льный ринг»— програ́мма Ленингра́дского телеви́дения. В ней уча́ствуют 300—400 молоды́х ребя́т и приглашённый **по** их **про́сьбе анса́мбль** и́ли **исполни́тель**. Куми́рам задаю́т бесчи́сленные вопро́сы, говоря́т всё, что ду́мают об их рабо́те. И коне́чно, нелегко́ держа́ть экза́мен перед молодо́й аудито́рией.

— Вы не бо́йтесь, что са́мое **оригина́льное** у вас — ва́ши костю́мы, а не му́зыка?

— Ро́к-конце́рт — э́то **же**[1] шо́у! Здесь всё должно́ создава́ть настрое́ние — и костю́мы то́же.

---

[1]**Же** is similar to the particle ведь in usage; it signals causality.

— В како́м **жа́нре** вы рабо́таете?

— Че́стно говоря́, ра́ньше са́ми не зна́ли. А съе́здили в Аме́рику — сра́зу по́няли. Наш жанр — нью-э́йдж — са́мый популя́рный сего́дня.

— Зна́чит, своего́ жа́нра у вас нет?

— Вы то́лько подража́ете америка́нцам?

— Ну, **э́то уж сли́шком!**

— Что же вас **отлича́ет от** америка́нцев?

— **Мело́дия**, пре́жде всего́ — мело́дия.

— И э́то всё?

— И зарпла́та.

?? Где произошёл э́тот разгово́р?
Кто в нём уча́ствует?
Каки́е ре́плики принадлежа́т **зри́телям**, каки́е — **музыка́нтам**?

1. Как в диало́ге пе́редано:

   Са́мое оригина́льное в ва́шей програ́мме — э́то ва́ши костю́мы...
   На рок-конце́рте всё должно́ создава́ть настрое́ние.
   И бо́льше ничего́?

2. Как вам ка́жется, зри́телям понра́вилось выступле́ние э́той гру́ппы? Почему́ зри́тели обы́чно молодёжь?

3. Вы согла́сны, что рок-конце́рт — э́то шо́у? Как вы э́то понима́ете?

   В рок-конце́рте важны́ ...
   Должны́ быть интере́сные, оригина́льные ...
   Всё должно́ создава́ть настрое́ние ...

4. Музыка́нты назва́ли нью-э́йдж са́мым популя́рным жа́нром сего́дня. Э́то так? Каки́е жа́нры сего́дня ещё популя́рны? Како́й из них вам бо́льше нра́вится?

5. Мно́гие счита́ют, что рок — э́то типи́чно америка́нская му́зыка. Вы согла́сны с э́тим? А джаз? Вы могли́ бы назва́ть двух — трёх изве́стных исполни́телей в исто́рии америка́нской рок-му́зыки? А в исто́рии джа́за?

6. Вы по́няли, что тако́е «Ка́нтри клуб»? Что?

. . . .

Он нахо́дится в Аме́рике?

. . . .

Каки́е гру́ппы здесь выступа́ют? Кака́я у них програ́мма?

. . . .

Как вы ду́маете, в како́м жа́нре выступа́ет гру́ппа на фотогра́фии? Или э́то тру́дно сказа́ть?

. . . .

Когда́ **состои́тся конце́рт**? Что в програ́мме, кро́ме му́зыки?

. . . .

Вы слы́шали что́-нибудь о ежего́дном фестива́ле ка́нтри и фолк му́зыки «Фе́рмер»?

. . . .

Где э́тот фестива́ль проходи́л в 1990 году́? «Ка́нтри клуб» собира́лся уча́ствовать в э́том фестива́ле?

. . . .

АНОНС

«КАНТРИ КЛУБ»

Вы ду́маете, он в Аме́рике?

Нет, значи́тельно бли́же: в помеще́нии клуба фабрики «Новая заря». Центр кантри и фолк музыки представляет «КАНТРИ КЛУБ».

Группа **«Кантри Каунт Бэнд»** выступает с достойной программой: блуграсс, кейджун, кантри.

Здесь же фолк-н-рольная группа **«Гранфанс»** исполняет песни и баллады.

Начало программы в 18 часов 2 ДЕКАБРЯ.

Спешите на Большую Серпуховскую, д. 31.

В фойе — беседы о кантри. Музыка и горячий чай.

«Кантри клуб» делает первый шаг к традиционному фестивалю кантри и фолк музыки **«Фермер-90»**, который будет проходить с 12 по 14 января в концертном зале гостиницы **«Космос»**.

7. Во вре́мя «Музыка́льного ри́нга» вопро́сы зри́телей быва́ют, коне́чно, са́мые ра́зные.

Наприме́р, ещё таки́е:

— Когда́ вы выступа́ете, для вас ва́жен **текст пе́сен**?

— Что вы хоти́те сказа́ть свое́й програ́ммой?

— Ско́лько у вас **ди́сков** (records)?

— Кто **пи́шет** для вас **му́зыку** и текст пе́сен?

— Вы гото́вите но́вые ди́ски?

?? Вам понравился какой-нибудь из этих вопросов? Или это всё самые обычные вопросы, которые задают музыкантам зрители и журналисты?

8. Найдите ответную реплику.

Помоги достать билеты на концерт. • • • • • • Мне самому не понравилось.
Дай послушать пластинку Стива • • • • Да я сам не могу.
Уандера. У меня нет.
Неплохой ансамбль, но последний К сожалению, в воскресенье он
концерт был слабый. мне самой нужен.
Хорошую вы песню написали. У меня у самого её нет.
Можно взять твой магнитофон на Да, мы сами довольны.
воскресенье? Мой не работает.
И почему эта группа так популярна? Сам не понимаю.

9. Скажите, что вы думаете об этом:

> Это уж слишком.
> Это нормально.

Он ходит абсолютно на все рок-концерты.
Она расстроилась и съела пять кг (килограмм) шоколадного
мороженого.
Билет на президентский бал стоит больше тысячи долларов.
Их руководитель просто деспот. Музыканты у него репетируют
по десять часов.
После экзамена она проспала двенадцать часов.
У Жанны рост 180 см (сантиметров), а весит она 50 кг.
Она хочет похудеть и ест только чёрную икру.
Обучение в школе менеджеров стоит 300 рублей в месяц.
Билет на концерт Аллы Пугачёвой стоит почти десятку.
Стив выполняет абсолютно все домашние задания.

10. Друг Бориса Федя был на «Музыкальном ринге». Его вообще очень интересует современная музыка. Он рассказывает Оле, Боре и Наташе, какие зрители задавали вопросы, что отвечали музыканты. Разыграйте сценку.

Были интересные вопросы...
Были совсем глупые вопросы...
Отвечали по-разному...
А что ты сам думаешь? ...

11. Что для вас ва́жно в выступле́ниях ро́к-гру́пп? Для вас важна́ оригина́льность? Ва́жен **го́лос певца́**? Или, мо́жет быть,

- ❑ ритми́ческий хара́ктер му́зыки?
- ❑ вне́шность певцо́в?
- ❑ их костю́мы?
- ❑ **мане́ра держа́ться?**
- ❑ световы́е эффе́кты?
- ❑ техни́ческие эффе́кты?
- ❑ слова́ пе́сен?
- ❑ исполни́тельская мане́ра?
- ❑ мело́дия?
- ❑ . . . . ?

Мы по объявле́нию

— Здра́вствуйте, мы по объявле́нию.

— А, вы насчёт кварти́ры? Проходи́те, пожа́луйста. Вы для себя́ хоти́те снять?

— Да, для себя́. Мо́жно посмотре́ть?

— Борь, как мне нра́вится! И о́чень удо́бно. Метро́ ря́дом...

— А ти́хо как!

— Да, у́лица у нас ти́хая. Балко́н большо́й, магази́н ря́дом. Вам здесь бу́дет о́чень хорошо́.

— Да, я ви́жу, кварти́ра хоро́шая.

Почему́ э́ту кварти́ру не мо́гут сдать?

Для нас гла́вное, что не **шу́мная. А то[1]** мне прихо́дится мно́го рабо́тать до́ма.

— Прости́те, и сосе́ди у вас то́же ти́хие?

— Сосе́ди?

— Ой, что э́то?!

?? Что Ната́ше с Бо́рей понра́вилось в э́той кварти́ре? Почему́ они́ не сня́ли э́ту «ти́хую» кварти́ру?

1. Как в диало́ге пе́редано:

Улица здесь ти́хая.

Ва́ши сосе́ди то́же ти́хие?

Гла́вное, что кварти́ра не шу́мная, потому́ что мне прихо́дится мно́го рабо́тать до́ма.

2. По́мните, что Оля — подру́га Ната́ши? Что Ната́ша расска́жет Оле об э́той кварти́ре? Како́й сове́т даст Оля Ната́ше?

— Ната́ша, вы ходи́ли по объявле́нию?

—. . . . .

— . . . .

Да́льше мы не слы́шали. Как продолжа́лся э́тот разгово́р?

3. Бо́ря то́же рассказа́л Фе́де, почему́ они́ не сня́ли э́ту «ти́хую» кварти́ру. Но ведь Фе́дя лю́бит рок-му́зыку. Он сам ча́сто слу́шает рок-гру́ппы. Како́й сове́т Фе́дя даст Бо́ре?

— Бо́ря, э́то же му́зыка! Это не про́сто **шум**....

— . . . .

---

[1]**А то** introduces an explanation or a cause.

— . . . .

Да́льше мы не слы́шали. Как продолжа́лся э́тот разгово́р?

4. А как начну́тся диало́ги, е́сли они́ пришли́ по второ́му, тре́тьему и т.д. объявле́ниям?

— Прости́те, мы по объявле́нию.
— Вы насчёт кварти́ры?

Сдаётся кварти́ра...

Нашли собаку...

Продаётся гита́ра...

Сдаём дачу...

Найден чемодан в аэропорту...

Продаём машину...

5. Аргументи́руйте то, о чём говори́те.

Дай мне слова́рь, **а то** я свой забы́л до́ма.

— Я хочу́ взять такси́, не дашь мне рубля́ три? ....
— Ты не пока́жешь, как по́льзоваться компью́тером, ...
— Прости́те, могу́ я прийти́ на консульта́цию не сего́дня, а за́втра? ...
— У меня́ на суббо́ту биле́т в «Ка́нтри клуб», мо́жет, ты схо́дишь? ...
— Не могли́ бы вы сде́лать телеви́зор поти́ше? ...
— Посове́туй, како́й спецку́рс мне вы́брать, ...
— Дава́й возьмём с собо́й Лю́сю смотре́ть ви́дик, ...
— Мне на́до сходи́ть к глазно́му врачу́, ...
— Мне сего́дня обяза́тельно ну́жно написа́ть роди́телям письмо́, ...
— Ната́ше с Бо́рей ну́жно как мо́жно скоре́е снять кварти́ру, ...
— Дава́й зае́дем в автосе́рвис, ...
— Дава́йте ещё раз прове́рим результа́ты. ...
— Э́тот анса́мбль бу́дет выступа́ть в на́шем клу́бе то́лько два ра́за. На́до купи́ть биле́ты, ...

6. Вы с подру́гой хоти́те снять недорогу́ю кварти́ру недалеко́ от хоро́шего па́рка, с гаражо́м. Вы пришли́ по объявле́нию. Разыгра́йте сце́нку: поговори́те с хозя́йкой.

7. Рассы́пался диало́г. Помоги́те его́ восстанови́ть.

— Ничего́, ничего́.

— Ой, извини́.

— А сейча́с не сли́шком гро́мко?

— Ната́шенька, сде́лай поти́ше телеви́зор, а то я рабо́таю.

— Сейча́с хорошо́, спаси́бо.

— Пожа́луйста.

8.

— Бо́ря, как уда́чно! Ника́к не могу́ разобра́ться: когда́ ру́сские говоря́т «ничего́»? В отве́т на «спаси́бо»?

— Да что ты, Боб! Отве́т на «спаси́бо» — «пожа́луйста». А «ничего́» — отве́т на «извини́те».

— Спаси́бо.

— Пожа́луйста.

— Ната́ша, как уда́чно! Ты мне не помо́жешь? Что́-то не получа́ется у меня́ с програ́ммой.

— Сейча́с я о́чень занята́, не могу́ тебе́ помо́чь, извини́, Оля.

— Ну ничего́. Сама́ попро́бую разобра́ться.

?? Что вы ска́жете в отве́т на «извини́те»?
А в отве́т на «спаси́бо»?

III

Рок-н-ро́лл жив!

«Рок-н-ро́лл мёртв, а я ещё нет», — э́ти слова́ принадлежа́т Бори́су Гребенщико́ву, 38-ле́тнему **ро́керу** из Ленингра́да. Так называ́ется одна́ из его́ пе́сен. На са́мом же де́ле рок сейча́с о́чень популя́рен у ча́сти молодёжи. Мно́гие счита́ют: «Рок жив!» А вы? Вы с ни́ми согла́сны?

· · · · · · · · · · · · · · · · · ·

Об изве́стных исполни́телях и анса́мблях пи́шут журна́лы и газе́ты, в том числе́ о́чень популя́рная среди́ молодёжи газе́та «Моско́вский комсомо́лец».

Молодёжных куми́ров мно́го. Вот не́которые из них.

ДМИТРИЙ МА́ЛИКОВ

29.01.70 г. не жена́т, 182 см, 68 кг, о́чень лю́бит чита́ть и сочиня́ть му́зыку, коренно́й москви́ч (native Moscovite).

ВЛАДИ́МИР КУЗЬМИ́Н

коренно́й москви́ч, мультиинструмента-ли́ст, супергитари́ст, сам пи́шет му́зыку, 31.05.55, лю́бит де-те́й и автомоби́ли, жена́т, де́ти есть. Небольшо́го ро́ста, лю́бит цветы́ и чёрный цвет, вку́сно пое́сть и посиде́ть в компа́нии с друзья́ми, немно́го за́мкнут, споко́ен, лю́бит тишину́ и гру́ппу «Дина́мик».

Ю́РИЙ ШАТУНО́В

соли́ст гру́ппы «Ла́сковый май», свои́м куми́ром счита́ет Э́лвиса Пре́сли, не лю́бит «Мо́ден То́кинг», за́мкнут, не лю́бит, когда́ ему́ да́рят цветы́, лю́бит ию́нь и кра́сно-жёлтые цвета́.

О́ЛЬГА КОРМУ́ХИНА
(«Кра́сная панте́ра»)

люби́мый ме́сяц — а́вгуст, хотя́ и родила́сь 1.06.60. 165 см, вес — зави́сит от сезо́на. Лю́бит вку́сно пое́сть, шить, вяза́ть. Хо́бби: кулина́рия и путеше́ствия. Куми́ров в ро́к-му́зыке нет.

1. Среди́ тех, о ком вы прочита́ли, есть и таки́е, кто не то́лько исполня́ет, но и сам пи́шет му́зыку. Назови́те их.

. . . .

Их интере́сы ограни́чены му́зыкой?

☐ широки́ и разносторо́нни?
☐ одина́ковы?
☐ разнообра́зны?
☐ . . . . ?

Вы, наве́рное, не зна́ете никого́ из э́тих **звёзд**. Но всё-таки, кто из них вам показа́лся са́мым симпати́чным? Почему́? Вне́шне они́ похо́жи на америка́нских ро́керов?

. . . .

2. У вас **люби́тели** совреме́нной му́зыки то́же хотя́т всё знать о свои́х куми́рах? Их то́же интересу́ет их **ли́чная жизнь** (private life)? Их **вку́сы, хо́бби**? Каки́е вопро́сы об э́том задаю́т ча́ще всего́?

3. С кем из э́тих музыка́нтов у вас совпада́ют интере́сы, вку́сы?

. . . .

4. А э́то рекла́ма двух групп. Почему́ сра́зу двух? Потому́ что у них мно́гое **совпада́ет**.

«Парк Го́рького» и «Бон Джо́ви» — компане́йские, весёлые, лю́бят чай и чёрную икру́, не бе́дные, сре́дний во́зраст — 25 лет, ку́рят ма́ло, а Джон Бон Джо́ви не ку́рит и не пьёт. Хо́бби — америка́нский футбо́л и хокке́й.

Что же у них совпада́ет? Хара́ктер? Интере́сы? Вку́сы? Во́зраст? **О́браз жи́зни** (life style)? Или э́то то́лько рекла́ма? Гру́ппа «Бон Джо́ви» — действи́тельно така́я популя́рная? Са́мая? Нет? Есть лу́чше? Каки́е?

. . . .

5. У нас осталось место ещё для одной рекламы. 10 строчек. Можете дать свою рекламу. Какую группу или исполнителя вы будете рекламировать?

. . . .

6. Борис Гребенщиков — профессионал жанра, отличный поэт, номер первый Ленинградского рок-клуба. А вы слышали это имя? Вы не были на его концертах в Америке? А кто, по-вашему, сегодня номер первый американского рока? Он, как и Гребенщиков, сам **сочиняет слова** и **музыку**?

. . . .

7. Вы уже знаете, что одна из песен Бориса Гребенщикова называется «Рок-н-ролл мёртв». Вот её текст.

Рок-н-ролл мёртв

Какие нервные лица. Быть беде*.
Я помню — было небо, я не помню где.
Мы встретимся снова, мы скажем «Привет».
В этом есть что-то не то.* Но

Рок-н-ролл мёртв, а я ещё нет.
Рок-н-ролл мёртв, а я...
Те, что нас любят, смотрят нам вслед*.
Рок-н-ролл мёртв, а я ещё нет.

Отныне* время будет течь по прямой,
Шаг вверх, шаг вбок, их мир за спиной.
Я сжёг их жизнь, как ворох газет*.
Остался только грязный асфальт. Но

Рок-н-ро́лл мёртв, а я ещё нет.

Рок-н-ро́лл мёртв, а я...

Те, что нас лю́бят, смо́трят нам вслед.

Рок-н-ро́л мёртв, а я ещё нет.

Ло́коть к ло́ктю*, кирпи́ч в стене́,

Мы стоя́ли сли́шком го́рдо, мы пла́тим втройне́*

За тех, кто шёл с на́ми — за тех, кто нас ждал —

За тех, кто никогда́ не прости́т нам то, что

Рок-н-ро́лл мёртв, а мы ещё нет.

Рок-н-ро́лл мёртв, а мы...

Те, что нас лю́бят, смо́трят нам вслед.

Рок-н-ро́лл мёртв, а мы...

Рок-н-ро́лл мёртв, а я ещё нет...

---

* Быть беде́ — There will be trouble.
В э́том есть что́-то не то́ — Something is not right.
смо́трят нам вслед — follow us with their eyes
отны́не — from now on
во́рох газе́т — pile of newspapers
ло́коть к ло́ктю — elbow to elbow
мы пла́тим втройне́ — we pay three times as much

8. Вы по́няли, что в э́той пе́сне рок-музыка́нты выступа́ют про́тив консерва́торов в му́зыке, а мо́жет быть, и не то́лько в му́зыке? У вас есть музыка́льные гру́ппы с полити́ческой програ́ммой? Таки́е гру́ппы интере́сны молодёжи?

IV

Ты америка́нцу хо́чешь у нас пласти́нки покупа́ть?

Каки́е пласти́нки продаю́тся на пе́рвом этаже́?

— Бо́рька, приве́т! Ты что́ здесь де́лаешь?

— Фе́дя! Как уда́чно! Ты мне сейча́с помо́жешь.

— А что ты и́щешь-то?

— Да на́шему Макдо́нальду пода́рок. А то у них ско́ро Рождество́.

— Ты америка́нцу хо́чешь у нас пласти́нки покупа́ть?

— Ну и что́? Он у нас услы́шал Шни́тке* и **был в восто́рге.**

— Тогда́ тебе́ на второ́й эта́ж. **Кла́ссика** там, а здесь то́лько **эстра́да.**

— Ла́дно, ты со мной?

— Да нет. Я не люби́тель кла́ссики. Да и не **разбира́юсь** я **в ней** совсе́м. Так что ты иди́, а я здесь ещё посмотрю́... Мне на́до Олю подожда́ть, мы с ней **договори́лись** здесь встре́титься.

 Где случа́йно встре́тились Бо́ря и Фёдор? Кто из них здесь ча́сто быва́ет? Каку́ю му́зыку лю́бит Макдо́нальд? Почему́ Бо́ря и́щет пода́рок Ро́берту?

---

*Alfred Shnitke — a contemporary Soviet composer, famous for his symphonic works. His popularity has grown considerably in recent years.

1. Как в диало́ге пе́редано:

Фе́дя, как хорошо́!

Ра́зве сто́ит америка́нцу у нас пласти́нки покупа́ть?

Он у нас услы́шал Шни́тке, и он ему́ о́чень понра́вился.

Да и не понима́ю я в ней ничего́.

2. Мы слы́шали то́лько нача́ло разгово́ра:

— Ми́ша, мне на второ́й. Там кни́ги на англи́йском. Ты со мно́й?

— Да нет, я ведь пло́хо чита́ю по-англи́йски, так что...

· ·

А да́льше мы не слы́шали. Как, вы ду́маете, продолжа́лся э́тот разгово́р?

— Так хоте́лось бы пласти́нку Дже́ксона.

— Ой, а у меня́ есть ли́шняя. Так что...

· ·

· ·

А э́тот?

3.

— Вообще́-то я не люби́тель кла́ссики.

— Но ведь ты Достое́вского лю́бишь.

— Ну, э́то исключе́ние.

(джаз, фанта́стика, детекти́в, то́лстые рома́ны,

Айзек Ази́мов, Луи́ Армстро́нг, Ма́ргарет Ми́тчел, Ага́та Кри́сти)

— Как мне нра́вится Дже́ксон!

— Ты же не люби́тель ро́ка.

— Не люби́тель, а Дже́ксона люблю́.

(поэ́зия, наро́дная му́зыка, эстра́да, класси́ческая му́зыка,

Рэ́нди Тра́верс, Пу́шкин, Мо́царт, Криста́л Гейл)

4. Посове́туйтесь:

— Как ты ду́маешь, Дэн, что лу́чше купи́ть: «Роллс-Ро́йс» и́ли «Ферра́ри»?

— По-мо́ему, лу́чше «Ферра́ри». Прекра́сная маши́на.

— А ты что ска́жешь, Фред?

— А я в э́том совсе́м не разбира́юсь.

А тепе́рь вы са́ми:

— Кака́я гру́ппа тебе́ бо́льше нра́вится, па́па? «Мо́ден То́кинг» и́ли «Бон Джо́ви»?

— . . . .

— . . . . ?

— . . . .

— Ли́ля, ты всегда́ всё зна́ешь. Что сейча́с мо́дно — ми́ни? ма́кси?

— . . . .

— . . . . ?

— . . . .

— Что ты ду́маешь о после́днем конце́рте Дже́ксона?

— . . . .

— .. . . ?

— . . . .

— Слу́шай, как вчера́ на́ши с че́хами прекра́сно сыгра́ли, пра́вда?

— . . . .

— . . . . ?

— . . . .

— Ви́дел, каку́ю Орло́вы себе́ карти́ну купи́ли в Изма́йлове?

— . . . .

— . . . . ?

— . . . .

— Бою́сь, э́та гру́ппа то́лько подража́ет америка́нцам. Как тебе́ ка́жется?

— . . . .

— . . . . ?

— . . . .

— Како́й торт купи́ть Ли́зе на день рожде́ния — шокола́дный и́ли кофе́йный?

— . . . .

— . . . . ?

— . . . .

— По-тво́ему, кто вы́играет: Ка́рпов и́ли Каспа́ров?

— . . . .

— . . . . ?
— . . . .
— Что вкуснее, по-твоему, луковый суп или борщ?
— . . . .
— . . . . ?
— . . . .

5.

— Так хочется пластинку Уитни Хьюстон.
— А мне повезло. Мне из Америки привезли.
— Какую? Последнюю?
— А я не знаю. Ту, за которую она получила Гремми.

?? Какую музыку они любят?

6.

Альфред Шнитке с женой.
Теперь о нём пишут в журналах.

— Борис, **огромное спасибо** за Шнитке. Я как раз эти его вещи не слышал.
— Рад, что тебе понравилось, Боб. Шнитке сейчас у нас очень популярен.
— Удивительный композитор!
— Да, мало у кого так удачно сочетаются (be combined) разные стили и жанры.
— Да, в классической симфонии и вдруг — джаз... **Удивительно.**

За что Боб благодарит Бориса? Вы сами раньше слышали имя Шнитке? Вы любите классическую музыку? Ходите на симфонические концерты?

Кто добивается успеха?

Программа «Музыкальный ринг» показывает, что молодые требовательны к любимым музыкантам, ждут от них многого.

Вот несколько высказываний ребят во время встреч с популярными группами:

«Вы очень подвижны, веселы, но вам не кажется, что этого мало?» (вопрос к группе «Браво»).

«Вы всё время в песне повторяете слово «компьютер». А если его заменить на «пылесос», что-нибудь изменится?»

«Вы приносите в рок-музыку много своего, непохожего, но иногда работаете на моду, на конъюнктуру. Зачем?» (вопросы к группе «Форум»).

«Ва́ши пе́сни сли́шком **напомина́ют** мело́дии италья́нской эстра́ды» (к гру́ппе «Круг»).

1. С каки́ми гру́ппами шёл разгово́р на «Ри́нге»? Что нра́вится ребя́там в э́тих гру́ппах? Что вызыва́ет сомне́ние?

    . . . .

2. Вам нра́вятся гру́ппы, кото́рые

    ❑ постоя́нно и́щут, меня́ют стиль?

    ❑ верны́ своему́ сти́лю?

    ❑ прино́сят в му́зыку своё, но́вое?

    ❑ де́лают отли́чные стилиза́ции?

    ❑ уже́ **дости́гли успе́ха?**

    ❑ нахо́дятся в нача́ле пути́?

    ❑ . . . . ?

3. Назови́те таку́ю гру́ппу.

    Мне нра́вится гру́ппа ..., потому́ что она́ ... .

4. По-ва́шему, ле́гче добива́ются успе́ха гру́ппы, кото́рые

    ❑ рабо́тают на мо́ду, конъюнкту́ру?

    ❑ не ду́мают о мо́де, о́чень самостоя́тельны?

    ❑ подража́ют знамени́тым музыка́нтам?

    ❑ соверше́нно оригина́льны?

    ❑ рабо́тают на ма́ссовую аудито́рию?

❑ имеют свой небольшой круг зрителей?

❑ . . . . ?

5. Дайте пример такой группы.

Группа ... добилась успеха, потому что ... .

6. А теперь у вас есть возможность провести свой «Музыкальный ринг». Сначала нужно узнать, какую музыкальную группу хочет пригласить большинство из вас. Выяснили? Теперь подготовьте свои вопросы. Они могут быть, конечно, любые: о жанре, о программе, о зарплате, о семье, об интересах, хобби и т.д. Не забудьте только, что это «ринг».

Давайте пригласим ..., потому что ...
Лучше всего пригласить ..., потому что ...

7. Как вы думаете, что надо, чтобы стать рок-звездой?

Важно, чтобы ...
Необходимо, чтобы ...
Обязательно нужно ...

. . . .

8. **Не секрет,** что рок-звёзды для многих подростков — эталон для подражания. У многих есть свои кумиры. Вы замечали это? Что чаще копируют?

❑ Манеру одеваться?

❑ **Причёски?**

❑ **Походку?**

❑ Манеру держаться?

❑ Музыкальные вкусы?

❑ **Привычки?**

❑ **Увлечения?**

❑ Образ жизни?

❑ . . . . ?

9. Какóй из э́тих та́нцев вам
нра́вится? Каки́е вы уме́ете
танцева́ть? В каки́е дни
бу́дут проходи́ть заня́тия? В
како́е вре́мя? Ско́лько
вре́мени продолжа́ется
обуче́ние? Обуче́ние
пла́тное?

. . . .

Вы записа́лись бы в э́ту
шко́лу? Вам нра́вится
програ́мма? Удо́бно вре́мя
заня́тий? Э́то не до́рого для
вас?

. . . .

10. Каки́е есть возмо́жности для
заня́тий му́зыкой у вас в
университе́те?

. . . .

А вы **игра́ете на музыка́льном инструме́нте**? На како́м?
Вы са́ми занима́етесь и́ли с преподава́телем?
Уча́ствуете в музыка́льных конце́ртах?

. . . .

11. Каки́е музыка́льные конце́рты быва́ют в университе́те
   ❑ для люби́телей класси́ческой му́зыки?
   ❑ для тех, кто лю́бит джаз?
   ❑ для тех, кто лю́бит рок?
   ❑ . . . . ?
   Конце́рты пла́тные и́ли беспла́тные?

. . . .

12. Вы собира́ете **пласти́нки, кассе́ты**, ди́ски (CD's)? Каки́е?
Кла́ссику? Джаз? Рок?

Вы покупа́ете гото́вые **за́писи** и́ли **запи́сываете** са́ми?

. . . .

Клуб „*ПИЩЕВИК*" объ-
являет прием юно-
шей и девушек
в школу сов-
ременного
танца.

БРЕЙК, СТЭП, РОК-Н-РОЛЛ, ТАНГО...

В программе:
брейк, бэд, стэп,
рок-н-ролл, джаз.
Срок обучения – пять месяцев; стоимость
– 30 рублей.
Запись производится 9, 10, 23, 24, 30
сентября и 1, 14, 15 октября с 14 час., а также
в дни занятий по средам и субботам с 17 час.
Телефон для справок 362-33-73.
Проезд: ст. метро „Бауманская", далее
трамв. 45 до остановки „Самокатная улица"
или ст. метро „Площадь Ильича", далее авт.
125 до остановки „Самокатная улица".
Наш адрес: ул. Самокатная, 4.

Как в Аризóне

Гебргий Гýлиа — áвтор мнóгих корóтких расскáзов, в котóрых действие чáще всегó происхóдит на Кавкáзе. Он пúшет о своúх герóях с любóвью и с лёгким юмором.

— Мы лю́ди простыíе, — сказáл гость, — и тóнкостей э́того рóк-н-рóлла поня́ть не мóжем. Не дохóдит он до нас (We don't get it). А ну, дáйте-ка ещё разóк (Play it one more time). Как э́то? «В Аризóне. В Барселóне. В Йокогáме..» Чёрт знáет чтó!

Желáние гóстя — закóн (Our guest's word is our command). И нáша кóмната наполня́ется звýками рóк-н-рóлла. Егó **исполня́ет** пóльский джаз*. Солúст называ́ет городá и стрáны, где танцýют э́тот рок, а оркéстр отвечáет: есть и в такóй-то странé, и в такóм-то гóроде! Знáчит, так: «В Аризóнье... Есть в Аризóнье! В Барселóнье... Есть в Барселóнье! В Йокохáмье... Есть в Йокохáмье! В Амстердáмье... Есть в Амстердáмье! В Уругвáю... Есть в Уругвáю! В Билгорáю... Есть в Билгорáю! В Аргенцúнье... » И так дáлее. Слóвом, выясня́ется, что рóк-н-рóлл танцýют во всём мúре.

— Чёрт знáет чтó! — возмущáется гость. — И э́то называ́ется пéсней! Нет, слýшать я э́то **не в сúлах** (cannot bear). Ничегó в э́той прокля́той (damned) мýзыке не смыíслю (understand).

И он развóдит рукáми.

Мы **выключáем** прóигрыватель. Сидúм и ведём разговóр о делáх литерату́рных и о шкóле, где преподаёт гость.

— Чёрт знáет чтó! — неожúданно обрывáет он себя́ (cuts himself off). — Э́то же полнéйшее безобрáзие! Нет, это не **мотúв...** не мелóдия. Простúте, как э́то: «В Аризóне... Есть в Аризóне! В Барселóне... Есть в Барселóне!...» А ну́-ка, сыгрáйте ещё разóк э́ту чушь. Это прóсто чудóвищно!

Он вслýшивается в словá и ужé повторя́ет на манéр самогó певца́:

— «В Аризóнье... Есть в Аризóнье! В Барселóнье... Есть в Барселóнье! В Уругвáю... Есть в Уругвáю! В Билгорáю... Есть в Билгорáю!» Чёрт знáет что! Какáя-то какофóния!

---

* It is important to remember that the song is in Polish. The lyrics consist only of geographical names which are similar in Russian and Polish, but not exactly alike.

И мы снова останавливаем пластинку. И вы думаете, надолго?... Гость говорит:

— Может, я и не прав. Вполне допускаю. Село наше небольшое. Школа. Клуб. Больница. И прочее... (etc.). А это чёрт знает что. И кто способен выслушать эту адскую музыку, лишённую (devoid of) **смысла**? Дайте песню ещё разочек. Будьте добры. «В Аризонье... В Барселонье... В Йокохамье...» Почему они так мягко произносят окончания? Удивительно! Это же не музыка! «В Аргенцинье... В Гарворинье... Есть в Гарворинье!» Что значит — в Гарворинье? Что это — страна или город? Впрочем, это совершенно безразлично. Довольно этой чертовщины!... Так вот, значит, со школьными программами получается так...

Перед сном наш гость вернулся к року:

— **Если не возражаете**, я хотел бы послушать ещё. Будьте добры. «В Билгораю... В Аргенцинье... В Амстердамье... В Йокохамье...» Чего только не придумают!

Пластинка была поставлена не раз, а ровным счётом (exactly) ещё пять раз.

Он прослушал рок, выстукивая **ритм** пальцами на столе. При этом он улыбался, подмигивал и дважды выкрикнул: «Эй!», потом что-то буркнул (mumbled) и поставил иглу на пластинку, чтобы начать всё сначала. И вдруг топнул ногой и захлопал в ладоши. Это длилось минут пятнадцать. Наконец он выключил проигрыватель и сказал сердито:

— Разве это музыка?!

— А вы прекрасно танцуете, — сказал я ему почти без лести (almost sincerely). — Учились, что ли?

А в середине ночи случилось невероятное: кто-то **включил** проигрыватель. И в тишине заиграл джаз.

Я приоткрыл дверь. Посреди комнаты в трусах стоял наш гость и повторял, как в бреду:

— «В Аргенцинье... Есть в Аргенцинье! В Амстердамье... Есть в Амстердамье!» Остановите это, иначе я сойду с ума!... «В Аргенцинье... Есть в Аргенцинье! В Йокохамье... В Билгораю...» Боже, что же это? Остановите!

Мы уложили его. Дали валерьянки (mild herbal tranquilizer).

А он всё время повторял:

— «В Аризонье... В Барселонье...» Боже мой! «В Йокохамье... В Гарворинье...» Боже мой!

— Что же де́лать? — с таки́м вопро́сом я обрати́лся к жене́. Она́ была́ в са́мом мра́чном настрое́нии. И неожи́данно включи́ла прои́грыватель.

— «В Аризо́нье... Есть в Аризо́нье!»

Бо́же, что́ же э́то тако́е?

1. Как пе́редано в те́ксте:

Впро́чем, э́то соверше́нно не ва́жно.
Сиди́м и разгова́риваем.
Он внима́тельно слу́шает слова́.
Не понима́ем мы рок.
Я совсе́м не разбира́юсь в э́той му́зыке.
Вполне́ возмо́жно, что э́то так.
Останови́те, а то я сойду́ с ума́.
Нет, слу́шать э́то я совсе́м не могу́.

Не дохо́дит до нас рок.
Нет, слу́шать э́то я не в си́лах.
Останови́те, ина́че я сойду́ с ума́.
Ничего́ в э́той му́зыке я не смы́слю.
Сиди́м и ведём разгово́р.
Он вслу́шивается в слова́.
Впро́чем, э́то соверше́нно безразли́чно.
Вполне́ допуска́ю, что э́то так.

2. Ско́лько же раз гость слу́шал рок-н-ро́лл? Что он говори́л о ро́ке: «не дохо́дит до нас»...

«чёрт зна́ет что́»...

Ищи́те да́льше са́ми.

Каки́ми слова́ми он сно́ва и сно́ва проси́л хозя́ина поста́вить пласти́нку?

3.

— Тебе́ пра́вда нра́вится, как э́ти ребя́та игра́ют?
— Да, о́чень.
— Удиви́тельно! Э́то же не му́зыка. Э́то кака́я-то какофо́ния!

?? Как вы ду́маете, каку́ю му́зыку исполня́ют ребя́та?

— Ты опя́ть, Ве́ра, весь ве́чер провела́ в дискоте́ке?
— Да, а что, мам?
— Мо́жет, я и не права́. Вполне́ допуска́ю. Но, по-мо́ему, проводи́ть всё вре́мя в дискоте́ке, е́сли у тебя́ ско́ро экза́мены...

?? Ма́ме нра́вится, что Ве́ра ка́ждый ве́чер прово́дит в дискоте́ке? Ма́ма, пра́вда, счита́ет, что она́ не права́?

4. Перепутались подписи к рисункам. Как правильно?

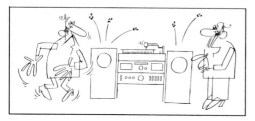 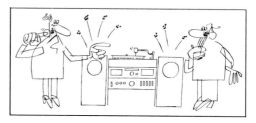

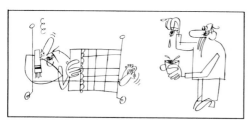 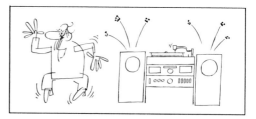

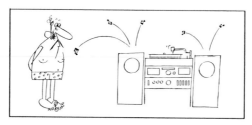

Он прослушал рок, выстукивая ритм пальцами на столе.
Посреди комнаты в трусах стоял наш гость.
Мы уложили его, дали валерьянки.
— А ну, дайте-ка ещё разок!
— Нет, слушать это я не в силах.
— А вы прекрасно танцуете! Учились, что ли?
— Боже, что же это такое?

5. А вы сáми запóмнили словá э́той пéсни?

Мы слу́шаем рок. Мы схóдим с умá от рóк-н-рóлла. Не забы́ть бы: мы слу́шаем му́зыку!

Словá урóка

автосéрвис auto-mechanic's shop
ансáмбль musical group
аудитóрия audience
балкóн balcony
бесчи́сленный countless
бред delirium
в востóрге (от чегó? от когó?) to be delighted with
вкус taste
вслу́шиваться / вслу́шаться to listen closely
выкри́кивать / вы́крикнуть to shout smth. out
высту́кивать to tap
выступáть / вы́ступить to perform, appear

выступлéние performance, appearance
вязáть to knit
гитари́ст guitarist
держáться: манéра держáться to carry oneself: style, bearing
достигáть / дости́гнуть успéха to achieve success
жанр genre
зри́тель spectator, member of the audience
деся́тка (colloq.) ten-rouble bill
исключéние exception
исполни́тель performer
исполни́тельская манéра performing style
исполня́ть / испóлнить to

perform
и так дáлее and so on
какофóния cacophony
как э́то? how does it go? what is it?
компанéйский sociable
кореннóй жи́тель native
кулинáрия cookery
куми́р idol
мáссовый mass (attr.)
мелóдия melody
мёртвый dead
мóда fashion
моти́в melody, tune
музыкáнт musician
óбраз жи́зни lifestyle
оркéстр orchestra
отличáть / отличи́ть to distinguish; make different

певец singer
пластинка record, album
подражать to imitate
подмигивать /
    подмигнуть to wink
подросток teenager
популярный popular
походка gait
привычка habit
причёска hairstyle
профессионал professional
публика the public, the
    audience
пылесос vacuum cleaner
разбираться / разобраться
    to understand
расстраиваться /
    расстроиться to feel upset
репетировать to rehearse
ринг (sport) ring
ритм rhythm

рокер rock musician
рок-звезда rock star
симфонический symphonic
симфония symphony
совпадать / совпасть to
    coincide (with)
создавать / создать
    настроение to create a
    good mood
солист soloist
сочинять / сочинить to
    compose, create
стилизация stylization
сходить с ума (по чему? по
    кому?) to be crazy about
    somebody or something
танцевать to dance
тонкость f. subtlety, fine point
требовательный demanding
трусы underwear
увлечение interest, hobby

удостаиваться /
    удостоиться to be
    honoured (with)
фестиваль festival
худеть / похудеть to lose
    weight
чёрт знает что (expression
    of outrage) God only knows!
    It's outrageous!
чертовщина devilry
чушь f. nonsense
шитьё sewing
шоу show
эталон standard, model
эффект effect
это слишком it is too much

У Р О К

7

Быть в фо́рме

Нау́чно-техни́ческий прогре́сс несёт челове́ку не то́лько хоро́шее: **загрязне́ние окружа́ющей среды́** (environmental pollution), **обедне́ние** (depletion) **фло́ры** и **фа́уны**. Прихо́дится **меня́ть о́браз жи́зни.** Появля́ются клу́бы здоро́вья. Растёт популя́рность аэро́бики, бе́га, пла́ванья, ха́тха-йо́ги, у-шу́.*

---

* Wu-shu — a form of Chinese martial arts.

Заня́тия на тренажёрах.
Чем ещё занима́ются в клу́бе здоро́вья?

— Вы хоти́те написа́ть о на́шем клу́бе? Пожа́луйста, приходи́те к нам в шесть три́дцать утра́, — так начало́сь знако́мство корреспонде́нта с председа́телем одного́ из клу́бов здоро́вья.

— Кто занима́ется в ва́шем клу́бе?

— Да са́мые ра́зные лю́ди: мно́го студе́нтов, есть пенсионе́ры. Ра́ньше к нам приходи́ли **в основно́м** лю́ди у́мственного труда́ (white-collar workers), а тепе́рь всё ча́ще прихо́дят рабо́чие.

— Что же их к вам привлека́ет?

— Как вам сказа́ть? **Одни́** хотя́т похуде́ть, **други́е** — бро́сить кури́ть, кто́-то не мо́жет спра́виться со стре́ссом.

— Есть, наве́рное, таки́е, кто не выде́рживает и броса́ет? Ску́чно ведь.

— Быва́ет. Но мно́гие стано́вятся фана́тами. А вы не хоти́те попро́бовать?

— . . . .

?? Что привлека́ет люде́й в клуб здоро́вья? Всем им нра́вятся э́ти заня́тия? Как, вы ду́маете, продолжа́лся э́тот разгово́р?

1.   Как в диало́ге пе́редано:

Что же их у вас интересу́ет? Что им у вас нра́вится?
Да как сказа́ть...
Не́которые не мо́гут спра́виться со стре́ссом.

2. Что такое клуб здоровья?

Это клуб, куда приходят, чтобы...
Это клуб, где занимаются...

3. Журналист разговаривает с фанатами клуба здоровья и с теми, кто хочет бросить занятия в клубе. Почему одни в восторге от клуба, другие не хотят или не могут здесь заниматься? Разыграйте сценку.

4. Какие могли быть диалоги?

Совсем нет.
Ты ошибаешься.
Да что ты!
Правда. Да, это так.

Ваш друг думает,
    что никто не бросает занятия.
    что сюда приходят люди умственного и физического труда.
    что там вообще скучно заниматься.
    что занятия в клубе проводятся только вечером.

5. А в Америке есть такие клубы? Они популярны? Что сюда привлекает людей?

❑ Многие хотят изменить свой образ жизни?
❑ Есть проблемы стресса?
❑ Есть проблемы здоровья?
❑ . . . . ?

6. В Америке ещё есть **проблема курения**? Многие **курят**? Кто в основном? Молодёжь? Люди старшего поколения? Что надо сделать, чтобы **решить** эту **проблему**?

7. Что сделать, если трудно бросить курить?

❑ Постараться самому всё-таки бросить?
❑ Обратиться к врачу?
❑ . . . . ?

Я подниму трубку сам: доктор рекомендовал мне больше двигаться.

?? Хороший совет дал доктор?

8.

Куда они должны обратиться?
По какому телефону позвонить? Чем им надо заняться?

— Ваша сестра хочет похудеть.
— Тебе надо обратиться в кооператив. Позвони по телефону 463-67-90.

Ваш друг не может справиться со стрессом.
Ваш брат в плохой форме.
Ваш сосед по комнате хочет, но не может бросить курить.
У вашего однокурсника бывает плохое настроение.
Ваша соседка по комнате плохо спит.

КООПЕРАТИВ ПРОВОДИТ КОНСУЛЬТАЦИИ И ЛЕЧЕНИЕ.

В лечении используются методы психотерапии:
гипноз, психоанализ, аутотренинг и т. д.
Применяется иглотерапия,
психогимнастика тай-цзы, хатха-йога.
Приём ведут опытные специалисты.
Телефон 310-06-11, звонить с 15 до 20 час.

Хотите похудеть? 463-67-90

9. Найди́те отве́тную ре́плику.

По-ва́шему, молоды́х привлека́ет то́лько рок?

Ваш брат занима́ется йо́гой?

Она́ всё ещё поёт в анса́мбле?

Отку́да ты узна́л о клу́бе здоро́вья?

Ве́ра всё ещё хо́чет похуде́ть?

Кто же занима́ется в ва́шем клу́бе?

Да все, от пионе́ров до пенсионе́ров.

Что́ вы, давно́ бро́сила.

Да как тебе́ сказа́ть: об э́том пи́шут.

Да по-ра́зному. Кто́-то и пра́вда увлека́ется то́лько ро́ком, а не́которых привлека́ет и кла́ссика.

Да нет, бро́сил. Он тепе́рь, по-мо́ему, вообще́ ниче́м не занима́ется.

Да как тебе́ сказа́ть: по-мо́ему, её но́вый друг э́того совсе́м не хо́чет.

10.

— А что их всех привлека́ет в э́тот клуб здоро́вья?

— Да как тебе́ сказа́ть...

— . . . .

— . . . .

А да́льше мы не слы́шали. Как, вы ду́маете, продолжа́лся э́тот разгово́р?

— Заме́тил? Вади́м уже́ опя́ть в фо́рме. Весёлый, общи́тельный, совсе́м его́ стресс прошёл.

— Да.

— А как ему́ э́то удало́сь, не зна́ешь?

— . . . .

— . . . .

А э́тот?

11. Вы занима́етесь в клу́бе здоро́вья. Ваш знако́мый не зна́ет, сто́ит ли ему́ туда́ записа́ться. Его́ интересу́ет,

чем занима́ются в клу́бе;

ско́лько раз в неде́лю быва́ют заня́тия;

в како́е вре́мя;

ско́лько челове́к в гру́ппе;

ско́лько на́до плати́ть;

где нахо́дится клуб.

II

Как бы похудеть?

О чём советуется Наташа
с подругой?

— Слушай[1], Оля, **как бы**[2] похудеть? Не знаешь?

— Да зачем тебе? **Ты и так в отличной форме.**

— Что ты! Ни в одну юбку уже не влезаю.

— Ну, **займись аэробикой** или **побегай** по утрам, вот как мы с моим Джоем.

— Так что, мне теперь тоже собаку заводить? Уж тогда нам точно квартиру не снять.

— Ну, не хочешь — купи юбку **на размер побольше.**

— Нет, уж лучше поголодать недельку.

— Может, подождёшь? Я вас с Борей хотела на пельмени в воскресенье позвать.

— На пельмени? Тогда можно и подождать.

---

[1]**Слушай** is a frequently used attention getter. It signals new information.

[2]**Как бы** — the particle **бы** in interrogative sentences expresses an element of desirability.

Почему́ Оля бе́гает по утра́м?
Когда́ Ната́ша хо́чет сесть на дие́ту?
Ната́ша лю́бит пельме́ни?

Мо́жет быть, вам интере́сно, как гото́вят ру́сские пельме́ни? Пожа́луйста...

Сде́лать фарш из говя́дины и жи́рной свини́ны с чесноко́м и лу́ком. Доба́вить пе́рец, соль, бульо́н.

На 1 кг пельме́ней:

те́сто —	dough
мука́ 320 г,	flour
я́йца 1—2 шт.,	eggs
вода́ 120 г,	water
соль 7 г;	salt
фарш —	filling
говя́дина 200 г,	beef
свини́на 240 г,	pork
лук 2,	onions
бульо́н 160 г,	broth
соль,	salt
чесно́к по вку́су.	garlic to taste

1. Как в диало́ге пе́редано:

Ты и сейча́с в отли́чной фо́рме.
Ни одну́ ю́бку наде́ть не могу́.
Тогда́ мы то́чно не смо́жем снять кварти́ру.

2. Найди́те отве́тную ре́плику.

Где бы подрабо́тать? Не посове́туешь? • Пойди́ погуля́й с соба́кой.
Чем бы заня́ться? Так ску́чно. • С твое́й вне́шностью? Пойди́ в манеке́нщицы.

Хочу́ завести́ пу́деля. Где бы купи́ть? На́до бо́льше ра́дио слу́шать.
Как бы доста́ть биле́ты на «Али́су»? А заче́м тебе́? Ты же неда́вно их слу́шал.

Чем бы Ко́ле помо́чь? Нева́жно у него́ иду́т дела́. Обрати́сь в клуб и́ли дай объявле́ние в газе́ту.
Как бы мне активизи́ровать свой ру́сский? Дава́й вме́сте поду́маем. Меня́ Никола́й то́же беспоко́ит.
Как бы узна́ть усло́вия ко́нкурса? Позвони́ по телефо́ну 531-23-56.

3. Что вы посове́туете де́вушке, кото́рая не мо́жет влезть ни в одни́ джи́нсы?

- ☐ Не за́втракать, не у́жинать?
- ☐ Есть после́дний раз не по́зже пяти́ часо́в?
- ☐ Утром пить то́лько во́ду?
- ☐ Не есть соль, са́хар, жиры́?
- ☐ Есть побо́льше фру́ктов, овоще́й?
- ☐ Не есть, не пить и **принима́ть витами́ны**?
- ☐ Занима́ться аэро́бикой?
- ☐ Побо́льше лежа́ть перед телеви́зором?
- ☐ . . . .?

А мо́жет быть, лу́чше купи́ть но́вые джи́нсы и люби́ть себя́ тако́й, как есть?

. . . .?

4. По́мните, Ната́ша хоте́ла неде́льку поголода́ть? Ей посове́товали лу́чше раз в неде́лю есть то́лько я́блоки и́ли то́лько творо́г (farmer's cheese).

А вы зна́ете хоро́шую дие́ту? Каку́ю?

5. В кни́ге «100 мину́т для красоты́ и здоро́вья» де́вушка расска́зывает подру́ге о дие́те, кото́рая должна́ помо́чь бы́стро похуде́ть:

В понеде́льник на́до съесть одну́ ма́ленькую морко́вку.
Во вто́рник — пол-я́блока.
В сре́ду — одну́ ло́жку творо́га.
В четве́рг — 50 г нежи́рного мя́са.
В пя́тницу — бана́н.
В суббо́ту — яйцо́.

Как вы ду́маете, что бу́дет в воскресе́нье?

. . . .

6. А вам легко́ **сесть на дие́ту,** е́сли ну́жно? Или о́чень тру́дно отказа́ться от **люби́мых блюд, вку́сной еды́?**

. . . .

7. Вы, коне́чно, по́няли, что э́то меню́? Что вы зака́жете, е́сли:

☐ лю́бите есть то́лько знако́мые блю́да?

☐ хоти́те попро́бовать что́-то но́вое, незнако́мое, чего́ вы никогда́ не про́бовали?

☐ вы сиди́те на дие́те?

☐ вы люби́тель экзоти́ческих блюд?

ГЛАВНОЕ УПРАВЛЕНИЕ ОБЩЕСТВЕННОГО ПИТАНИЯ МОСГОРИСПОЛКОМА	М Е Н Ю

Трест столо́вых *Перовского* райо́на
СТОЛОВАЯ № *27* на „*8*" *апреля* 1991 г.

НАИМЕНОВАНИЕ БЛЮД	Цена
1. ЯИЧНИЦА С ВЕТЧИНОЙ	1-72
2. ОМЛЕТ С СЫРОМ	1-55
3. ПЕЛЬМЕНИ	1-37
4. БИФШТЕКС С РИСОМ	1-53
5. ГОЛУБЦЫ	1-75
6. КАША РИСОВАЯ	0-46
7. БЛИНЫ С СЕЛЬДЬЮ	1-29
8. ЧЕБУРЕКИ	1-43

Дире́ктор *Вllаf*
Зав. произво́дством *Собац*
Кальку́лятор *Ниее*

Нелидовская тип. Зак23   87 Тираж 50000

8.

— Пэм, дава́й зака́жем бифште́кс с ри́сом. Это, наве́рное, бу́дет **вку́сно.**

— Зака́зывай. А мне хо́чется попро́бовать что́-то но́вое. Ну вот, наприме́р, голубцы́. Я да́же не зна́ю, что э́то тако́е.

— А вдруг э́то что́-то экзоти́ческое?

— Ну и что́? Это да́же интере́сно.

У э́тих де́вушек одина́ковые вку́сы? А хара́ктер?

9. А мо́жет быть, ваш разгово́р в кафе́ с подру́гой бу́дет совсе́м други́м? Возьми́те меню́ и разыгра́йте сце́нки.

III

В жи́зни выи́грывают оптими́сты

Эмоциона́льная нагру́зка (load) совреме́нного челове́ка сли́шком велика́: телефо́нные разгово́ры, тру́дные ситуа́ции, про́бки (traffic jam) на доро́гах, ты́сячи лиц на у́лицах... Да ещё ра́дио, телеви́дение, газе́ты.

Вам знако́ма така́я ситуа́ция?
Как вы себя́ в ней чу́вствуете?

1. У студе́нтов то́же больша́я эмоциона́льная нагру́зка? Почему́?

❑ Сли́шком мно́го дома́шней рабо́ты?
❑ Тру́дные экза́мены?
❑ Студе́нты живу́т далеко́ от до́ма?
❑ . . . . ?

2. Где эмоциона́льная нагру́зка ме́ньше: в большо́м университе́те и́ли в небольшо́м? Почему́?

Снима́ют стре́ссы лю́ди по-ра́зному. Одни́ начина́ют кури́ть, други́е пьют ко́фе и не то́лько ко́фе...

. . . .

3. А е́сли у вас плохо́е настрое́ние, е́сли вы о́чень уста́ли, е́сли у вас что́-то не получа́ется, е́сли вас кто́-то оби́дел, е́сли..., что вы сде́лаете?

- ☐ Забу́ду обо всём и пойду́ спать.
- ☐ Позвоню́ дру́гу и поделю́сь неприя́тностями и́ли про́сто поболта́ю.
- ☐ Ся́ду в маши́ну и пое́ду ката́ться.
- ☐ Куплю́ себе́ что́-нибудь.
- ☐ Схожу́ в кино́, в бар, в го́сти.
- ☐ Пригото́влю экзоти́ческое блю́до и съем его́.
- ☐ Пойду́ попла́вать, сыгра́ю в бейсбо́л, погуля́ю, побе́гаю.
- ☐ Пойду́ в дискоте́ку потанцева́ть.
- ☐ . . . .

4.

— Мо́жет челове́к до́ма наконе́ц-то стать сами́м собо́й!

Како́й журна́л ему́ покупа́ют роди́тели?
Они́ ду́мают, что ма́льчик о́чень лю́бит живо́тных?
Э́то так? Он легко́ справля́ется со стре́ссом?

А вы зна́ете, что темпера́ментные, акти́вные лю́ди ле́гче справля́ются с эмоциона́льной нагру́зкой? Иссле́дования показа́ли, что е́сли вы **беспоко́йный** челове́к, е́сли вы принима́ете всё бли́зко к се́рдцу, то у вас ме́ньше ша́нсов заболе́ть. **К тако́му** парадокса́льному **вы́воду пришли́ учёные** из Калифорни́йского университе́та в Бёркли Д. Ря́гланд и Р. Брэнд.

(«Пра́вда»)

5. А вам тако́й вы́вод ка́жется парадокса́льным?

. . . .

6. Хоти́те прове́рить себя́? Кто́ вы? Оптими́ст или пессими́ст? Предлага́ем вам тест.

1) Если вы уча́ствуете в спорти́вных соревнова́ниях:
   а) вы счита́ете, что у вас есть ша́нсы **вы́играть**   4
   б) де́лаете всё, что́бы вы́играть, и бо́ретесь до конца́   3
   в) осо́бенно не **стара́етесь победи́ть**   1
   г) счита́ете, что у вас нет ша́нсов победи́ть,
       но продолжа́ете боро́ться   2

2) Если вы поссо́рились с ке́м-то, то вы:
   а) избега́ете э́того челове́ка   2
   б) счита́ете, что вы бы́ли непра́вы   1

в) счита́ете, что ссо́ры могло́ не быть 3

г) стара́етесь поскоре́е **помири́ться** 4

3) Что, по-ва́шему, бо́лее ва́жно:

а) де́лать де́ньги 1

б) жить сча́стливо 4

в) добива́ться успе́ха во всём 2

г) раскры́ть все свои́ тала́нты 3

4) Где и когда́ вы хоте́ли бы жить:

а) в про́шлом 1

б) в настоя́щем 3

в) в бу́дущем 4

г) на друго́й плане́те 2

Бо́лее 14-ти очко́в. Вы настоя́щий оптими́ст, момента́льно справля́етесь с депре́ссией, не бо́йтесь неприя́тностей.

От 7-ми до 14-ти очко́в. Вы скоре́е оптими́ст, чем пессими́ст. Вы уме́ете бы́стро проанализи́ровать **все «за» и «про́тив»** и **найти́ вы́ход** из любо́й ситуа́ции.

Ме́нее 7-ми очко́в. Неуже́ли, пра́вда, вы ви́дите жизнь то́лько в чёрном цве́те? Улыбни́тесь, постара́йтесь ви́деть в жи́зни и хоро́шее, хотя́ бы иногда́.

7. Что у вас получи́лось? Вы дово́льны результа́том? Вы так о себе́ ду́маете?

. . . .

8. Говоря́т, что америка́нцы улыба́ются бо́льше всех. Это помога́ет быть оптими́стом?

. . . .

Что с ней?

— Бори́с, у тебя́ знако́мого ветерина́ра нет?

— **Отку́да?** Нет, коне́чно. А заче́м тебе́?

— Я соба́ку нашёл, хочу́ врачу́ показа́ть, бою́сь, она́ нездоро́ва.

— **Ну, зна́ешь!** Слов нет. А **что с ней?**

— Не ест, чиха́ет и вообще́ все **при́знаки просту́ды.**

— Ты, Боб, **смотри́ не зарази́сь.** Сейча́с по Москве́ хо́дит ви́русный грипп.

— Да ты что, Бори́с, от соба́ки нельзя́ гри́ппом зарази́ться.

Почему́ же Ро́берт не улыба́ется? У него́ каки́е-то пробле́мы?

— Ну ла́дно, пойду́ позвоню́ в спра́вочную, узна́ю телефо́н ветерина́рной кли́ники. По-мо́ему, в ка́ждом райо́не она́ должна́ быть.

?? Кому́ и почему́ ну́жен врач?
Каки́е при́знаки просту́ды называ́ет Боб?
Как мо́жно узна́ть телефо́н врача́?

Вот соба́ка, кото́рую нашёл Ро́берт.

1. Как в диалоге передано:

Ну, знаешь! Я не знаю, что и сказать.
Боб, будь осторожен, постарайся не заразиться.

2. «Не ест, чихает и вообще все признаки простуды», — так описывает Боб состояние своей собаки. Какие признаки простуды могут быть ещё? Выберите, пожалуйста:

У него бессонница, насморк, кашель, изжога, крапивница, высокая температура, плохой аппетит, плохой характер, болит голова, болит живот, болит горло, болит зуб.

3. Закончите диалоги.

— На улице холодно и сыро. Смотри не простудись.
— **Не беспокойся**. . . . .

— Ты видишь, Джулька совсем больна. Смотри не забудь купить лекарство.
— Не беспокойся. . . . .

— Не забудь: в городе вирусный грипп. Смотри не заразись.
— Не беспокойся. . . . .

4. Найдите ответную реплику.

Что ты всё время молчишь? Настроение плохое?	Нет, не в этом дело. У меня **на него аллергия.**
Почему вместо Сёвы будет выступать Миша?	Да нет, просто аппетит плохой.
Почему вы не пьёте апельсиновый сок? Не нравится?	Нет, **горло болит,** говорить трудно.
Что-то Таня не садится рядом с Гришей? Они поссорились?	Да знаешь, он простудился и охрип.
Люся что, плакала? У неё глаза красные.	Да нет, у неё грипп, она бойтся его заразить.
Катя, как ты похудела! Какая-нибудь новая диета?	Нет, она заболевает, у неё температура высокая.

У мое́й ко́шки аллерги́я на соба́к.

5. По како́му телефо́ну звоня́т в Москве́

в спра́вочную?
в «Ско́рую по́мощь»?
в мили́цию?
о пожа́ре?

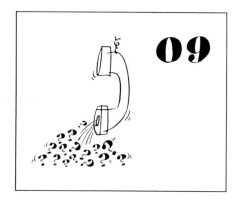

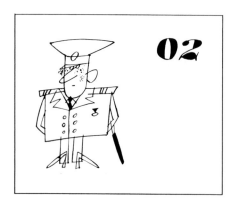

6. Какие могли быть реплики?

> Смотри не заболей.
> Смотри не простудись.
> Смотри не заразись.
> Смотри не потеряй рецепт.
> Смотри не забудь.

— На улице такой холод, а я потерял любимый шарф.

— . . . .

— Третий день ношу рецепт с собой. Никак не успеваю зайти в аптеку.

— . . . .

— У нас, кроме меня, вся группа болеет: кашляют, чихают.

— . . . .

— Что-то в последнее время часто голова болит и устаю быстро.

— . . . .

— Завтра обязательно принесу Марине лекарство. Она так кашляет.

— . . . .

— Мне обязательно ровно в пять надо принять дриксорал.

— . . . .

— У Лены очень сильный кашель и голова болит. Наверное, вирусный грипп.

— . . . .

7.

— Ты что, Борис, нездоров?
— Знаешь, изжога и живот болит.
— Если хочешь, у меня пепто-бисмол есть, очень помогает.

А что вы посоветуете, если у вашего знакомого

болит голова,
сильный кашель,
высокая температура,
насморк,
аллергия,
бессонница?

V

Экология и мы

Дисбаланс в экологической системе — вот реальная экологическая угроза (threat). Что приводит к экологическому дисбалансу? Давайте возьмём конкретный пример: в одной африканской стране решили уничтожить муху це-це (tsetse fly): очень её много было. Применили пестициды. И что же? Навсегда **исчезло** 11 видов рыб, а муха це-це осталась.

(«Литературная газета»)

1. Может быть, люди не понимают законов экологии? Как вы думаете, это часто бывает?

· · · · · · · · · · · · · · · ·

· · · · ·

2. Кто должен **заниматься** экологической **пропагандой**:

- ❑ Государство?
- ❑ Общественность (public)?
- ❑ Учёные?
- ❑ Различные партии?
- ❑ · · · · · · · · · · · · · · · · · · ?

Кто это реально делает сегодня?

· · · · · · · · · · · · · · ·

3. Если люди будут хорошо понимать экологические законы, они перестанут думать только об экономической выгоде?
начнут думать не только о сегодняшнем, но и о завтрашнем дне?

. . . .

Что показывает опыт?

4. Что должны делать люди, которые **думают о будущем** планеты?

❑ Выступать на митингах?
❑ Проводить демонстрации?
❑ Принимать специальные законы?
❑ . . . . ?

5. Вы слышали о партии «зелёных»? Какая у них программа? Она вам нравится?

. . . .

Загрязнение окружающей среды, обеднение флоры и фауны влияет на здоровье человека: ведь меняется вода, воздух, почва — вся атмосфера, в которой он живёт.

6. Что вызывает загрязнение окружающей среды?

❑ Химические заводы?
❑ Кислотные дожди?
❑ Нефтяные танкеры?
❑ Промышленные и бытовые отходы? (industrial and household waste)
❑ . . . . ?

Что сегодня особенно загрязняет атмосферу? Это одинаково для разных мест?

. . . .

Что особенно **беспокоит** людей там, где вы живёте?

. . . .

VI

Живём в одуванчике
(экологический этюд)

Игорь Шклярёвский — советский поэт, публицист и переводчик.

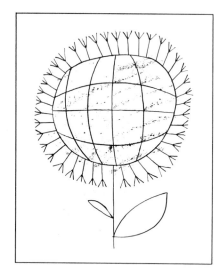

Мне снился сон (dream), что я прилетéл на Зéмлю с другóй **планéты.** Брат остáлся в кабúне, а я пошёл в гóрод узнáть о людях.

Вернýлся вéчером.

— Кто онú? — спросúл брат.

— Я их не понимáю.

— Онú сложнéе нас?

— Я боюсь, что онú **погúбнут.** Почемý?

— Представляешь, онú охраняют цéнное и драгоцéнное, а бесцéнное не охраняют...

— А зачéм охранять?

— Онú ворýют.

— Зачéм?

— Не знáю. Бриллиáнты в сéйфах сторожúт сигнализáция, а бесцéнную вóду поливáют чéм-то чёрным, это называется мазýтом...

— **Не мóжет быть!**

— Я вúдел их рéки.

— А что такóе бриллиáнты?

— Мéлкие прозрáчные минерáлы, онú переливáются и блестят, как росá, но вóздух не освежáют.

— **Мне их жáлко.** Давнó онú здесь живýт?

— Не óчень. Мóжет, они не знáют, что вóды нет во Вселéнной?

— Онú об этом не дýмают.

— Нáдо им подсказáть, что тóлько на двух планéтах есть живáя водá, тóлько у них и у нас...

— Ты бы вúдел, что онú дéлают с вóздухом.

— Что?

— Они́ ду́мают, что во́здух бесконе́чен, хотя́ у них есть кни́ги о стратосфе́ре и озоносфе́ре.

— Ты хо́чешь сказа́ть, что они́ зна́ют, но...

— Они́ зна́ют, но не понима́ют, что Земля́ — **одува́нчик,** что они́ живу́т в одува́нчике.

— Они́ не хотя́т жить?

— Хотя́т!

— **Стра́нно!** А есть у них святы́ни?

— Ра́зные. Наприме́р, хлеб.

— Что э́то?

— Трава́ с зёрнами.

— Еда́?

— Еда́.

— А во́здух не святы́ня?

— Нет. И река́ — не святы́ня. Хотя́ из одного́ зерна́ (seed) мо́жно вы́растить большо́е по́ле, а из ка́пли воды́ мо́ре не вы́растишь...

— Что ты ещё узна́л?

— У них есть **зако́ны** — юриди́ческие... Если челове́к укра́л де́ньги, э́ти бума́жки, на кото́рые мо́жно пое́сть, его́ су́дят и лиша́ют свобо́ды, да́же за 10 рубле́й, а е́сли он отрави́л во́ду и ры́бу на 10 ты́сяч, его́ не су́дят.

— Брат, я по́нял, ты шу́тишь!

— Прове́рь меня́, ты зна́ешь, как э́то сде́лать.

— Ты не шу́тишь... А е́сли ему́ сказа́ть: «Одна́жды тебя́ родила́ Вода́. А ты — её неблагода́рный сын».

— Он поду́мает, что ты наи́вный и́ли поме́шанный.

— Но ведь э́то они́ са́ми таки́е.

— У них сла́бо ра́звито воображе́ние. Они́ сде́лали **я́дерные бо́мбы** и боя́тся друг дру́га, боя́тся войны́.

— А иску́сство у них есть?

— Удиви́тельное.

— Это обнадёживает.

— Но вот что стра́нно. Шеде́вры жи́вописи они́ охраня́ют, а живы́е шеде́вры приро́ды уро́дуют...

— У них всё не так! А есть **наде́жда** на дете́й?

— Есть, но в шко́лах не у́чат гла́вному, никто́ им не говори́т, что Во́здух — оте́ц, Вода́ — мать, Земля́ — дом.

---

*The dandelion in Russian culture is a symbol of something very fragile that can be easily destroyed by the slightest puff of wind.

— А самих себя им не жалко?

— Они мучают друг друга, ссорятся, кричат, а потом хоронят под красивую музыку и плачут. Они не умеют жить в настоящем и будущем одновременно. Человек читает газету о ядерных взрывах, вдруг ветер хлопает рамой и смахивает на пол вазу. Человек, отбросив газету со страшной статьёй, охает над разбитой вазой, и ему в голову не приходит мысль, что он грозы испугался больше, чем ядерной войны... Они **боятся** только того, что видят.

— Неужели всё-таки они не хотят жить? — подумал я и проснулся.

1. Как в тексте передано:

Это даёт надежду.	Воздух бесконечен.
Искусство? Прекрасное.	Из капли воды море не вырастишь.
Воздух не имеет конца.	Это обнадёживает.
Он даже и не думает.	Ему в голову не приходит мысль.
Из капли воды нельзя вырастить море.	Искусство? Удивительное.

2. Восстановите реплики в диалогах рассказа.

— Может, они не знают, что воды нет во Вселенной?

— . . . .

— Ты бы видел, что они делают с воздухом.

— . . . .

— Ты хочешь сказать, что они знают, но...

— . . . .

— Они не хотят жить?

— . . . .

— . . . . !

3. «Я их не понимаю. Я боюсь, что они погибнут».
Почему люди могут погибнуть?

Они:	А надо:
охраняют бриллианты,...	охранять...
заботятся о еде,...	заботиться...
боятся ядерной бомбы,...	бояться....

4. Восстановите реплики в диалогах из рассказа.

— А есть у них святыни?

— . . . .

— Что это? Еда?

— . . . .

— А воздух не святыня?

— . . . .

— А река?

— . . . .

5. «У них есть законы...»

О каких законах говорится в рассказе? Такие законы помогают сохранить жизнь на Земле?

В США есть сейчас законы, которые **охраняют природу**? Их достаточно, по-вашему?

6. Какими мы кажемся людям с другой планеты? Что они думают о наших школах?

Найдите в рассказе эти места.

7.

— Представляешь, люди не заботятся о воздухе и воде.
— Неужели они не хотят жить? В это трудно поверить!

Во что трудно поверить?

— Если человек не платит налоги (taxes), его могут посадить в тюрьму.
— Неужели у вас такие **строгие законы**?

?? Это правда? Действительно такие строгие законы?

— Представляешь, их, наверное, будут **судить**. В их продуктах очень много нитратов.
— И правильно сделают.

?? Правильно? Вы согласны? За это нужно судить?

8. Вам нра́вится назва́ние о́черка «Живём в одува́нчике»?
Одува́нчик — хоро́ший **си́мвол** на́шей плане́ты?

9. Вам понра́вились э́ти
плака́ты? А тепе́рь нарису́йте
свой плака́т на э́ту те́му.

Слова́ уро́ка

аллерги́я allergy

активизи́ровать to make more active, stir up

аутотре́нинг self-induced positive reinforcement

бесконе́чный endless

беспоко́ить to bother

бессо́нница insomnia

бесце́нный priceless

блесте́ть to shine

блины́ pancakes

бриллиа́нт diamond

броса́ть / бро́сить де́лать что-л. to give up

бытовы́е отхо́ды household refuse

быть (стать) сами́м собо́й to be (become) yourself

ветерина́р veterinary

ветчина́ ham

взрыв explosion

ви́деть что-л. в чёрном све́те here: to see everything in the worst light

ви́русный viral

ви́русный грипп virus

влеза́ть / влезть to get into

воображе́ние imagination

воровáть to steal

Вселе́нная universe

выде́рживать / вы́держать to sustain, endure

ги́бнуть / поги́бнуть to perish

гипно́з hypnosis

голода́ть to fast

голубцы́ (pl.) stuffed cabbage-rolls

гроза́ (thunder)storm

дисбала́нс imbalance

драгоце́нный precious

заводи́ть / завести́ (соба́ку) to get (a dog)

загрязне́ние окружа́ющей среды́ pollution of the environment

зако́н law

заража́ться / зарази́ться (гри́ппом) to catch the flu

зерно́ grain

жиры́ (pl.) fats

иглотерапи́я acupuncture

избега́ть / избежа́ть to avoid

изжо́га heartburn

исключа́ть / исключи́ть to exclude

иску́сство art

ка́пля drop

ка́ша ри́совая hot rice cereal served with milk and sugar

кисло́тные дожди́ acid rains

крапи́вница nettle-rash

красть / укра́сть to steal

лиша́ть / лиши́ть to deprive

лю́ди у́мственного труда́ white-collar workers

лю́ди физи́ческого труда́ blue-collar workers

мазу́т fuel oil

минера́л mineral

мири́ться / помири́ться to make up with someone

морко́вка carrot

му́чить to torment

наде́жда hope

наи́вный naive

нало́г tax

на́сморк cold, runny nose

неблагода́рный ungrateful

нефтяно́й та́нкер oil tanker

нитра́ты (pl.) nitrites

обедне́ние impoverishment

обнадёживать / обнадёжить to give hope, reassure

обще́ственность f. the people, the community, the public

одува́нчик dandelion

озоносфе́ра ozone layer

омле́т omlet

освежа́ть / освежи́ть to refresh

отбра́сывать / отбро́сить to throw off, cast away, reject, discard

отравля́ть / отрави́ть to poison

отхо́ды (pl.) waste products

о́хать / о́хнуть to sigh, moan

охраня́ть to protect

охри́пнуть to become hoarse

парадокса́льный вы́вод paradoxical conclusion

пельме́ни (pl.) meat dumplings

пенсионе́р(-ка) pensioner, retired

перелива́ться to play, be iridescent

пестици́ды (pl.) pesticides

плака́т poster

плане́та planet

побежда́ть / победи́ть to conquer, gain; win a victory, defeat

подска́зывать / подсказа́ть to prompt

полива́ть / поли́ть to water

поме́шанный mad, crazy, insane

посади́ть в тюрьму́ to put into jail

по́чва soil

представля́ть / предста́вить to imagine

привлека́ть / привле́чь to attract

принима́ть бли́зко к се́рдцу to take smth. to heart

прозра́чный transparent

психоана́лиз psycho-analysis

психотерапи́я psychotherapy

публици́ст publicist

ра́ди for the sake of

разме́р size

ра́ма frame

расти́ть to grow, cultivate

репети́тор tutor

реце́пт recipe

роса́ dew

святы́ня sacred object / thing / place, object of worship

сейф safe

сельдь f. herring

сигнализа́ция security alarm system

сиде́ть на дие́те to be on a diet

скучно it is dull, tedious, boring

смахивать / смахнуть to brush off

сниться / присниться to dream

сон sleep; dream

справочник reference book, directory

справляться / справиться to cope

сторожить to guard

стратосфера stratosphere

судить to judge

угроза threat

уничтожать / уничтожить to destroy

уродовать to disfigure; make look ugly

фанат (*coll. cf.* фанатик) fanatic

фауна fauna

флора flora

хоронить / похоронить to bury

ценный valuable

чихать / чихнуть to sneeze

шедевр masterpiece

этюд study, sketch; etude

юридический juridical; legal

яд poison

ядерный nuclear

яичница fried eggs

УРОК 8

- ❑ Моско́вская краса́вица
- ❑ Он же необыкнове́нный: тако́й ры́жий, пуши́стый
- ❑ А вас таки́е ко́нкурсы интересу́ют?
- ❑ Его́ нашёл Ро́берт
- ❑ Оде́жда и мы
- ❑ Анто́н Молча́нов «Ско́лько сто́ят джи́нсы»

I

Моско́вская краса́вица

В Москве́ ле́том 1988 г. **впервы́е проходи́л ко́нкурс** красоты́ «Моско́вская краса́вица-88». Победи́ла в э́том ко́нкурсе шко́льница Ма́ша Кали́нина.

Многочи́сленные интервью́, кото́рые у неё бра́ли, каза́лись ей ску́чными и неинтере́сными. Тогда́ она́ реши́ла взять интервью́ у себя́ само́й.

— Могла́ ли ты ещё год наза́д поду́мать, что у твое́й кварти́ры бу́дет дежу́рить милиционе́р?

— В э́то тру́дно пове́рить. Но на сле́дующий же день по́сле фина́ла «Моско́вской краса́вицы» я попа́ла в таку́ю ситуа́цию.

— У тебя́ бы́ли интере́сные встре́чи?

— **Пожа́луй,**[1] са́мая интере́сная была́ с австри́йскими па́нками. Вот у кого́ **своё представле́ние о** красоте́!

— Бу́дешь ли ты и да́льше **подде́рживать** ко́нкурсы красоты́ в Москве́?

— Коне́чно!

?? Кто така́я Ма́ша Кали́нина?
Почему́ она́ берёт интервью́ у себя́ само́й?
Как она́ отно́сится к ко́нкурсам красоты́?

1. Как в диало́ге пе́редано:

Наве́рное, са́мая интере́сная встре́ча была́ с па́нками.
Вот кто по-сво́ему понима́ет красоту́.

2. Почему́ Ма́ша Кали́нина говори́т: «Могла́ ли ты ещё год наза́д подума́ть...?»

«В э́то тру́дно пове́рить...»?

Что ей ка́жется удиви́тельным?

· · · · · · · · · · · · · · · · · · ·

3. — Неуже́ли тепе́рь в Москве́ ежего́дно прово́дятся ко́нкурсы красоты́?
   — Да, представля́ешь!

   — Представля́ешь, по́сле ко́нкурса у Ма́шиной кварти́ры стал дежу́рить милиционе́р.
   — Да, вот что зна́чит популя́рность!

   — Представля́ешь, Ма́ша Кали́нина хоте́ла поступа́ть в институ́т иностра́нных языко́в, а по́сле ко́нкурса реши́ла стать манеке́нщицей.
   — Неуже́ли манеке́нщицей?
   — Да, представля́ешь!

---

[1] **Пожа́луй** expresses a degree of uncertainty on the part of the speaker. It is similar in connotation to **наве́рное** and **мо́жет быть.**

?? Что им ка́жется удиви́тельным?
Удиви́тельно, что в Москве́ тепе́рь...
что...
что...

Пе́рвый ко́нкурс красоты́, кото́рый проходи́л в Москве́ в 1988 году́, **вы́звал** большо́й **интере́с.** Ра́ньше лю́ди то́лько слы́шали о таки́х ко́нкурсах. Бы́ло интере́сно узна́ть, что́ же э́то тако́е. **Отноше́ние к** ко́нкурсу бы́ло ра́зное, ча́сто отрица́тельное. Но сама́ Ма́ша Кали́нина, победи́тельница пе́рвого ко́нкурса, у мно́гих **вы́звала симпа́тию.**

4. А вам понра́вилась Ма́ша по фотогра́фии? У неё краси́вое лицо́? Обая́тельное? Симпати́чное?

. . . .

5. Как вы по́мните, Ма́ше Кали́ниной **надое́ли** однообра́зные и ску́чные вопро́сы корреспонде́нтов. Каки́е, вы ду́маете, вопро́сы они́ ей задава́ли?

. . . .

Како́й «нескучный» «неожи́данный» вопро́с могли́ бы зада́ть вы?

. . . .

6. Вы по́мните, в како́й институ́т хоте́ла поступа́ть Ма́ша до ко́нкурса? Кем реши́ла стать по́сле ко́нкурса? Как, по ва́шему, что лу́чше? Почему́?

(лу́чше быть..., чем быть...)
А как вы ду́маете, почему́ Ма́ша Кали́нина реши́ла измени́ть свои́ пла́ны?

. . . .

7. Ва́ша подру́га у́чится в университе́те. В свобо́дное вре́мя она́ подраба́тывает: рабо́тает секретарём в о́фисе четы́ре ра́за в неде́лю. Она́ победи́ла в ко́нкурсе красоты́ и получи́ла ра́зные предложе́ния. Наприме́р, ей предложи́ли реклами́ровать по телеви́зору това́ры изве́стной космети́ческой фи́рмы. Она́ сове́туется с друзья́ми. Разыгра́йте сце́нку.

8. Кого из этих девушек вы бы выбрали, если бы входили в жюри конкурса красоты? Почему?

9. Конечно у каждого из нас своё мнение о самых разных вещах. И тогда мы говорим: «У каждого своё представление о красоте, о счастье...».

Как вы это понимаете?

Одному нравятся..., **другому** нравятся...
Один считает..., другой считает...
Одному кажется..., другому кажется...

А как вы понимаете:

У каждого своё представление о музыке.
У каждого своё представление о моде.
У каждого своё представление о карьере.
Один любит..., другой любит...
Один носит то, что..., другой предпочитает...
Один хочет..., другой добивается...

10. Найдите ответную реплику.

Тебя так плохо подстригли.	Он сам себя похвалит.
Его хвалить не надо.	Она сама себя всё время ругает.
О ней заботиться не стоит.	Сам себя не понимает.
Он так сложно объясняет.	Она сама о себе позаботится.
Какая удачная фотография.	Он сам для себя всё делает.
Пожалуйста, не ругай её.	Я сама себе на ней нравлюсь.
Ему помощники не нужны.	Я сам себя не узнаю.

11. Как вы отве́тите, е́сли уве́рены, что ка́ждый челове́к име́ет пра́во на своё мне́ние о разли́чных веща́х?

— Неуже́ли Ка́тя, пра́вда, бро́сила рабо́ту и сиди́т до́ма с детьми́? В э́то тру́дно пове́рить.
— Ну что́ же, у ка́ждого своё представле́ние о сча́стье.

А тепе́рь вы са́ми:

Своё представле́ние	о сча́стье
	о красоте́
	о мо́де
	об этике́те
	о му́зыке
	о карье́ре

— Посмотри́, как интере́сно, у девчо́нок во́лосы ра́зного цве́та: и зелёного, и си́него, и ора́нжевого!
— . . . .

— Не зна́ешь, почему́ он отказа́лся от до́лжности дире́ктора?
— . . . .

— Посмотри́ на него́! Ну и костю́м!
— . . . .

— Представля́ешь, в шве́дском де́сять слов для одного́ «спаси́бо»!
— . . . .

— Неуже́ли ему́ нра́вится э́та какофо́ния?
— . . . .

— Неуже́ли, пра́вда, жюри́ счита́ет, что э́то са́мая краси́вая де́вушка?
— . . . .

— Ло́ре так иду́т коро́ткие пла́тья. Почему́ она́ хо́дит то́лько в ма́кси?
— . . . .

— По́мнишь Ники́тину, изве́стную актри́су? Представля́ешь, она́ ста́ла манеке́нщицей. Сама́ захоте́ла.
— . . . .

— Татьяна занята только своей работой и больше ей ничего не нужно.

— . . . .

12. А какое у вас представление о красоте? Что важнее всего во внешности женщины, мужчины?

- ❑ Улыбка?
- ❑ Лицо?
- ❑ Фигура?
- ❑ Рост?
- ❑ . . . . ?

Или всё это не важно? Важна только манера держаться и вообще обаяние?

II

Он же необыкновенный: такой рыжий, пушистый!

Как вам кажется: Джой найдётся?

— Натуся, наконец-то! У меня Джой **потерялся**!

— А я-то думала: что **случилось**? Не паникуй, **найдётся** твой Джой.

— Легко тебе говорить. Он же необыкновенный: такой рыжий, пушистый. Не вернут его.

— Что значит «не вернут»? Вернут, обязательно вернут!

— Да что ты говоришь, я уже всех спрашивала. Никто не видел. **Что дальше** делать, просто не знаю!

— Что дальше делать? Взять себя в руки, сесть и написать объявление.

— Ну, давай.

?? Откуда Наташа узнала, что у Оли что-то случилось?
Почему Оля так расстроилась?
Что посоветовала Наташа?

1. Как в диалоге передано:

Мой Джой пропал.
А я не могла понять, что случилось.
Ну, хорошо. (Ну, ладно).

2. Вот какие объявления мы нашли в «Рекламе». Может быть, среди них есть и Олино. Посмотрите, пожалуйста.

ПРОПАЛА СОБАКА.
Рыжая, гладкая, крупная.
Глаза разного цвета.
Кличка Жучок.
Тел. 125-34-15

ПРОПАЛА
МАЛЕНЬКАЯ ПУШИСТАЯ СОБАЧКА.
Цвет белый, морда острая,
возраст – два года.
Тел. 334-37-98

Потерялась рыжая собака.
Очень красивая,
глаза грустные, уши длинные.
Зовут Джой.
Тел. 423-38-48.

3. Конечно, Наташу интересует, нашёлся ли Джой. Оля рассказывает ей, как она его **ищет**. К сожалению, Джой пока не нашёлся.

Разыграйте сценку.

4. Составьте объявления.

Бульдóг Чáрли.
Лéсли, кóлли, 2 гóда.
Спаниéль, Лáна, 5 лет.

5. Конéчно, Оля продолжáет искáть своегó Джóя. Онá прочитáла такóе объявлéние: «Нашли собáку. Небольшáя, рыжая». Онá звонит по объявлéнию. К сожалéнию, выясняется что э́то не её собáка.

— Аллó!
— Простите, я по объявлéнию.
— Ой, вы насчёт собáки?

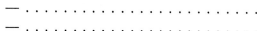

— . . . .
— . . . .

Дáльше мы не слышали. Как продолжáлся э́тот разговóр?

6. По Олиному объявлéнию тóже позвонил один человéк. Кáжется, он видел Джóя. Но где тепéрь Джой, он не знáет.

— Аллó!
— Здрáвствуйте. У вас пропáла собáка? Кáжется, я её видел.
— Ой! Где?

— . . . .
— . . . .

Как продолжáлся э́тот разговóр?

7. Успокóйте дрýга, котóрый потеря́л ключ от дóма, квартиры, дáчи.

— У меня́ неприя́тности, ключ от машины потеря́л.
— **Не расстрáивайся,** найдётся.
(Дом, квартира, дáча, кабинéт, сейф, шкаф, чемодáн, письменный стол, кейс, портфéль).

8. У вас чтó-то потерялось?

— У меня потерялся (потерялась, потерялись)...

— . . . .

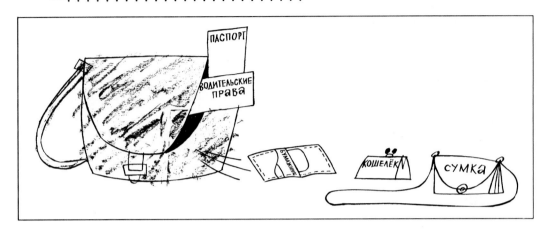

9. Мария Ивановна потеряла сумку. Она пришла в милицию, где её, конечно, просят описать потерянную сумку, сказать, что в ней было, вспомнить, где она была в этот день. Ей трудно вспомнить все детали.

Разыграйте сценку.

А дальше что? Или событие с кондитером

У нашего кондитера
Печальное событие:
Явились два грабителя
К кондитеру вчера.

А дальше что?

А тот спросил, грабителей
Приняв за посетителей,
«Позавтракать хотите вы?
Есть чай, блины, икра».

А дальше что?

С улы́бкой обая́тельной
Отве́тили прия́тели:
«Ах, э́то о́чень кста́ти нам,
Мы есть хоти́м с утра́».

А да́льше что?

Сиде́ли два граби́теля
До са́мого закры́тия,
Куда́ идти́, действи́тельно,
На у́лице жара́.

А да́льше что?

А по́сле чаепи́тия
Сказа́ли: «Восхити́тельно!»

А да́льше что?

Сказа́ли: «Изуми́тельно!»

А да́льше что?

Сказа́ли: «Извини́те, но
Рабо́тать нам пора́! »

А да́льше что?

. . . .

Каки́е э́то бы́ли граби́тели?

❑ Ми́лые?
❑ Симпати́чные?
❑ Ве́жливые?
❑ Трудолюби́вые?
❑ . . . . ?

А да́льше что?
Мо́жет быть, вы нарису́ете, что бы́ло да́льше?

А вас таки́е ко́нкурсы интересу́ют?

По́мните, Ма́ша Кали́нина говори́ла, что бу́дет подде́рживать ко́нкурсы красоты́. Существу́ет и друго́е отноше́ние к таки́м ко́нкурсам.

Так, наприме́р, президе́нт Междунаро́дной федера́ции же́нщин Фри́да Бра́ун напра́вила официа́льное письмо́, где говори́лось, что мно́гие мужчи́ны и же́нщины «давно́ счита́ют таки́е ко́нкурсы унизи́тельными (degrading) для обо́их поло́в (for both sexes)».

(«Сове́тская культу́ра»)

1. Но всё-таки таки́е ко́нкурсы прово́дятся и в Аме́рике. Почему́?

   ❑ Это комме́рция?
   ❑ Это возмо́жность рекла́мы для ра́зных фирм?

   . . . .

   Есть лю́ди, кото́рые подде́рживают таки́е ко́нкурсы? Даю́т на них де́ньги?

   . . . .

2. Как вы ду́маете, мо́жет ко́нкурс красоты́ привлека́ть про́сто как краси́вое шо́у? Ведь у ка́ждого своё представле́ние обо всём, да́же о ко́нкурсах.

   . . . .

3. Вы са́ми смо́трите таки́е ко́нкурсы? Как вы к ним отно́ситесь?

   ❑ Отрица́тельно?
   ❑ Положи́тельно?
   ❑ Индиффере́нтно?
   ❑ Неопределённо?

4. Если челове́к про́тив таки́х ко́нкурсов и ви́дит в них то́лько униже́ние же́нщины, он до́лжен про́тив них выступа́ть? Как?

   . . . .

А есть и другие конкурсы. Например, у советских телезрителей очень популярны два конкурса: «Клуб весёлых и находчивых» и «Что, где, когда?»

В первом конкурсе участвуют только студенты. Соревнуются команды разных институтов и университетов. Как настоящие студенты, они получают домашнее задание и сдают экзамен на сцене, где им задают самые разные вопросы. В жюри входят журналисты, актёры, телекомментаторы. Побеждают только весёлые и находчивые. Жюри оценивает не только знания участников конкурса, но и их юмор, манеру держаться, костюмы. Конкурс очень весёлый.

Во втором конкурсе «Что, где, когда?» участвуют люди разного возраста и разных профессий. Здесь важнее всего знания, потому что вопросы бывают сложные.

5. В Америке есть похожие конкурсы? Расскажите о каком-нибудь телеконкурсе.

Как он называется?
Кто в нём участвует?
Какие задают вопросы?
Кто входит в жюри?
Что оценивают?

❑ Знания?
❑ Юмор?
❑ Находчивость?
❑ . . . .
   . . . . ?

Вы смотрите этот конкурс?
Он вам кажется

❑ интересным?
❑ весёлым?
❑ необычным?
❑ полезным для вас?
❑ . . . .
   . . . . ?

Этот ко́нкурс называ́ется «До́чки-ма́тери» В Аме́рике есть тако́й ко́нкурс?

IV

Его́ нашёл Ро́берт

— Ната́ша, ты одна́? Тогда́ я **к тебе́ забегу́.**
— **Дава́й,**[1] Оля, жду.

— Приве́т! Вот посмотри́, каку́ю ку́ртку я у коопера́торов купи́ла.
— Оля, да подожди́ ты! Ты же с Джо́ем! Я и не зна́ла, что он нашёлся!
— **Неуже́ли**[2] тебе́ Бо́ря не сказа́л? Его́ ваш Ро́берт нашёл. Я его́ с Джо́ем встре́тила **соверше́нно случа́йно.**
— Ну, сла́ва бо́гу, ка́к же я ра́да! Джой, ми́ленький... А ку́ртка замеча́тельная, о́чень тебе́ идёт, и цвет твой... Джой, куда́ ты?! Оля, закро́й дверь, а то опя́ть потеря́ется.

?? Как нашёлся Джой? Заче́м Оля забежа́ла к Ната́ше? Почему́ Ната́ше понра́вилась ку́ртка?

---

[1]**Дава́й** is a means of urging someone on, conveying consent.
[2]**Неуже́ли** expresses surprise.

1. Как в диало́ге пе́редано:

Забега́й, Оля, жду...
Я его́ с Джо́ем встре́тила совсе́м случа́йно.
А ку́ртка прекра́сная, и цвет тебе́ идёт.

2.

— Джой, ми́ленький, како́е сча́стье!
— Оля, до́брый день. Вы зна́ете э́ту соба́ку?
— . . . .
— .

А да́льше мы не слы́шали. Как продолжа́лся э́тот разгово́р?

3. Рассы́пались диало́ги. Помоги́те их восстанови́ть.

— Ты сего́дня на маши́не?
— Да, а что́?
— Спаси́бо. Тогда́ я сейча́с зайду́.
— Коне́чно, смо́трим. Заходи́, Ната́шенька.
— Не мог бы ты по пути́ взять для меня́ кни́ги в библиоте́ке?
— Алло́, Ле́на, ты? Слу́шай, у меня́ фен слома́лся.
— Хорошо́, я зае́ду.
— Алло́, Мари́на? Извини́те, у нас слома́лся телеви́зор. Вы не смо́трите сейча́с пока́з мод из До́ма моде́лей?
— Я тебе́ дам свой. Забега́й.
— Сейча́с забегу́. Большо́е спаси́бо.

4. Каки́е могли́ быть ре́плики?

идёт/не идёт
мой / не мой цвет
разме́р
фасо́н

— Све́точка, тебе́ совсе́м не идёт я́рко-си́ний!
— . . . .

— По-мо́ему, э́то пла́тье сиди́т на тебе́ хорошо́.
Совсе́м не широко́.
— . . . .

— Мне ка́жется, тебе́ сто́ит купи́ть плащ с
больши́ми карма́нами.
— . . . .

— Юбка хоро́шая, коне́чно, но она́ тебе́ узка́,
тебе́ ну́жен друго́й разме́р.
— . . . .

— Пожа́луй, тебе́ совсе́м не иду́т таки́е
широ́кие пле́чи.
— . . . .

— Бо́ря, тебе́ не ка́жется, что э́то сли́шком я́ркий шарф?

— . . . .

— А я тебе́ сове́тую взять вон то кори́чневое пла́тье.

— . . . .

— Оля, мне идёт э́та шля́па? По-мо́ему, цвет не мой?!

— . . . .

— Шу́ра, в э́том сезо́не мо́ден лило́вый? Он мне о́чень идёт.

— . . . .

— Купи́ть мне э́то пальто́? Мне ка́жется, что э́то не мой разме́р.

— . . . .

5. Как вы ду́маете, блонди́нкам идёт кра́сный цвет? А фиоле́товый, голубо́й, ро́зовый, жёлтый, се́рый, сире́невый, кори́чневый? А каки́е цвета́ иду́т шате́нкам? Брюне́ткам? А вам како́й цвет идёт бо́льше всего́?

. . . .

6. Что идёт (не идёт) высо́ким, по́лным, худы́м, ма́леньким же́нщинам?

дли́нные у́зкие ю́бки	свобо́дные пла́тья
свитера́ с больши́м воротнико́м	стро́гие англи́йские костю́мы и пальто́
ту́фли без каблука́	бере́ты
блу́зки с ба́нтами	шля́пы с больши́ми поля́ми
коро́ткие ю́бки	ма́ленькие шля́пки
ку́ртки без карма́нов	ту́фли на каблука́х
широ́кие ю́бки	

. . . .

Что идёт высо́ким, невысо́ким, стро́йным, молоды́м мужчи́нам, мужчи́нам сре́днего во́зраста?

стро́гие костю́мы

шо́рты

джи́нсы

спорти́вные свитера́

разли́чные украше́ния (accessories)

. . . .

дли́нные пальто́ и плащи́

я́ркие га́лстуки

свобо́дные пиджаки́

све́тлые руба́шки

7.   Этой высо́кой брюне́тке ...

. . . .

Кому́ из них идёт их оде́жда? Кому́ нет? Или «о вку́сах не спо́рят»?

8.

Как по-вашему, о чём говорит манера одеваться: о скромности, о желании обратить на себя внимание, о демократизме или, наоборот, о консерватизме?

О чём говорит их одежда?

9. Посмотрите на рисунки.
Какие из этих вещей вы возьмёте с собой, если вы едете

- ❑ отдыхать на море?
- ❑ на стажировку в Москву зимой?
- ❑ покататься на лыжах в горах?

10. Вы едете на курсы в Ленинград в июле. Напишите, чтобы не забыть, какие вещи (не только одежду) вам надо взять с собой. Что вы возьмёте с собой: чемодан или сумку? Два чемодана? Большие? Что положите в чемодан? Что в сумку? Вы ничего не забыли?

. . . .

халат

шорты

галстук

куртка

рубашка

купальник

плавки

кеды

кроссовки

джинсы

шапка

шляпа

блузка

юбка

варежки

туфли

лыжный костюм

вечернее платье

перчатки

шуба

сапоги

лыжные ботинки

Одежда и мы

На э́тот раз мы начнём обсужде́ние пробле́мы с те́ста.

Покупа́ете ли вы ка́ждый сезо́н себе́ но́вую оде́жду, да́же е́сли она́ вам не нужна́?
Да—3 очка́,
Нет—0 очко́в

Ваш люби́мый цвет в оде́жде?
    Чи́стый спектра́льный 3
    Пёстрые тка́ни 2
    Нет люби́мого цве́та....................................0

Как вы оце́ниваете свой стиль?
    Класси́ческий 0
    Спорти́вный...3
    Тот, что мо́ден..5
    Индивидуа́льный 7

Подде́рживаете ли вы но́вую мо́ду?
    Да 5
    Иногда́..3
    Нет...0

Лю́бите ли вы неожи́данные сочета́ния цвето́в?
    Да 5
    Изредка 3
    Нет...1

Лю́бите ли вы носи́ть
    спорти́вные блу́зки.....................................3
    англи́йские костю́мы 2
    просты́е по фасо́ну ю́бки 1

Какой фасон шляпы вы выберете?

романтичный с широкими полями............7

тюрбан..4

без полей..2

не носите шляпки....................................0

Любите ли вы туфли на высоких каблуках?

Да 3

Нет..0

Есть ли у вас вещи, которые вы сделали сами?

Да 3

Нет..0

Дома вы чаще всего ходите

в длинной юбке 5

в джинсах..3

в старых вещах 2

Ваши любимые рисунки на ткани:

цветы..7

горошек...5

полоски...3

геометрический рисунок 1

ткани без рисунка...................................0

А теперь подсчитайте очки.

От 5 до 11 очков. Вы консерватор, любите покой и стабильность. С трудом вступаете в контакты с новыми людьми. Если кого-то полюбите, то надолго.

От 12 до 20 очков. Часто без причин переходите от пессимизма к оптимизму. Любите движение, часто меняете свои мнения, взгляды. Работаете много, с удовольствием, но иногда бывают периоды апатии.

От 21 до 35 очков. Ваш характер — «золотая середина» Вам легко с людьми, а им с вами. Спокойны, но способны на быструю реакцию. Хорошо справляетесь с работой.

Больше 35. Вы очень эмоциональны, открыты. Ваши эмоции всегда у вас на лице.

1. Тест пра́вильно определи́л ваш хара́ктер, как вы счита́ете? Или вы узна́ли о себе́ что́-нибудь но́вое? Вас что́-нибудь удиви́ло?

. . . .

2. Коне́чно, вы понима́ете, что э́тот тест шу́точный. И всё же оде́жда мо́жет мно́го рассказа́ть о челове́ке. А вы как ду́маете? Оде́жда действи́тельно отража́ет

❑ наш хара́ктер?
❑ настрое́ние?
❑ положе́ние в о́бществе?
❑ . . . . ?

3. А мо́жет оде́жда повлия́ть на

❑ настрое́ние?
❑ положе́ние в о́бществе?
❑ отноше́ние к вам други́х люде́й?
❑ . . . . ?

Кста́ти, насчёт оде́жды. Вот что мы узна́ли о том, как одева́ются америка́нцы, из статьи́ корреспонде́нта «Изве́стий», прожи́вшего не́сколько лет в Аме́рике: ока́зывается, что **в выходны́е дни** и в пра́здники америка́нцы **одева́ются** совсе́м **про́сто. Но́сят** джи́нсы, свитера́, ма́йки. **Удо́бно!** А **в бу́дние дни** их не узна́ть. Элега́нтный костю́м, га́лстук, мо́дное пла́тье, ту́фли на каблука́х. Аккура́тно. Краси́во.

(«Неде́ля»)

4. Э́то так? Вы согла́сны? А как же «са́нди бест»?

. . . .

Почему́ хотя́т **вы́глядеть лу́чше** в бу́дни?

❑ Забо́тятся о прести́же фи́рмы?
❑ Наде́ются произвести́ впечатле́ние на клие́нтов?
❑ Стара́ются понра́виться кому́-то из колле́г?
❑ Про́сто хотя́т похвали́ться?

☐ Хотя́т быть прия́тными сослужи́вцам?

☐ . . . . ?

5. Ваш сове́тский знако́мый хо́чет узна́ть, как одева́ются америка́нские студе́нты в ра́зных ситуа́циях:

☐ **В чём** они́ **хо́дят** на заня́тия?

☐ В го́сти?

☐ На конце́рт?

☐ На собесе́дование?

А е́сли де́вушка знако́мится с роди́телями дру́га, что она́ **наде́нет?** Что он наде́нет в тако́й же ситуа́ции?

. . . .

О каки́х ситуа́циях ещё сто́ит рассказа́ть?

. . . .

хо́дят (куда́? в чём?)
надева́ют (что?)
одева́ются про́сто
обы́чная оде́жда америка́нских студе́нтов...

VI

Ско́лько сто́ят джи́нсы

В 1989-м году́ в Москве́ была́ создана́ но́вая организа́ция писа́телей в подде́ржку перестро́йки под назва́нием «Апре́ль». В пе́рвом сбо́рнике, опублико́ванном э́той гру́ппой, бы́ли рабо́ты изве́стных писа́телей и совсе́м молоды́х, таки́х, как Анто́н Молча́нов. Предлага́ем его́ расска́з, напеча́танный в э́том сбо́рнике.

— Ле́ночка, — проговори́ла мать. — Ле́ночка, неуже́ли ты, пра́вда, отдала́ две́сти рубле́й за брю́ки?

— Не за брю́ки, а за джи́нсы, — хо́лодно попра́вила Ле́нка и доба́вила:

— А кто тебе́ их деше́вле-то прода́ст? «Го́лден стар», они́ так и сто́ят.

— С ума́ посходи́ли (The world has gone mad), — вздохну́ла мать. — Тут не зна́ешь, как до полу́чки дожи́ть, а она́ две со́тни на штаны́ выбра́сывает.

— Но э́то же не твои́ со́тни, — огрызну́лась (snapped back) Ле́нка. — А свои́ де́ньги я как хочу́, так и тра́чу.

Здесь Ле́нка была́ права́. Де́ньги бы́ли её. Все, до копе́йки. Те са́мые де́ньги, что получа́ла, рабо́тая на по́чте.

— У спекуля́нта купи́ла? —спроси́ла мать.

— Ну и что? —сказа́ла Ле́нка.

«Всё», —поду́мал я. Когда́ Ле́нка говори́ла «Ну и что», норма́льный разгово́р конча́лся. Э́то был её са́мый си́льный аргуме́нт с восьмиле́тнего во́зраста. Мать за все до́лгие го́ды так и не суме́ла найти́ досто́йного (adequate) отве́та на э́то её «ну и что».

— Как э́то «ну и что»? —сказа́ла она́, уже́ повыша́я го́лос. — Как «ну и что»?! Да ра́зве вообще́ не проти́вно (disgusting) **отдава́ть за** вещь **впя́теро** (five times) бо́льше, чем она́ сто́ит **на са́мом де́ле**?! Плати́ть две́сти рубле́й! Ле́ночка! Да заче́м они́ тебе́?

— «Заче́м»! —закрича́ла она́. — Да что ты понима́ешь, ма́ма?! Мо́жет быть, у меня́ вчера́ был са́мый счастли́вый день в жи́зни. А ты мне то́лько **настрое́ние по́ртишь**. Са́мый счастли́вый день! И ме́жду про́чим, **благодаря́** вот э́тим са́мым джи́нсам. Ко мне весь ве́чер Вита́лик Ча́гин кле́ился (hitting on).

— Что де́лал Вита́лик? —расте́рянно спроси́ла мать.

— Ну, уха́живал за ней (courted her) весь ве́чер, уха́живал, — перевёл я.

Я знал Вита́лика Ча́гина по институ́ту. Мы учи́лись на ра́зных факульте́тах, но о́ба на четвёртом ку́рсе, а вообще́ Вита́лика зна́ли все. Вита́лик был неплохи́м спортсме́ном, о́чень общи́тельным челове́ком. Он был остря́к (funny), добря́к (kind-hearted), и ве́рный друг всех свои́х многочи́сленных друзе́й. Но была́ у Вита́лика сла́бость (weakness): он не мог обдели́ть внима́нием (pass by) ни одну́ привлека́тельную девчо́нку.

Но Ле́нка... Э́то бы́ло невероя́тно. У Вита́лика был вкус, а Ле́нка была́ дурну́шкой (homely girl), официа́льно при́знанной ещё в нача́льных кла́ссах шко́лы дурну́шкой. И у неё разви́лся ко́мплекс (inferiority complex). Она́ не уме́ла кра́ситься, не уме́ла одева́ться, не уме́ла коке́тничать — сло́вом, элемента́рно не уме́ла пода́ть себя́. Ле́нка была́ первоку́рсницей, Вита́лик уви́дел её впервы́е, и она́ должна была казаться ему пустым местом.

Размышляя, я всё время смотрел в свою чашку с кофе, а когда поднял взгляд, увидел, что в моей сестре всё переменилось.

— А ну-ка, встань! —крикнул я.

— Зачём? —не поняла Лёнка, но отодвинула табуретку и вышла из-за стола.

Она была в джинсах, и джинсы **сидели на ней** так, словно она сошла с рекламного плаката фирмы «Голден стар». Она поняла, зачём я поднял её, и теперь победно оглядывала поле боя.

У меня больше не было вопросов. На такую Лёнку мог бы заглядеться не только Виталик. И это было здорово. Меня охватило вдруг чувство гордости и буйной радости за сестру. И двести рублей за джинсы уже не казались абсурдом. Джинсы **стоили того,** стоили, я верил в это вместе с Лёнкой.

Вошёл отец. Он вернулся с завода. Как всегда, он почти ничего не замечал.

Я счёл своим долгом сообщить:

— Лёнка купила штаны за двести рублей.

— А деньги откуда? —спросил отец.

— От верблюда.*

— Понятно. А я всегда полагал, что штаны стоят тридцать, ну, от силы (no more) пятьдесят рублей. Так что платить за них две сотни — это идиотство. А сколько стоят сейчас такие джинсы в магазине?

Но это был совсём не тот вопрос. И я закричал:

— Всякая вещь стоит ровно столько, сколько за неё дают!

1. Как в тексте передано:

Ты ничего не понимаешь, мама!	Кто тебе дешевле продаст.
Нельзя купить дешевле.	Да что ты понимаешь, мама!
Она не умела произвести впечатление.	Лёнка была дурнушка.
Я решил, что надо сказать.	Я всегда полагал.
Самое большее пятьдесят рублей.	Я счёл своим долгом сообщить.
Я всегда думал.	Тут не знаешь как до получки дожить.
Очень трудно дожить до зарплаты.	Она не умела подать себя.
Лёнка была некрасивая.	От силы пятьдесят рублей.

---

*Lit. from a camel. A rude way to avoid a direct answer to the question откуда. *Cf.* "None of your business."

2. Кому́ принадлежа́т ре́плики — ма́тери, бра́ту, сестре́:

— Свои́ де́ньги я, как хочу́, так и тра́чу.
— Неуже́ли ты, пра́вда, отдала́ две́сти рубле́й за брю́ки?
— Тут не зна́ешь, как до полу́чки дожи́ть.

3. Вы́берите из те́кста всё, что узна́ли о Ле́нке: её вне́шности, отноше́нии к себе́, к ма́тери; о её учёбе, рабо́те. Что для неё ва́жно в жи́зни?

. . . .

4. По-ва́шему, Ле́нка и брат понима́ют друг дру́га? У них одина́ковое представле́ние о жи́зни?

. . . .

5. Каки́е отноше́ния у дете́й с роди́телями? Они́ одина́ково смо́трят на жизнь, на люде́й?

. . . .

6. Почему́ у дете́й и роди́телей тако́е ра́зное отноше́ние к покупке?

. . . .

7. «И две́сти рубле́й за джи́нсы уже́ не каза́лись абсу́рдом. Джи́нсы сто́или того́, я ве́рил в э́то, ве́рил вме́сте с Ле́нкой».

«Да что ты понима́ешь, ма́ма? Мо́жет, у меня́ был са́мый счастли́вый день в жи́зни вчера́. Са́мый счастли́вый день! И, ме́жду про́чим, благодаря́ э́тим джи́нсам».

Действи́тельно оде́жда мо́жет сде́лать челове́ка совсе́м други́м, снять его́ ко́мплексы?

. . . .

8. «Вся́кая вещь сто́ит ро́вно сто́лько, ско́лько за неё даю́т».

Это пра́вда? Есть така́я вещь, за кото́рую вам бу́дет не жа́лко любы́х де́нег?

. . . .

9. — Я всегда́ полага́л, что штаны́ сто́ят 30, ну от си́лы 50 рубле́й. Так что плати́ть за них две со́тни — э́то про́сто идио́тство.

— Всякая вещь стоит ровно столько, сколько за неё дают.

Как вы думаете, мог продолжаться этот разговор между Лёнкой и её родителями?

. . . .

Слова урока

австрийский Austrian
аккуратно neatly
апатия apathy
бант bow
берет beret
блузка blouse
будний день weekday
буйный uncontrollable, wild
бумажник wallet
варежки mittens
верить / поверить to believe
вернуть to return
вес weight
вечернее платье evening gown
взять себя в руки (perf.) to pull oneself together
водительские права driver's license
воображаемый imaginary
воротник collar
восхитительно delightful
выбрасывать / выбросить to throw away
выходной день day off
в частности in particular
галстук tie
геометрический рисунок geometric(al) pattern
гладкий smooth
горошек polka-dots
грабитель robber
дежурить to be on duty
долг duty
должность f. post, position, rank
Дом моделей House of Couture
ежегодно annually
еженедельник weekly (newspaper)
жара heat
жюри judges

заботиться / позаботиться (о ком?) to care for
заглядываться / заглядеться to be unable to take one's off of smbd./smth.
зарубежный foreign
здорово excellent
золотая середина golden middle
изумительный amazing
икра caviar
иллюстрированный illustrated
кабинет study, office
каблук heel
карман pocket
кеды canvas high-tops
кейс attaché case
кличка nickname
кокетничать to flirt
кондитер baker
консерватор conservative
кооператор cooperator, member of cooperative society
костюм suit
кошелёк purse
красавица beauty (beautiful woman)
краситься to use makeup
красота beauty
кроссовки running shoes, sneakers
крупный large, big; large-scale
купальник bathing suit
куртка jacket
лиловый lilac, violet
ломаться / сломаться to break
лыжные ботинки ski boots

лыжный костюм sweatsuit
майка t-shirt, tank top
макси long skirt
манекенщица model
милиционер policemen (in U.S.S.R.)
милиция militia (in U.S.S.R, civil police force)
мода fashion
модный fashionable
морда muzzle
надоедать / надоесть to get on the nerves, bore (with); мне, etc. надоело to be tired (of), sick (of)
находчивый resourceful
невероятный unbelievable
неприятность f. trouble; иметь неприятности to have a hard time
обаятельный charming, charismatic
обделять / обделить to deprive
обсуждение discussion
оглядывать / оглядеть to look over
однообразный monotonous
описывать / описать to describe
оранжевый orange (color)
острый sharp; pointed
отбирать / отобрать to select, pick out
отказываться / отказаться to refuse
отодвигать / отодвинуть to push aside, move away
отражать / отразить to reflect
охватывать / охватить to seize
паниковать to panic

панк punk
перемениться to change
перчатки gloves
пёстрый motley; multi-color
печь / испечь to bake
пирог pie
плавки swimming trunks
плакат poster
плащ raincoat
победно victoriously
побеждать / победить to win
подавать / подать себя to carry oneself well; to show oneself to one's advantage
поддерживать / поддержать to support
поднимать / поднять (кого-л.) to make smbd. get up; поднимать / поднять взгляд to raise one's eyes
покой rest, peace
пол sex, gender
полагать to think, believe
поле боя battlefield
полоска stripe
положение (в обществе) position; status
получка salary
поля (шляпы) brim (of hat)
популярность f. popularity
посетитель customer
по-своему in one's own way
появление appearance
праздничность f. festivity
представитель representative
представление (о чём? о ком?) idea, notion, concept
представлять / представить to represent; imagine

привлекательный attractive
принимать / принять (за кого?) to mistake for, take for
приятель friend
пушистый fluffy
развиваться / развиться to develop, be developed
размышлять to think
разыгрывать / разыграть to act out; perform
расстраиваться / расстроиться to be upset
рекламное агентство advertising agency
романтический romantic
рост height
ругать / поругать to reprimand, curse
рыжий red, red-haired
рубашка shirt
сапоги boots
сезон season
сейф safe, vault, safe deposit box
сидеть (об одежде) to fit
слабость f. weakness
словно like, as if
событие event
сотня (colloq.) hundred
сочетание combination
спектральный spectral
стабильность f. stability
стоить того to be worth it
стричь / подстричь to cut someone's hair
стюардесса stewardess
считать / счесть to consider
табуретка kitchen stool
теряться / потеряться to get lost; disappear, vanish
ткань f. fabric

туфли shoes
тюрбан turban
увлекать / увлечь to carry along; fascinate
угадывать / угадать to guess
унижение humiliation
унизительный humiliating
участие participation
фасон style
фен hair-drier
фигура figure
финал finale; end; conclusion
фиолетовый purple
фирма firm
халат robe
хвалить / похвалить to praise, compliment
хвост tail
чаепитие having tea
шапка knit hat; fur hat
шарф scarf
шатён(ка) person with auburn, brown hair
шведский Swedish
шляпа hat
шорты shorts
шоу show
штаны (colloq.) pants
шуба fur coat
элегантный elegant
эстетический aesthetic
этикет etiquette
юбка skirt
являться / явиться to show up
яркий bright
ярко-синий bright blue

*H*ow to:

- ❏ express one's feelings and reactions
- ❏ respond when someone says "Thank you"
- ❏ respond when someone says "I am sorry"
- ❏ respond when you fail to hear something clearly

How to express one's feelings and reactions

> **Неуже́ли,** пра́вда, вы ви́дите жизнь то́лько в чёрном цве́те?
> **Представля́ешь,** они́ охраня́ют це́нное и драгоце́нное, а бесце́нное не охраня́ют.
> **Не мо́жет быть!**
> **Неуже́ли** тепе́рь в Москве́ ежего́дно прово́дятся ко́нкурсы красоты́?
> **Да, представля́ешь?**

Неуже́ли expresses a strong sense of surprise that an utterance might be true. Unlike ра́зве, it does not imply that the speaker holds the opposite opinion.

For example, **Неуже́ли за полго́да мо́жно вы́учить ру́сский язы́к?** expresses surprise that one can master Russian in half a year.

Неуже́ли is used both in negative and positive situations.
Неуже́ли он сдал все экза́мены на пятёрки? Молоде́ц!
Неуже́ли он не мог сдать тако́й просто́й экза́мен? Стра́нно.

Представля́ешь (представля́ете) is used when the speaker reports a fact that he finds strange or unlikely and expects the same reaction from the listener.

Neutral statements may start with the word **зна́ешь (зна́ете)**, but an expressive statement begins with **представля́ешь (представля́ете).**

Expressive responses are frequently subjective. They relate attitudes and depend on the mood of the speaker.

One can say quite neutrally **Зна́ешь,** Фази́ль реши́л поступи́ть в Библиоте́чный институ́т.

The same fact can be reported as unusual or surprising: **Представля́ешь,** Фази́ль реши́л поступи́ть в Библиоте́чный институ́т.

The listener's reaction will also differ. It can be neutral and calm: пра́вда?, or it can be emotional, expressing surprise неуже́ли. It can express strong surprise and disbelief: не мо́жет быть!

1. Анна — споко́йный челове́к, а Джéки о́чень эмоциона́льна, её всё удивля́ет. Они́ по-ра́зному сообща́ют но́вости.

Анна: Зна́ешь, Же́ня поступи́ла на филосо́фский факульте́т.
Джéки: Представля́ешь, Же́ня поступи́ла на филосо́фский факульте́т.

А как сообщи́те вы?

Бо́рин прия́тель Са́ша уе́хал на це́лый год в Нори́льск.
Фази́ль зако́нчил шко́лу с золото́й меда́лью.
Боб уже́ це́лых три го́да не мо́жет прода́ть свой сцена́рий.
В «Музыка́льном ри́нге» уча́ствовало бо́льше трёхсо́т зри́телей.

Недалеко́ от на́шего до́ма откры́ли ви́део-клу́б.

Фе́дя хо́дит на все конце́рты гру́ппы «Али́са».

Влади́мир Кузьми́н не то́лько исполня́ет, но и са́м пи́шет ро́к-му́зыку.

На́ши вы́играли в хокке́й у шве́дов.

Ле́нка купи́ла ещё одни́ джи́нсы за 300 рубле́й.

Мой брат реши́л записа́ться в шко́лу ме́неджеров: ведь э́то сейча́с така́я мо́дная специа́льность.

Све́точка Петро́ва записа́лась в клуб здоро́вья и в шко́лу та́нцев.

Би́лл занима́ется ру́сским языко́м самостоя́тельно по 5 часо́в в день.

На кани́кулы Ме́ри с му́жем реши́ли пое́хать на Аля́ску.

Мы уже́ три ме́сяца и́щем кварти́ру и не мо́жем снять.

Их но́вая кооперати́вная кварти́ра бу́дет сто́ить це́лых 15 ты́сяч.

Бо́ря не прошёл по ко́нкурсу в Манче́стер, а он ведь тако́й спосо́бный.

Нашёлся чемода́н, кото́рый Ма́ша забы́ла в аэропорту́. Она́ так ра́да.

Матве́й ко́нчил политехни́ческий, а рабо́тает в автосе́рвисе.

2. Каки́е мо́гут быть реа́кции?

Пра́вда?
Неуже́ли?
Не мо́жет быть!

— Майк пое́хал в январе́ в Москву́ и не взял с собо́й ни одно́й тёплой ве́щи.

— . . . .

— Я о́чень люблю́ про́бовать экзоти́ческие блю́да.

— . . . .

— Мы все хоти́м вступи́ть в па́ртию «зелёных».

— . . . .

— Марк сде́лал абсолю́тно все упражне́ния в уче́бнике.

— . . . .

— Ско́ро ко мне приезжа́ют роди́тели.

— . . . .

— У Со́ни сейча́с в до́ме четы́ре ко́шки.

— . . . .

— Джон совсе́м не уме́ет танцева́ть. Он терпе́ть не мо́жет та́нцы.

— . . . .

3.   Допо́лните ре́плики. Объясни́те свою́ реа́кцию.

Я совсе́м не смотрю́ «Клуб весёлых и нахо́дчивых».
Неуже́ли? По-мо́ему, э́та переда́ча всем нра́вится.

— Ни́на лю́бит ро́к-му́зыку, но Гребенщико́в ей совсе́м не
  нра́вится.
— Не мо́жет быть! . . . .

— Све́та никогда́ не но́сит джи́нсы.
— Неуже́ли? . . . .

— Все на́ши ребя́та реши́ли записа́ться в клуб здоро́вья.
— Пра́вда? . . . .

— Ли́дия Абра́мовна привезла́ свою́ соба́ку из Аме́рики.
— Неуже́ли? . . . .

— На́дя зарази́лась ви́русным гри́ппом от свое́й соба́ки.
— Не мо́жет быть! . . . .

— В воскресе́нье у нас в университе́те прово́дят экологи́ческий
  ми́тинг.
— Пра́вда? . . . .

— Э́та фи́рма заплати́ла огро́мный штраф за наруше́ние
  экологи́ческого зако́на.
— Пра́вда? . . . .

— Га́ля бро́сила университе́т и рабо́тает тепе́рь стюарде́ссой.
— Неуже́ли? . . . .

— У Михаи́ла три дипло́ма, он око́нчил це́лых три факульте́та.
— Не мо́жет быть! . . . .

— Терпе́ть не могу́ «Бон Джо́ви».
— Неуже́ли? . . . .

4. Найди́те рису́нки к диало́гам.

— Неуже́ли всё вре́мя за́нято? Ты ведь звони́шь уже́ це́лый час!

— Ра́зве ты не зна́ешь, как тру́дно дозвони́ться в ветерина́рную кли́нику?

— Неуже́ли всё э́то ну́жно прочита́ть к экза́мену? Не мо́жет быть!

— Да ра́зве э́то мно́го? Я уже́ всё давно́ прочита́л.

— Неуже́ли Зо́я Ива́новна выступа́ет в анса́мбле? Она́ ведь уже́ ста́рая.

— Ра́зве пятьдеся́т лет — э́то ста́рая?

5.   Каки́е могли́ быть ре́плики?

— Ра́зве Серге́й око́нчил   — Неуже́ли Серге́й око́нчил
   филологи́ческий?   филологи́ческий?
— А ты что ду́мал?   — Почему́ тебя́ э́то удивля́ет?
— Я ду́мал — факульте́т журнали́стики.   — По-мо́ему, он бо́льше всего́
   Он же журнали́ст.   интересу́ется те́хникой.

— Ра́зве Ко́ля игра́ет на гита́ре?
— А ты что ду́мал?

— . . . .

— Неуже́ли Ко́ля игра́ет на гита́ре?
— Почему́ тебя́ э́то удивля́ет?

— . . . .

— Неуже́ли Дже́нифер не лю́бит джаз?
— Почему́ тебя́ э́то удивля́ет?

— . . . .

— Ра́зве пельме́ни де́лают с мя́сом?
— А ты что ду́мал?

— . . . .

— Ра́зве Стив Га́рви бейсболи́ст?
— А ты что ду́мал?

— . . . .

— Неуже́ли Андре́й не лю́бит хокке́й?
— Почему́ тебя́ э́то удивля́ет?

— . . . .

6.   Допо́лните ре́плики

> Ра́зве
> Неуже́ли

... Ю́рий врач? Э́то не так — он учи́лся с мои́м бра́том на юриди́ческом.

... Ю́рий врач? Он, по-мо́ему, не зна́ет ни одного́ но́вого лека́рства.

... за́втра уже́ воскресе́нье? Сего́дня ведь то́лько пя́тница.

... за́втра уже́ воскресе́нье? Я и не заме́тил, как прошла́ неде́ля.

... ты ку́ришь? Ведь э́то вре́дно для здоро́вья.

... Мари́на ку́рит? Я никогда́ не ви́дел её с сигаре́той.

... И́горь не пойдёт с на́ми на джаз? Я сам ви́дел у него́ биле́т.

... вы с И́горем не лю́бите джаз? Э́то так прекра́сно.

... сего́дня хо́лодно? Обы́чно в э́то вре́мя намно́го холодне́е.

... опя́ть бу́дет дождь, так э́ти дожди́ надое́ли!

... вам не нра́вится Фази́ль Исканде́р? Он тако́й замеча́тельный писа́тель!

... ты не лю́бишь моро́женое? Э́то так вку́сно!

... вы не дово́льны свое́й рабо́той? Я по́мню, вы её так хвали́ли.

... Никола́й у́чится в медици́нском? Я уве́рен, что он поступи́л в хими́ческий.

... Зо́щенко совреме́нный писа́тель — что ты говори́шь! Он давно́ у́мер.

... у тебя́ хвата́ет вре́мени ещё и на ша́хматы? Како́й ты молоде́ц! А я ничего́ не успева́ю.

... тебе́ ка́жется, что 75 рубле́й за тако́й сви́тер — э́то недо́рого? Он ведь совсе́м некраси́вый.

... фильм Ми́лоша Фо́рмана «Во́лосы» не шёл в Москве́? Зна́ешь, я сам ви́дел афи́ши.

... Оле́г не лю́бит ко́шек? У него́ же в до́ме две ко́шки.

7. Кака́я мо́жет быть реа́кция?

> Неуже́ли?
> Не мо́жет быть!
> Пра́вда?

— Зна́ете, я одна́жды про́сто на у́лице ви́дел ти́гра.

— . . . .

— У нас в до́ме не́сколько лет жи́ли три обезья́ны.

— . . . .

— Мой оте́ц кури́л бо́льше двадцати́ лет, а тепе́рь бро́сил.

— . . . .

— Я слы́шала, что мно́гие опера́ции тепе́рь де́лают ла́зером.

— . . . .

— Сейча́с но́вый «Роллс-Ройс» мо́жно купи́ть за две ты́сячи.

— . . . .

— Я совсём не ем сáхара, абсолю́тно.

— . . . .

— На Кавкáзе есть райóн, где почти́ все живу́т до ста лет и
бóльше.

— . . . .

— В Москвé сейчáс бóлее девяти́ миллиóнов жи́телей.

— . . . .

— Я сегóдня проéхал на крáсный свет, а милиционéр мне тóлько
улыбну́лся.

— . . . .

— Извéстный францу́зский писáтель Бальзáк написáл 90
ромáнов.

— . . . .

— У одногó моегó знакóмого такáя пáмять, что он мóжет
прочитáть оди́н раз три страни́цы тéкста и всё тóчно
повтори́ть.

— . . . .

8. Вы расскáзываете, что не тóлько в Москвé, но и в други́х городáх
тепéрь прохóдят кóнкурсы красоты́.
А как э́то бу́дет в диалóге?

— Неужéли не тóлько в Москвé, но и во мнóгих городáх сейчáс
прохóдят кóнкурсы красоты́?
— Да, представля́ешь?

А тепéрь вы сáми:

Андрéй Зализня́к знáет бóльше десяти́ языкóв.
У э́той рóк-гру́ппы ужé бóльше тридцати́ ди́сков.
Это шóу в своё врéмя бы́ло óчень популя́рно.
У них стипéндия тóлько 140 рублéй.
Вéра ужé трéтий раз выхóдит зáмуж.
В Тóма влюблены́ все дéвочки в их клáссе.
Юля поступи́ла на э́ту рабóту тóлько из-за зарплáты.
Нáша бáбушка бóльше всегó лю́бит смотрéть фи́льмы Хичкóка.

— Ты америка́нцу хо́чешь у нас пласти́нки покупа́ть?
— **Ну и что́?** Он послу́шал у нас Шни́тке и был в восто́рге.

— Ле́ночка, неуже́ли ты, пра́вда, отдала́ две́сти рубле́й за
   джи́нсы?
— **Ну и что́?**

Ну и что́? is an emotional reaction which shows that the speaker finds nothing strange in the fact that surprised the other person and believes it is quite normal.

9.   Доко́нчите ре́плики. Объясни́те свою́ реа́кцию.

— Неуже́ли Ка́тя купи́ла магнитофо́н за полторы́ ты́сячи рубле́й?
— Ну и что́? Хоро́ший магнитофо́н и до́лжен сто́лько сто́ить.

— Неуже́ли Са́ша с Ли́дой хотя́т взять с собо́й в Аме́рику соба́ку?
— Ну и что́? . . . .

— Неуже́ли Ве́ра хо́чет уча́ствовать в ко́нкурсе красоты́?
— Ну и что́? . . . .

— Представля́ешь, Ва́дик хо́чет стать фе́рмером.
— Ну и что́? . . . .

— Я одну́ газе́ту не успева́ю прочита́ть, а Ники́та выпи́сывает
   пять газе́т. Представля́ешь?
— Ну и что́? . . . .

— По-мо́ему, Ле́нка тепе́рь хо́дит то́лько в джи́нсах.
— Ну и что́? . . . .

— Боб так лю́бит пельме́ни, что мо́жет есть их ка́ждый день.
— Ну и что́? . . . .

— Ты заме́тил, как Джон прекра́сно говори́т по-ру́сски? Он
   ру́сский самостоя́тельно вы́учил.
— Ну и что́? . . . .

— Ме́ри е́дет в ию́не в Ленингра́д. Представля́ешь, она́ берёт с
   собо́й тёплую ку́ртку.
— Ну и что́? . . . .

— У Джо́на в гостя́х бы́ло бо́льше тридцати́ челове́к.
— Ну и что́? . . . .

10. А эти фа́кты вас удивля́ют и́ли вы не ви́дите в них ничего́ осо́бенного?

Неуже́ли?
Не мо́жет быть!
Ну и что?

— Мой оте́ц совсе́м не ест мя́со, ма́сло, ры́бу, са́хар и хлеб.

— . . . .

— Ли́за сама́ пригото́вила пельме́ни, о́чень вку́сные.

— . . . .

— У моего́ бра́та рост метр девяно́сто.

— . . . .

— В но́вом брази́льском фи́льме, кото́рый на́чали пока́зывать, 41 се́рия. Я хочу́ все посмотре́ть.

— . . . .

— Зна́ешь, одному́ моему́ знако́мому врачи́ не могли́ помо́чь, а аутотре́нинг помо́г сра́зу же.

— . . . .

— Представля́ешь, у Та́ни така́я дие́та, что она́ за три дня на 13 килогра́мм похуде́ла.

— . . . .

— Представля́ешь, кро́ме Москвы́, Ди́на ни одного́ ру́сского го́рода назва́ть не могла́.

— . . . .

— На́ша Све́та занима́ется бе́гом, аэро́бикой, гимна́стикой, пла́ваньем, а тепе́рь, представля́ешь, ещё начала́ занима́ться йо́гой.

— . . . .

— Зна́ешь, И́горю та́э кван до́у о́чень нра́вится.

— . . . .

11. Как вы ду́маете, кто из них всё вре́мя говори́т «Ну и что́?» Почему́?

— Зна́ешь, Ната́ша вы́шла за́муж.
— А ты отку́да зна́ешь?
— Они́ о́ба дава́ли интервью́ «Экспре́сс-ка́мере».
— **Вот э́то да!**

— Я соба́ку нашёл, хочу́ врачу́ показа́ть, бою́сь, она́ нездоро́ва.
— **Ну, зна́ешь!**

Ну, зна́ешь (ну, зна́ете)! conveys surprise and light disapproval concerning a reported fact or event.

Вот э́то да! conveys a typically positive response to an utterance or fact which the speaker considers striking.

Compare:

— Представля́ешь, мы е́дем в Ленингра́д, а отту́да в Баку́, Тбили́си и Ерева́н. И всё э́то за одну́ неде́лю.
1) — Вот э́то да!
2) — Ну, зна́ете!

Вот э́то да! shows that the speaker thinks that the trip is wonderful.
Ну, зна́ете! shows that the speaker does not think that the trip is a good idea: too many cities in too short a time.

12. Попро́буйте те́перь са́ми вы́брать подходя́щую реа́кцию:

Ну, зна́ешь! Ну, зна́ете!
Вот э́то да!
Э́то уж сли́шком!

— Представля́ешь, Ка́тя вы́играла в лотере́ю мотоци́кл!

— . . . .

— Ох, опя́ть я на рабо́ту опозда́ла, не могу́ ра́но встать.

— . . . .

— Все́волод получи́л пре́мию бо́льше всех, и он ещё недово́лен.

— . . . .

— У тёти Со́ни три соба́ки, а она́ хо́чет взять четвёртую.

— . . . .

— Ты знако́м с Ли́зой Тума́новой? Зна́ешь, она́ победи́тельница ко́нкурса «Мисс фо́то-Росси́я».

— . . . .

— Всё вре́мя я зо́нтики теря́ю. Сего́дня опя́ть где́-то оста́вила, совсе́м но́вый.

— . . . .

— Слы́шала, Кузьмины́ свою́ маши́ну про́дали, а купи́ли но́вую намно́го ху́же.

— . . . .

— То́ня лю́бит лило́вый цвет. У неё все пла́тья и ту́фли лило́вые.

— . . . .

— Како́й тёплый февра́ль! За́втра бу́дет плюс 25!

— . . . .

— Извини́, я ви́дела вчера́ Пе́тю, но забы́ла переда́ть ему́, что ты проси́л.

— . . . .

— Посмотри́, како́е краси́вое на Оле пла́тье!

— . . . .

— Почему́ ты не бу́дешь уча́ствовать, ра́зве ты не слы́шал, что победи́тель ко́нкурса полу́чит ты́сячи?

— . . . .

13. Сде́лайте диало́ги экспресси́вными. Доба́вьте ра́зные реа́кции.

Неуже́ли
Что ты

— ... Ро́берт Макдо́нальд в Москве́ совсе́м оди́н живёт.

— Не совсе́м, у него́ соба́ка.

— Он привёз из Аме́рики соба́ку?

— Нет, ...! Он её нашёл в Москве́ на у́лице.

> Неуже́ли
> Представля́ешь
> Ну, зна́ешь

— Лари́са записа́лась на аэро́бику, заня́тия ра́но у́тром.

— ... она́ успева́ет до рабо́ты?

— Да, ..., е́здит в клуб к шести́ тридцати́.

— . . . . !

> Зна́ете
> Вот э́то да
> Ну и как

— ..., у Корже́вского взя́ли две карти́ны на вы́ставку.

— . . . . ?

— Одну́ уже́ купи́ли — 700 рубле́й.

— . . . . !

> А вы что́
> Не зна́ете
> Ну, зна́ете
> Да нет, вряд ли

— До́брый день! ..., у кого́ мо́жно узна́ть усло́вия ко́нкурса?

— Зайди́те к А́лле Гаври́ловне. Она́, наве́рное, зна́ет. ..., хоти́те пода́ть на ко́нкурс?

— ..., меня́ э́тот ко́нкурс в при́нципе не интересу́ет.

— Заче́м тогда́ узнава́ть усло́вия?

— Про́сто интере́сно.

— . . . !

> Да как сказа́ть
> Смотря́ како́й
> Вот э́то да

— Никола́й Петро́вич, вы лю́бите джаз?

— ... . Вообще́ я бо́льше люблю́ кла́ссику. Почему́ вы спра́шиваете?

— Мне из Аме́рики привезли́ не́сколько ди́сков Дю́ка
Эллингто́на.
— Дю́ка Эллингто́на? ... ! Замеча́тельно!
— Зна́чит, вы всё-таки лю́бите джаз.
— . . . .

> Ну, э́то уж сли́шком
> Дава́й
> Неуже́ли
> Вря́д ли

— Дава́й схо́дим в четве́рг в кино́.
— В четве́рг я за́нят. ... полу́чится.
— Тогда́ ... в пя́тницу.
— В пя́тницу то́же не могу́.
— А в суббо́ту? ... в суббо́ту то́же за́нят?
— Бою́сь, что в суббо́ту то́же.
— . . . . !

> Вот э́то да
> Ра́зве
> Ну и что́

— ... ты хо́чешь уе́хать в четве́рг?
— ... ? Я ведь уже́ зако́нчил рабо́ту.
— ... ! Молоде́ц!

> Ну и что́
> Ра́зве
> Представля́ешь

— ..., Ната́ша похуде́ла на це́лых 5 килогра́мм!
— ...? Она́ ведь э́того о́чень хоте́ла.
— ... ? А мне каза́лось, что она́ дово́льна свое́й фигу́рой.

> Ну, зна́ешь
> Неуже́ли
> Ну и что́

— ... Ни́на покра́сила во́лосы в сире́невый цвет?
— ... ? Она́ ведь всегда́ была́ стра́нной.
— . . . . !

14. А как пе́реданы эмоциона́льные реа́кции в э́тих диало́гах:

— Ты бы ви́дел, что они́ де́лают с во́здухом, хотя́ у них есть кни́ги о стратосфе́ре и озоносфе́ре!
— Ты хо́чешь сказа́ть, что они́ зна́ют...

— Не панику́й, найдётся твой Джой.
— Да что́ ты говори́шь! Я уже́ всех спра́шивала. Что да́льше де́лать, про́сто не зна́ю!

— Джой, ми́ленький, како́е сча́стье! Как же я ра́да!
— Вы зна́ете э́ту соба́ку?

How to respond when someone says "Thank you"
How to respond when someone says "I am sorry"
How to respond when you fail to hear something clearly

— Бори́с, помоги́ мне разобра́ться, ника́к не могу́ поня́ть...
— Пожа́луйста, с удово́льствием.
— **Большо́е спаси́бо.**
— **Пожа́луйста.**

— Сейча́с я о́чень занята́, не могу́ тебе́ помо́чь. **Извини́**, Оля.
— **Ничего́.** Сама́ разберу́сь.

— **Прости́те**, что вы сказа́ли?
— Про́сто спроси́л, како́е сего́дня число́.

A typical response to **спаси́бо** is **пожа́луйста** or **не́ за что**.

— **Благодарю́ вас** за по́мощь.
— **Не́ за что** (благодари́ть).

A typical response to **извини́(те)** is **ничего́**.

— **Извини́**, забы́ла принести́ твой журна́л.
— **Ничего́**, он пока́ мне не ну́жен.

— **Извини́те**, мы так гро́мко спо́рили.
— **Ничего́, ничего́.** (Ничего́, что́ вы!)

Прости́те is used to introduce a clarifying question when the speaker fails to understand or hear something clearly. **Прости́те**, я не по́нял. **Прости́**, что ты сказа́л?

Пожа́луйста, прости́те, ничего́ may be used in other situations. The following table illustrates different meanings of these words.

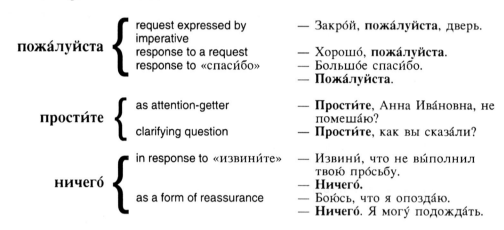

пожа́луйста	request expressed by imperative	— Закро́й, **пожа́луйста**, дверь.
	response to a request	— Хорошо́, **пожа́луйста**.
	response to «спаси́бо»	— Большо́е спаси́бо.
		— **Пожа́луйста**.
прости́те	as attention-getter	— **Прости́те**, Анна Ива́новна, не помеша́ю?
	clarifying question	— **Прости́те**, как вы сказа́ли?
ничего́	in response to «извини́те»	— Извини́, что не вы́полнил твою про́сьбу.
		— **Ничего́.**
	as a form of reassurance	— Бою́сь, что я опозда́ю.
		— **Ничего́.** Я могу́ подожда́ть.

15. Каки́е мо́гут быть реа́кции?

— Зна́ешь, я забы́ла позвони́ть Ло́ле. Мне о́чень неприя́тно, извини́.

— . . . .

— ..., вы не ска́жете, где остано́вка авто́буса?
— ..., вот там спра́ва.

— ..., я не слы́шал, что вы сказа́ли?
— Я за́втра до́лжен быть на конфере́нции, так что сюда́ не приду́.

— Извини́, но я оста́вила твои́ конспе́кты до́ма.

— . . . .

— Спаси́бо, что вы нам помогли́.

— . . . .

— ..., вы не зна́ете, когда́ нача́ло конце́рта?
— В 7.30.

— Спаси́бо, что ты переда́л Ма́рку мою́ про́сьбу.

— . . . .

— Ты не мог бы остáться ещё на час?

— . . . .

— Спасибо, что вы нас встрéтили.

— . . . .

— Спасибо за чай. Очень вкýсный.

— . . . .

— Нам óчень мешáет мýзыка. ..., вы не моглú бы вы́ключить магнитофóн?

— . . . .

— Спасибо.

— . . . .

— Извинúте, я потеря́ла телефóн, котóрый вы мне дáли.
— ..., я сейчáс вам запишý.

— Извинúте, я непрáвильно запóлнила бланк.
— .... Я дам вам нóвый.

— Вы не моглú бы позвонúть мне в пя́тницу ýтром?
— Конéчно, ...

16. Какúе диалóги мóгут быть в э́тих ситуáциях?

Сáша опоздáл. Лéна его ждёт. Что скáжет Сáша, когдá придёт? Что отвéтит Лéна?

Вас прóсят сесть в концéртном зáле на другóе мéсто. Вы готóвы э́то сдéлать. Как вас попрóсят? Что вы отвéтите?

Олéг забы́л принестú книгу, котóрую он обещáл Сергéю. Что скáжет в э́той ситуáции Олéг? Что мóжет отвéтить Сергéй?

Вы не пóняли, о чём вас спрáшивают на ýлице в Кúеве. Что нáдо сказáть?

- ❑ Маг? Парапсихо́лог? Экстрасе́нс?
- ❑ У нас в таки́х слу́чах говоря́т: "Break a leg"
- ❑ Вы ве́рите в чудеса́?
- ❑ Чертовщи́на кака́я-то!
- ❑ Оста́нутся ли земля́не навсегда́ на Земле́?
- ❑ Влади́мир Солоу́хин «Уро́к телепа́тии»

I

Маг? Парапсихо́лог? Экстрасе́нс?

Инжене́р-строи́тель Влади́мир Ива́нович Сафо́нов изве́стен свои́ми феномена́льными спосо́бностями в сфе́ре паранорма́льного. Бесе́да с ним была́ опублико́вана в молодёжной газе́те «Моско́вский комсомо́лец».

— Чем вы объясня́ете скептици́зм учёного ми́ра к парапсихоло́гии?

— Де́ло в том, что лю́ди — и учёные в том числе́ — ча́сто не ве́рят в то, что не **испыта́ли** са́ми.

— Что же де́лать?

— Я за проведе́ние **экспериме́нтов.**

— Расска́зывают, что по фотогра́фии челове́ка вы мо́жете определи́ть, жив он и́ли нет, где он сейча́с нахо́дится.

— Я про́сто беру́ из «ба́нка па́мяти» ну́жную мне информа́цию.

— Из ба́нка па́мяти?

— Да, я ду́маю, что в приро́де существу́ет **что́-то вро́де** «ба́нка па́мяти», в кото́ром остаётся информа́ция о живы́х и мёртвых. Но не уве́рен, сто́ит ли вам об э́том писа́ть, — **как бы** вас **не**[1] вы́гнали с рабо́ты.

— Это вы мне предска́зываете?

?? Как отно́сятся учёные к парапсихоло́гии?

В чём выража́ются необыкнове́нные спосо́бности Влади́мира Ива́новича Сафо́нова?

1. Как в те́ксте пе́редано:

По-мо́ему, ну́жно проводи́ть экспериме́нты.

...по фотогра́фии челове́ка вы мо́жете узна́ть, жив он и́ли нет.

2. — Зна́ешь, Ни́на, опя́ть у нас **сенса́ция.** Но́вый экстрасе́нс появи́лся. Смотре́ла вчера́ по телеви́зору?

— Нет, коне́чно!

— Почему́ «коне́чно»?

— Да чушь всё э́то.

— Не зна́ю, не зна́ю...

?? Ни́на **ве́рит в** экстрасе́нсов? А её подру́га?

3. Что вы ска́жете, е́сли вас спро́сят:

стопроце́нтно ве́рю
допуска́ю
абсолю́тно (совсе́м) не ве́рю
не зна́ю, не зна́ю

— Вы ве́рите в парапсихоло́гию?

— . . . .

— А вообще́ в то, что не испыта́ли са́ми?

— . . . .

---

[1]**Как бы ... не** conveys apprehension about the state or activity it introduces.

— А в предсказа́ния ве́рите? Наприме́р, в то, что по руке́ мо́жно предсказа́ть жизнь челове́ка?

— . . . .

— В то, что по фотогра́фии мо́жно сказа́ть, жив ли челове́к?

— . . . .

4. Найди́те отве́тную ре́плику.

Что́-то на́ши молодожёны ссо́рятся.	Как бы тебя́ из институ́та не вы́гнали.
Ты зна́ешь, я три экза́мена не сдал.	Как бы мы не опозда́ли в Ки́ев.
Что́-то я чу́вствую себя́ нева́жно: голова́ боли́т, зноби́т.	Как бы он не забы́л.
Мы выпуска́ем на́шу соба́ку гуля́ть одну́: у нас здесь райо́н ти́хий.	Как бы ты не заболе́л.
По-мо́ему, мы кофе́йник забы́ли вы́ключить.	Как бы она́ не потеря́лась.
Опя́ть пого́да нелётная: уже́ два дня самолёты не лета́ют.	Как бы они́ не развели́сь.
Я давно́ говори́л Ви́те, что за́втра экску́рсия.	Как бы не́ было пожа́ра. Дава́й вернёмся.

5. Зако́нчите диало́ги.

— Он почему́-то ничего́ не ест. Он что, на дие́те?
— Что́-то вро́де.

— Кем она́ рабо́тает? Манеке́нщицей?

— . . . .

— У твоего́ сосе́да кака́я соба́ка? То́й-терье́р?

— . . . .

— Она́ блонди́нка?

— . . . .

— Сего́дня действи́тельно о́коло 30 гра́дусов?

— . . . .

— Ему́, наве́рное, лет 50?

— . . . .

— Она́ опя́ть повыше́ние по рабо́те получи́ла?

— . . . .

— Что э́то у тебя́ го́лос тако́й? На́сморк?

— . . . .

6. — У вас что́, был экза́мен?

— Ну, не совсе́м, но что́-то вро́де экза́мена.

А тепе́рь вы са́ми:

— Что там на у́лице, зима́ начина́ется?

— Да как сказа́ть...

— А что́, ма́ма заболе́ла? Грипп?

— Сама́ не могу́ поня́ть,...

— Зна́ешь, я Ло́ру постоя́нно с Ма́рком ви́жу. У них что́, рома́н?

— Ну, я, коне́чно, не зна́ю, но...

— Ты выступа́ешь на симпо́зиуме? Де́лаешь докла́д?

— Да, ...

7. «Вы мне э́то предска́зываете?», — так зако́нчилась бесе́да корреспонде́нта с экстрасе́нсом Влади́миром Ива́новичем Сафо́новым. Предсказа́ния — мо́жно им ве́рить и́ли нет? Как мо́жно узна́ть свою́ **судьбу́**? Сходи́ть к гада́лке (fortune teller)? Посмотре́ть в газе́те? Прочита́ть в журна́ле? Уви́деть по ТВ?

А вам когда́-нибудь **предска́зывали** судьбу́? Как? По ка́ртам? По руке́? По звёздам? По фо́рме головы́?

. . . .

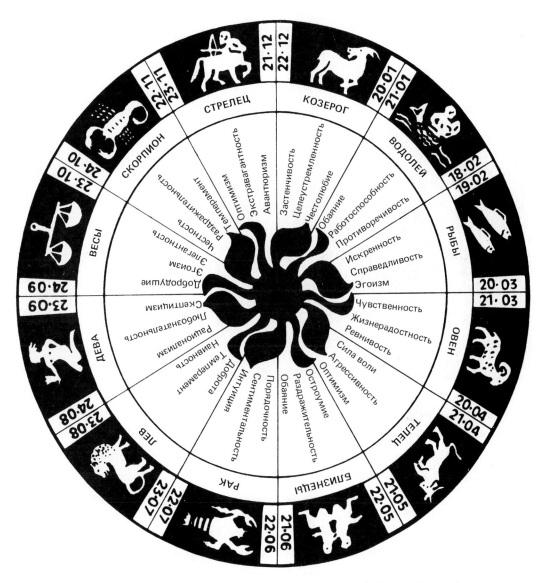

Вас интересу́ют гороско́пы? Вы их чита́ете? В како́м ме́сяце вы роди́лись? Како́й у вас знак?

. . . .

Вы нашли́ свой знак? У вас действи́тельно тако́й хара́ктер? Всё совпа́ло? Или гороско́п ошиба́ется? В чём? А други́е зна́ки? Кого́ бы из них вы хоте́ли ви́деть ва́шим дру́гом, колле́гой, преподава́телем, нача́льником, ... ? Почему́?

А как по-англи́йски: Водоле́й, Ры́бы, Ове́н, Теле́ц, Близнецы́, Рак, Лев, Де́ва, Весы́, Скорпио́н, Стреле́ц, Козеро́г?

У нас в таких случаях говорят: "Break a leg"

В том же кабинете. Неужели
у Бориса опять неприятности?

— Ругай меня завтра, Боб.

— **Ругать**? За что? Что ты сделал?

— Да нет, ничего не сделал. Просто **примета** такая. Завтра я по телевидению выступаю и очень волнуюсь.

— Ну и что? А ругать зачем?

— **Считается**, что тогда всё у меня будет о'кей.

— А-а-а. А у нас **в таком случае** говорят: "Break a leg".

— Ну, это уж слишком. Давай лучше по-русски. Поругай меня, ладно?

?? Почему Борис волнуется?
Почему он просит Боба ругать его?
О какой примете они говорят?

1. Как в диалоге передано:

Считается, что тогда всё у меня будет хорошо.
А мы тогда говорим: "Break a leg".

2.   Каки́е могли́ быть диало́ги?

— За́втра я выступа́ю по телеви́дению. Руга́й меня́.
— Ла́дно. Поруга́ю. (Ла́дно. Бу́ду руга́ть. Хорошо́. Обяза́тельно поруга́ю.)

А тепе́рь вы са́ми:

Прия́тель, одноку́рсница, подру́га, знако́мый, сосе́д, ... про́сят вас поруга́ть его́/её, потому́ что он/она́

  идёт сдава́ть экза́мен;
  устра́ивается на рабо́ту;
  идёт на бесе́ду с дека́ном;
  защища́ет дипло́м;
  идёт к зубно́му врачу́;
  сдаёт курсову́ю рабо́ту;
  узнаёт о результа́тах ко́нкурса;
  знако́мит свою́ де́вушку с роди́телями.

3.

— Посмотри́, како́й дождь си́льный, а нам сего́дня лете́ть.
— Прекра́сно. Уезжа́ть в дождь — э́то как раз хоро́шая приме́та.

У вас есть така́я приме́та?

. . . .

А есть и плохи́е приме́ты. Вот, наприме́р:

Почему́ они́ так испуга́лись?

4. Найди́те отве́тную ре́плику.

Он уже́ на четвёртом ку́рсе истори́ческого, но ему́ всё не нра́вится.

Друзья́ зову́т меня́ на рок, а я его́ терпе́ть не могу́.

Я на тако́м компью́тере не рабо́тал. Не зна́ю, полу́чится ли.

Бою́сь, как бы он не оби́делся, е́сли скажу́, но в его́ рабо́те есть оши́бка.

Марк хо́чет жени́ться, про́сит сове́та.

В тако́м слу́чае лу́чше пря́мо сказа́ть.

В тако́м слу́чае лу́чше бро́сить.

Ну, в тако́м слу́чае лу́чше ничего́ не сове́товать.

В тако́м слу́чае лу́чше отказа́ться.

По-мо́ему, в тако́м слу́чае про́сто на́до попро́бовать.

А тепе́рь вы са́ми.

— Óчень хо́чется купи́ть э́то кольцо́ с бриллиа́нтом, но сли́шком до́рого.
— В тако́м слу́чае...

— Ми́ша так си́льно ка́шляет, а ку́рит мно́го.
— В тако́м слу́чае...

— Мне надое́ла э́та рабо́та. Всё одно́ и то же!
— В тако́м слу́чае...

— Никола́й ника́к не реши́т: разводи́ться ему́ и́ли нет. Про́сит сове́та.
— В тако́м слу́чае...

— Не зна́ю, что де́лать? Биле́т у меня́ на 13-е число́. А э́то ещё и пя́тница.
— В тако́м слу́чае...

— Не зна́ю, что и де́лать? Ми́ла, по-мо́ему, оби́делась. А я не пойму́, на что.
— В тако́м слу́чае...

5.

Я сам в э́том не разбира́юсь, но счита́ется, что «Хо́нда» — хоро́шая маши́на.

о́чень хоро́ший анса́мбль
неплохо́й тре́нер
первокла́ссный университе́т
прекра́сная бейсбо́льная кома́нда

«Пинк Флойд»
Фрэнк Ро́бинсон
Га́рвард
«Ориолс»

ненадёжная ма́рка маши́ны	«Москви́ч»
прести́жная фи́рма	«Со́ни»
отли́чный фильм	«Курье́р»
тру́дный язы́к	япо́нский
интере́сное направле́ние в му́зыке	«нью эйдж»
тала́нтливый актёр	Джи́мми Стю́арт

6.

Счита́ется, что неприли́чно спра́шивать челове́ка о зарпла́те.

А тепе́рь вы са́ми:

... нельзя́ сиде́ть на полу́;

... на рабо́ту в джи́нсах не хо́дят;

... норма́льно жени́ться в 18 лет;

... нельзя́ дари́ть 2 и́ли 4 цветка́, ну́жно 3 и́ли 5;

... моро́женое в Москве́ са́мое вку́сное;

... метро́ в Пари́же дешёвое.

Вы ве́рите в чудеса́?

Зага́дочные явле́ния всегда́ в мо́де: НЛО (UFO), чудо́вище о́зера Лох-Не́сс, сне́жный челове́к — об э́том горячо́ спо́рят. Одни́ стопроце́нтно ве́рят, други́е сомнева́ются, тре́тьи категори́чески отрица́ют.

1. А вы? Вы ве́рите в чудеса́? Сомнева́етесь в них? Или, мо́жет быть, категори́чески отрица́ете? Или вы отно́ситесь к «золото́й середи́не»: в чём-то сомнева́етесь, чему́-то и́щете объясне́ния.

. . . .

2. Вам ка́жутся **реа́льными** НЛО, Не́сси, сне́жный челове́к?

. . . .

3. Как вам ка́жется, от чего́ зави́сит скептици́зм и́ли ве́ра?

- ❑ от воспита́ния?
- ❑ от скла́да ума́ (mentality)?
- ❑ от жи́зненного о́пыта?
- ❑ от образова́ния?
- ❑ от хара́ктера?
- ❑ . . . .?

Мно́гие учёные счита́ют, что люба́я **ми́стика** име́ет реа́льную осно́ву, что в ней есть зерно́ и́стины (grain of truth), что **в конце́ концо́в** объясни́ть мо́жно всё... да́же привиде́ния.

Наприме́р, ленингра́дские учёные — биохи́мик Вальчи́хина и психотерапе́вт Гуре́вич на осно́ве фи́зики, матема́тики и биоло́гии **дока́зывают,** что привиде́ния — э́то гологра́мма. Но чья? Когда́-то жи́вшего челове́ка.

А мо́жет быть, э́то не так? Мо́жет быть, э́то иллю́зия, возника́ющая в определённом эмоциона́льном состоя́нии? Так счита́ет до́ктор фи́зико-математи́ческих нау́к* Э. Го́дик.

(«Неде́ля»)

4. А вы как счита́ете? У вас ли́чно быва́ли таки́е «иллю́зии»? Мо́жет быть, вы что́-то чита́ли об э́том?

. . . .

5. Вам ка́жется, что привиде́ние — э́то

- ❑ часть объекти́вного ми́ра?
- ❑ проду́кт челове́ческой фанта́зии?
- ❑ результа́т на́ших предрассу́дков и суеве́рий (superstitions)?
- ❑ идеа́льная субста́нция, что́-то вро́де души́?
- ❑ . . . . ?

---

*The highest academic degree conferred upon a scholar in the Soviet Union.

6. А мóжет быть, есть вопрóсы, котóрые лýчше остáвить без отвéта? Ведь éсли тайн не остáнется, жить бýдет скýчно. Прáвда?

. . . .

7. Вы пóмните, что Владúмир Сафóнов объясняéт скептицúзм людéй, в том числé учёных, тем, что лю́ди не вéрят в то, что не испытáли сáми. А éсли...

Случúтся же такóе

Легендáрное чудóвище Нéсси сидéло на берегý óзера и держáло на колéнях профéссора Синúцына.

— Ну, тепéрь ты вéришь, что я **существýю**? — спросúло чудóвище.

— Вéрю, вéрю, — ответил профéссор Синúцын.

— Бóльше не бýдешь говорúть, что я плод (product) фантáзии?

— Не бýду.

— Ну, тогдá бегú, — сказáло чудóвище, опускáя учёного на зéмлю.

Профéссор Синúцын отбежáл на безопáсное расстоя́ние (safe distance):

— Не вéрю! Всё равнó не вéрю! — закричáл он и побежáл к лéсу.

Навстрéчу емý шёл снéжный человéк.

Ж.Ильцóв

 Как вы дýмаете, что бы́ло дáльше? Нарисýйте.

8.
— Борь, я то́лько что у сосе́дей по ви́дику «Полтерге́йст» посмотре́ла.

— Ну и как?

— Это **ни на что́ не похо́же**. Я ещё **тако́го не ви́дела**.

— **Стра́шно** бы́ло смотре́ть?

— Да нет. Это всё-таки о́чень наи́вно. Нельзя́ **принима́ть всерьёз**.

— Ну, ла́дно. Пойдём чай пить.

— Пойдём. То́лько ты пе́рвый. А то там ... темно́!

?? Ната́ша говори́т, что ей совсе́м не́ было стра́шно. А как вы ду́маете?

9. Како́й фильм идёт сего́дня? Где мо́жно посмотре́ть ви́део? Где мо́жно взять видеофи́льм напрока́т?

10. Найди́те отве́тную ре́плику.

Как тебе́ понра́вилось су́ши? Вку́сно?

Вчера́ на Ма́ше пла́тье бы́ло про́сто ультрамо́дное.

Как тебе́ Джордж Ма́йкл? Пра́вда, здо́рово?

Дочита́ла стихи́ Сти́вена Ки́нга? Как он тебе́?

Попро́бовал ты гре́чневую ка́шу с гриба́ми? Пра́вда, непло́хо?

Ну и пода́рок! Вот э́то да!

Пра́вда, ты в Москве́ пил квас? Понра́вился?

Это ни на что́ не похо́же. Я тако́го ещё не слы́шала.

Да́же и не зна́ю. Это ни на что́ не похо́же. Я ещё тако́го не ел.

Скоре́е необы́чное. Я ещё тако́го не ви́дела. Это ни на что́ не похо́же.

Пра́вда, ни на что́ не похо́же. Мне тако́го ещё никогда́ не дари́ли.

Тру́дно сказа́ть — ни на что́ не похо́же. Я тако́го ра́ньше не пил.

Дочита́ла. Всю ночь не спала́. Ни на что́ не похо́же. Я ра́ньше тако́го не чита́ла.

Тру́дно сказа́ть. Ни на что́ не похо́же. Я тако́го ра́ньше не про́бовал.

11.
— Аня, ты собира́лась на фина́л ко́нкурса красоты́. Ты ходи́ла? Каки́е впечатле́ния?

— Да по-мо́ему, э́то вообще́ нельзя́ принима́ть всерьёз, хотя́ бы́ло прия́тно посмотре́ть на краси́вых же́нщин.

?? Что Аня ду́мает о ко́нкурсе?

— Танюша, неужéли ты на Мáрка обúделась? Ведь он же пошутúл. Это нельзя принимáть всерьёз.

— Легкó тебé говорúть.

 Тáня обúделась на Мáрка?

— Слышала, Тóля собирáется переходúть на нóвую рабóту?

— Рáзве мóжно принимáть это всерьёз? Он так чáсто меняет свои плáны.

 Тóля перехóдит на нóвую рабóту? Как вам кáжется?

IV

Чертовщúна какáя-то...

— Я без тебя обéд приготóвил. А ещё есть нóвость...

— Нáтик, без тебя тут какáя-то жéнщина звонúла. Предлагáла квартúру.

— Прáвда? Что за квартúра? Где?

— Вот я в телефóнной кнúжке записáл: 115-13-89. Спросúть Жáнну. Квартúра неплохáя. Нáдо бы[1] съéздить посмотрéть.

— Подождú, подождú... 115-13-89? Жáнна? Ты знáешь, кто это? Это же тá сáмая[2] вéдьма.

---

[1]Бы emphasizes desirability.
[2]Тá сáмая corresponds to English "that very," "that same."

— Кака́я ве́дьма? Ты о чём, Ната́ша?

— Ну, по́мнишь, мы с Олей кварти́ру смотре́ли... Слу́шай, а телефо́н-то я ей не оставля́ла.

— Не оставля́ла? То́чно по́мнишь?

— Абсолю́тно то́чно. Да-а... Чертовщи́на кака́я-то.

?? Бо́ря не по́мнит, о ком говори́т Ната́ша. А вы по́мните? Они́ сни́мут э́ту кварти́ру, как вы ду́маете?

1. Как в диало́ге пе́редано:

На́тик, когда́ тебя́ не́ было, кака́я-то же́нщина звони́ла.

Кака́я кварти́ра?

115-13-89. Позва́ть Жа́нну.

Э́то та ве́дьма, о кото́рой я уже́ говори́ла.

2. Восстанови́те телефо́нный разгово́р Бори́са и Жа́нны.

— До́брый день, я вам звоню́ насчёт кварти́ры.

— Вы хоти́те сдать?

— . . . .

— . . . .

3.

— Са́ша, а экску́рсия за́втра всё-таки бу́дет.

— Я не пойму́, о чём ты?

— Ну, та са́мая экску́рсия в Хи́лвуд, по́мнишь, мы давно́ о ней говори́ли?

?? О чём забы́л Са́ша?

— Послу́шай, Ма́ша, ты не ви́дела, я тут телефо́н запи́сывал.

— Како́й телефо́н? Ты о чём, Андрю́ша?

— Ну, тот са́мый, по́мнишь, по телеви́зору объявля́ли телефо́н клу́ба здоро́вья.

?? Како́й телефо́н записа́л Андрю́ша? Ему́ кто́-нибудь его́ дал?

4. Что вы скажете, если...

Надо бы сходить
Надо бы съездить

Вам хочется пойти в Кеннеди-центр, там сейчас гастроли Большого театра.

Вы давно не ездили к родителям.

Вам надо сдать книги в библиотеку.

Вы никогда не были в Диснейленде.

Вам хочется в воскресенье пойти на новый французский фильм.

Вам надо купить лекарство для соседки.

У вас уже несколько дней болит зуб.

Вы ещё ни разу не были в Европе.

Вам так хочется побывать на карнавале в Бразилии.

Вам хочется выпить кофе перед занятиями.

Вы хотите пойти в греческий ресторан.

Вы всегда ходите на международные футбольные встречи. В субботу играют команды США и Англии.

Вы никогда не видели статую Свободы в Нью-Йорке.

5.

Попросите к телефону...

— Тебя интересует конкурс в Филадельфии? Позвони: 118-13-67. Спроси профессора Фрумкина.

— Алло! Будьте добры, попросите, пожалуйста, профессора Фрумкина.

— Ты хотел сходить с Джобем к ветеринару? Вот телефон. Спроси Бориса.

— . . . .

— Вы ещё не нашли квартиру? Позвони по телефону: 285-87-88. Спроси Милу.

— . . . .

— Ты хотéл записáться в клуб здорóвья?
Вот тебé телефóн. Звони пóсле пяти.
Спроси Аллу Константиновну.

— . . . .

— Тебé был нýжен хорóший зубнóй врач?
Позвони 330-85-01. Спроси мистера Хéйли.

— . . . .

— Ты хотéл подрабóтать лéтом? 330-83-47.
Спроси Гáлю.

— . . . .

— Тебé нужнá поликлиника №29? Сейчáс
посмотрю в телефóнном спрáвочнике.
Вот. Позвони 471-11-45.

— . . . .

А тепéрь вы сáми найдите в телефóнном спрáвочнике телефóны спортивного магазина, поликлиники, книжного магазина, магазина «Мелóдия», аэропóрта «Шеремéтьево» и скажите, по какóму телефóну нýжно позвонить.

ПОЛИКЛИНИКИ
городские и районные детские и для взрослых

Врачебная помощь на дому взрослому населению осуществляется до 20 ч. 30 мин.

БАБУШКИНСКОГО Р-НА

№ 9 детская
Лосевская, 4

справочная	182 43 83
регистратура	183 21 47
помощь на дому	183 22 10
гл. врач	183 13 29

№ 29 Печорская, 10

справочная	471 11 45
помощь на дому	471 12 42
гл. врач	471 32 55

№ 31 Снежная, 22

справочная	180 80 25
помощь на дому	180 71 43
гл. врач	180 80 55

№ 34 Лосевская, 2

справочная	183 24 29
помощь на дому	183 25 01
гл. врач	183 17 38

№ 75 ул. Касаткина, 7

справочная	283 26 72
помощь на дому	283 38 12
	283 11 58
гл. врач	283 18 24

СПОРТТОВАРЫ
Мосспортторга

№ 31 Авиаторов ул., 18 «Спорт» Солнцевского торга   934 12 61

№ 37 Академическая Б., 41/1 «Буревестник» (спортоборудование, туристич. товары, обувь)   154 12 34
154 41 44

№ 47 Балаклавский просп., 52 (по безналичному расчету)   121 90 90
122 25 22

№ 97 Профсоюзная, 7 «Радуга»
для справок   125 03 61
директор   125 06 63
№ 97 Профсоюзная, 19 «Радуга» филиал «Изопродукция»   125 50 60
№ 53 Профсоюзная, 88/20
для справок   335 71 76
директор   335 02 77
№ 20 Путевой пр., 2 «Стандарты» Госстандарта СССР
администратор   481 33 01
директор   481 33 47
№ 155 Пушечная, 4 «Букинист» отд.   921 35 77
     921 90 43
* № 46 Пушкинская, 7/5, 103837, ГСП «Дом педагогической книги»
для справок   229 43 92
справочно-библиогр. отд.   229 50 04
книга — почтой   229 22 70
№ 1 Пушкинская, 23 «Академическая книга» филиал К-ры «Академкнига»

КУЛЬТТОВАРЫ МАГАЗИНЫ

«Мелодия» Ленинский просп., 11 Всесоюз. фирмы «Мелодия» (грампластинки)   237 48 01
     234 08 78
№ 27 Ленинский просп., 21 «Школьник»   234 75 29
№ 21 Ленинский просп., 72 (пианино, рояли)   930 01 06
№ 25 Ленинский просп., 78 «Спектр»
радиоаппаратура   131 91 47
телевизоры цветные   131 93 92
телевизоры черно-белые   131 95 10
«Электроника» филиал салона Ленинский просп., 87 (видеомагнитофоны, видеокассеты, бытовые компьютеры)   134 60 11
№ 60 Ленинский просп., 94а «Школьник»   431 04 15

Центральное международное агентство «Аэрофлот»
119021, Фрунзенская наб., 4
справочная   245 00 02

АЭРОВОКЗАЛ

125167, Ленинградский просп., 37а
справочная   155 09 22

АЭРОПОРТЫ

(Быково, Внуково, Домодедово, Шереметьево)

Е д и н ы е
С п р а в о ч н а я для всех аэропортов   155 09 22
Б ю р о з а к а з о в билетов на самолет   155 50 03

Тебе́ ну́жно купи́ть велосипе́д? Позвони́ по телефо́ну...

Тебе́ ну́жен врач? ...

Вы хоти́те купи́ть хоро́шую кни́гу в пода́рок? ...

Вы реши́ли купи́ть Сти́ву пласти́нки? ...

Вы хоти́те узна́ть, когда́ прилета́ет самолёт из Вашингто́на? ...

Вам интере́сно, каки́е есть но́вые уче́бники по ру́сскому языку́? ...

V

Останутся ли земляне навсегда на Земле?

Помните, мы говорили о желании человека узнать своё будущее, свою судьбу, заглянуть в завтрашний день. Что принесёт нам этот завтрашний день? Что нас ждёт? Люди гадают. Учёные прогнозируют. **Останутся** земляне навсегда на Земле или полетят на другие планеты и будут жить там?

Сегодня мнения разделились. Некоторые — за расселение миллиардов людей в космическом пространстве, другие считают, что человечество должно жить только на родной планете.

Вот какие аргументы при этом используются:

Через 200 лет, а может быть, уже в XXI веке, нас будет 100 миллиардов.

Планета не сможет прокормить такую массу народа.

Человечество быстро умнеет и скоро научится регулировать рост **населения.** Наступит стабилизация или даже уменьшение численности населения.

Нельзя забывать об **энергетическом кризисе.** Это реальная угроза.

Космические **электростанции** — колоссальный источник энергии.

Нужны дешёвые источники энергии.

Необходимы новые источники сырья.

Надо создавать рациональную экономику, новые технологии, научиться эффективно использовать отходы.

(«Знание — сила»)

1. Как вы думаете, какие из этих аргументов выберут

те, кто считает, что люди должны жить на Земле:

☐ . . . .
☐ . . . .
☐ . . . .

те, кто за жизнь в космосе:

☐ . . . .
☐ . . . .
☐ . . . .

2. Каки́е аргуме́нты вы бы вы́брали?

Я ду́маю, что, действи́тельно...
Я уве́рен, что...
Коне́чно,...

Что у вас получи́лось?

Наве́рное, всё-таки ...

Вам хвати́ло аргуме́нтов и́ли нужны́ бы́ли но́вые, свои́?

· ·

А каки́е аргуме́нты ка́жутся вам неве́рными?
— Не мо́жет быть,...
— По-мо́ему, неве́рно...

3. Как вы ду́маете, что э́то за рису́нки?

· ·

«23 сентября́ в 9 часо́в
ве́чера я возвраща́лся
домо́й и уви́дел в не́бе
кра́сный кру́глый объе́кт.
Он приземли́лся (landed). Из него́ вы́шел ро́бот».

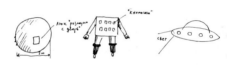

(Из расска́за Ро́мы Га́ршина, шко́льника из Воро́нежа)

Же́ня Блино́в, кото́рый у́чится вме́сте с Ро́мой, ви́дел там же
друго́й объе́кт. Из него́ вы́шел кто́-то. У него́ бы́ло два гла́за, а
наверху́ кра́сная ла́мпочка.

4. Вы ве́рите расска́зам шко́льников из Воро́нежа?
Вы ве́рите, что на Зе́млю прилета́ют **инопланетя́не** (aliens)?
А вы са́ми ви́дели когда́-нибудь инопланетя́н?

· ·

Как они́ вы́глядят? Нарису́йте.
Нарисова́ли? А тепе́рь расскажи́те, с како́й они́ плане́ты. Что они́
едя́т?
Кака́я у них полити́ческая систе́ма? На их плане́те есть
университе́ты и́ли ко́лледжи? А что они́ де́лают в выходны́е дни?
Существу́ет ли у них семья́? Чего́ они́ боя́тся? От чего́ они́
умира́ют?

Урок телепатии

Владимир Солоухин — известный советский писатель. Работает в разных жанрах. «Урок телепатии» — один из ранних его рассказов.

Этот день начался как обычно, но Надя помнила, что весь день нужно готовить себя к очень важному моменту.

В июне она ездила отдыхать на юг, в санаторий, и там познакомилась с семидесятилетним стариком. Его звали Казимир Францевич. Вскоре между ними установились добрые дружеские отношения.

— Вы слышали что-нибудь о **телепатии?**

— Н-немного. Кажется, это что-то вроде гипноза.

— Хм, гипноз — игрушка. Гипноз — это когда я смотрю вам в глаза и передаю свою волю. А вот если расстояние между нами несколько тысяч километров?

— Вы хотите сказать, что это возможно?

— Странно, почему вы в этом сомневаетесь. Я — человек. Я — источник энергии. Всё материально, дорогая Надежда Петровна. Нельзя же по отношению ко всему, что нам неизвестно, кричать: «Мистика! Не может быть! Сверхъестественно!» Может быть, существуют непривычные для нас формы материи, о которых мы можем не подозревать.

Когда вы вернётесь в свой город, мы с вами проведём пять сеансов биосвязи. В определённые дни, в определённый час и определённую минуту вы сосредоточитесь (concentrate) и нарисуете на бумаге то, что я вам в это время пошлю. Сначала это будет геометрическая фигура: квадрат, треугольник, круг, крест, ромб или даже простая линия. Второй раз сложнее, потом ещё сложнее. В

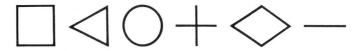

конце концов вы напишете целую фразу. Например, «Я вас не люблю» или **что-нибудь в этом роде.** Вы пошлёте результат мне, а я вам, и мы сравним наши рисунки. Вы согласны?

— Коне́чно, э́то так интере́сно и необыкнове́нно.

— Когда́ вы уезжа́ете в свой го́род?

— Оди́ннадцатого ию́ля.

— Отли́чно. Шестна́дцатого ию́ля, в де́сять часо́в по моско́вскому вре́мени у нас бу́дет пе́рвый сеа́нс биосвя́зи.

— **Я обеща́ю** вам, Казими́р Фра́нцевич, **что бы ни случи́лось** (е́сли, коне́чно, бу́ду жива́), шестна́дцатого в де́сять часо́в... Коро́че говоря́, я обеща́ю.

Мы на́чали наш расска́з и́менно с того́, что тот са́мый день, 16 ию́ля, начался́ как обы́чно.

На́дя пришла́ в реда́кцию, се́ла за свой стол и приняла́сь за рабо́ту. Но вдруг в её кабине́т вошёл незнако́мый челове́к.

— Здра́вствуйте, — улыба́ясь, сказа́л он. — Я поэ́т. Зову́т меня́ Ива́н. Я к вам.

— Ну что́ же... А стихи́ у вас с собо́й?

— Стихи́ пото́м. Я по друго́му по́воду. Я из Москвы́. Сего́дня ве́чером сажу́сь на парохо́д и е́ду да́льше по Ледови́тому океа́ну. Мне хоте́лось бы днём познако́миться с го́родом. Не согласи́лись бы вы подари́ть москвичу́ не́сколько часо́в ва́шего вре́мени?

— Я, коне́чно, могу́, — отве́тила На́дя.

Они́ пошли́ по го́роду. Пока́зывал и расска́зывал бо́льше молодо́й челове́к, а На́дя то́лько удивля́лась.

Обе́дать они́ пришли́ в рестора́н «Се́вер». Ива́н бы́стро вы́брал из меню́ и́менно то, что На́де бо́льше всего́ хоте́лось, и э́то то́же бы́ло удиви́тельно. В э́тот день всё бы́ло удиви́тельно.

— Зна́ете, мне не хо́чется уезжа́ть сего́дня из ва́шего го́рода. Пое́демте со мной к океа́ну.

— Нет-нет, я не могу́. Я пообеща́ла о́чень ста́рому челове́ку... — тут На́дя рассказа́ла исто́рию с профе́ссором.

— Ну что же, вы пра́вы. Рису́йте свои́ треуго́льники.

В свой кабине́т На́дя пришла́ до усло́вленного вре́мени. Ей бы́ло оби́дно. Как ни стра́нно, серди́лась На́дя не на Ива́на, не на себя́, а на далёкого Казими́ра Фра́нцевича. «Ну хорошо́, нарису́ю ему́ треуго́льник. Да, назло́ нарису́ю про́сто треуго́льник и ничего́ бо́льше. Вся его́ телепа́тия полети́т вверх торма́шками (will fall apart)».

Часы́ пока́зывали де́сять. На́дя реши́тельно взяла́ лист бума́ги и нарисова́ла треуго́льник. Сте́нки треуго́льника получи́лись не прямы́е, а кру́глые. На́дя переде́лала треуго́льник в полукру́г и нарисовала солнечные лучи, как на детских рисунках. — Ну, что ещё? Ага, волны моря. И маленький чёрный пароходик. Ну, что бы ещё? Над морем должна быть чайка. Хорошо, будет и чайка.

Через несколько дней Надя получила сразу два письма. Одно было из Крыма, другое из портового города на берегу Ледовитого океана. В конверте профессора лежал маленький листик бумаги с нарисованным квадратом. В другом конверте она увидела точно такой рисунок, как её собственный, который она послала профессору в Крым: солнце, море, пароходик, чайка. Была и коротенькая записка.

«Милая Надя! Сейчас ровно 10 часов, я на пароходе. Вы слушаете приказы из Крыма. Но я тоже решил попробовать. Напишите мне, что у вас получилось. Ещё несколько дней я проживу по этому адресу...».

(По В. Солоухину)

1. Как в тексте передано:

...нельзя обо всём, что нам неизвестно... •••••••••••• Надя принялась за работу.

Надя начала работать. •••••• Существуют формы материи, о которых мы можем и не подозревать.

Есть формы материи, о которых мы можем не знать, не догадываться. ...нельзя по отношению ко всему, что нам неизвестно...

2. Профессор сказал Наде: «В определённое время вы нарисуете то, что я вам пошлю». Как он хочет послать?

❑ По почте?

❑ Телеграфом?

❑ Мысленно?

3. Вы слышали что-нибудь о телепатии и гипнозе? Как объяснял Наде профессор, что такое гипноз? Найдите в тексте.

А что такое телепатия? — Телепатия — это если ...

4. Кому́ принадлежа́т ре́плики?

— Вы хоти́те сказа́ть, что э́то возмо́жно?
— Стра́нно, почему́ вы сомнева́етесь.

О чём они́ говоря́т?

5. «Нельзя́ по отноше́нию ко всему́, что нам неизве́стно, крича́ть: «Ми́стика! Не мо́жет быть! Сверхъесте́ственно!», — говори́т Казими́р Фра́нцевич. А каки́е аргуме́нты испо́льзует он, чтобы доказа́ть, что телепа́тия возмо́жна?

6. Восстанови́те ре́плики:

— Не согласи́лись бы вы подари́ть москвичу́ не́сколько мину́т ва́шего вре́мени?

— . . . .

— Зна́ете, мне не хо́чется уезжа́ть сего́дня из ва́шего го́рода. Пое́демте со мной к океа́ну.

— . . . .

7. «Тут На́дя рассказа́ла исто́рию с профе́ссором». Попро́буйте рассказа́ть то, что рассказа́ла Ива́ну На́дя.

. . . .

Что в отве́т на э́то сказа́л Ива́н? Как вы ду́маете, он немно́го оби́делся?

8. Почему́ На́дя серди́лась не на Ива́на, не на себя́, а на далёкого Казими́ра Фра́нцевича? Она́ всё-таки **вы́полнила** своё **обеща́ние?** А вы бы как поступи́ли на её ме́сте?

9. Нарису́йте, что́ бы́ло в письме́ На́ди, Казими́ра Фра́нцевича, Ива́на.

Чьи рису́нки совпа́ли?

10. Как вы счита́ете, сеа́нс биосвя́зи был уда́чным?

11. «Ещё не́сколько дней я проживу́ по э́тому а́дресу», — написа́л На́де Ива́н. Как вы ду́маете, что бы́ло да́льше?

12. Профе́ссор из расска́за В. Солоу́хина ве́рит в телепа́тию? А вы? Вы когда́-нибудь уча́ствовали в сеа́нсах биосвя́зи? Они́ прошли́ уда́чно?

Слова́ уро́ка

аргуме́нт argument
безопа́сный safe, secure
бейсбо́льный baseball
бесе́да talk, conversation
биосвя́зь *f.* ESP
биохи́мик biochemist
бить / проби́ть (о часа́х) to strike
бры́згать to splash
ве́дьма witch
включа́ться / включи́ться (во что?) to enter
волна́ wave
вро́де sort of, kind of
в том числе́ including
выгоня́ть / вы́гнать to sack, fire
гада́лка fortune teller
гада́ть / погада́ть to tell fortunes
гипно́з hypnosis
Голограмма hologram
гороско́п horoscope
гре́ческий Greek
гре́чневый buckwheat
гриб mushroom
гро́мкое и́мя great name
дешёвый cheap
добросо́вестно conscientiously
дога́дываться / догада́ться to suspect, guess
дока́зывать / доказа́ть to prove
допуска́ть / допусти́ть to assume
душа́ soul
зерно́ и́стины grain of truth
игру́шка toy
и́менно namely
инопланетя́нин (space) alien
исто́чник source
карнава́л carnival
категори́чески categorically; flatly

ка́шлять to cough
колосса́льный colossal
консервато́рия music conservatoire
коро́че говоря́ in short; to make a long story short
косми́ческий space
кофе́йник coffee-pot
крест cross
кру́глый round
Ледови́тый океа́н Arctic Ocean
луч ray
маг magician
ма́рка (маши́ны) make (of car)
ма́сса (наро́ду) lots (of people)
мате́рия matter
ми́стика mysticism
мы́сленно mentally
назло́ to spite (smb.)
нева́жно (чу́вствовать себя́) to feel bad (about health)
нелётный (о пого́де) non-flying
ненадёжный unreliable
непосре́дственный (конта́кт) direct
непривы́чный unusual
неуда́чный unsuccessful
обеща́ть / пообеща́ть to promise
оби́дно it is a pity; offensively
объе́кт object
объекти́вный objective
объясне́ние explanation
определённый definite
отрица́ть to deny
па́мять *f.* memory
парапсихо́лог parapsychologist
парохо́дик steamboat
первокла́ссный first-class
пожа́р fire

порто́вый port *(attr.)*
пожа́р fire
прока́т: брать / взять на прока́т to rent *(not of real estate)*
прокорми́ть *perf.* to feed
прести́жный prestigious
регули́ровать regulate, adjust
реда́кция editorial staff; editorial office
реши́тельно decidedly
ро́бот robot
ромб rhomb(us)
рост height
санато́рий sanatorium
сверхъесте́ственно supernaturally
сеа́нс (биосвя́зи) seance
сенса́ция sensation
скептици́зм skepticism
склад ума́ mind-set
сне́жный челове́к abominable snowman
снима́ть / снять кварти́ру to rent an apartment
соли́дный (о челове́ке) dignified
сосредото́чиваться / сосредото́читься to concentrate
спра́вочник directory
сра́внивать / сравни́ть to compare
стабилиза́ция stabilization
стопроце́нтно hundred-percent
стремле́ние aspiration, striving, urge
субста́нция substance
судьба́ fate
суеве́рие superstition
сырьё raw materials
та́йна mystery; secret
телепа́тия telepathy
телесеа́нс *here:* mental telepathy

технология technology
тре́нер coach
треуго́льник triangle
угро́за threat
ультрамо́дный trendy;
	extremely fashionable
уменьше́ние decrease
уника́льный unique
усло́вный (срок) appointed
	time

устана́вливать /
	установи́ть to establish
устра́иваться / устро́иться
	to get a job
феномена́льный
	phenomenal
ча́йка seagull
чертовщи́на devilry
чи́сленность f. quantity;
	number

чудо́вище monster
экстрасе́нс psychic
электроста́нция electric
	power station
энергети́ческий power
	(attr.); energy (attr.)
эффекти́вно effectively
эне́ргия energy
явле́ние phenomenon

- 4-го июля — праздник
- Сейча́с меня́ бу́дут по телеви́зору пока́зывать
- Включа́ть?... Не включа́ть?...
- Вот э́то но́вость!
- Кака́я ра́дость — у нас кани́кулы!
- «Вот так и зако́нчилась э́та исто́рия» (из по́вести Фази́ля Исканде́ра)

4-го июля — праздник

Все мы, коне́чно, лю́бим пра́здники. Как изве́стно, 4-го июля в Соединённых Шта́тах Аме́рики пра́зднуют **День незави́симости.** Ро́берт Макдо́нальд реши́л пригласи́ть к себе́ в э́тот день свои́х сове́тских друзе́й.

4-го июля идём в го́сти.
Интере́сно, како́й э́то день?

— Всё вы́яснилось, Ната́ша. Жа́нна — прия́тельница Бо́ба.

— Прия́тельница Бо́ба? Вот э́то **совпаде́ние!**

— Да, и э́то он дал ей наш телефо́н.

— **На́до же!**[1]

— Ме́жду про́чим, 4-го июля Боб приглаша́ет нас к себе́. У них большо́й пра́здник — День незави́симости. И Жа́нна там бу́дет.

— Там, наве́рное, сто́лько наро́ду бу́дет...

— Коне́чно. Ты зна́ешь, како́й Боб общи́тельный: успе́л со всей Москво́й познако́миться.

— **Включа́я** Жа́нну.

— А кста́ти, Боб **о ней** о́чень хорошо́ **отзыва́ется.**

— Ну да. Вне́шне она́ действи́тельно ничего́.

— О вне́шности он как раз ничего́ и не говори́л.

?? О како́м совпаде́нии говори́т Ната́ша?
У Бо́ба мно́го друзе́й в Москве́?

1. Как в диало́ге пе́редано:

Всё ста́ло поня́тно, Ната́ша.

Како́е совпаде́ние!

Удиви́тельно!

Там, наве́рное, о́чень мно́го наро́ду бу́дет.

Ты зна́ешь, что Боб о́чень общи́тельный.

2. — Бори́с, а вы с Ната́шей лю́бите ходи́ть в го́сти?

— Ну, Боб, кто же не лю́бит... А что?

— Хочу́ вас позва́ть к себе́.

— ....

— ....

Да́льше мы не слы́шали. Как продолжа́лся э́тот разгово́р Ро́берта с Бори́сом?

— Да, Бори́с! Ме́жду про́чим, Жа́нна тебе́ звони́ла?

— Жа́нна?

---

[1]**На́до же** signals strong surprise, bordering on disbelief.

— Да, по по́воду кварти́ры.

— . . . .

— . . . .

А как продолжа́лся э́тот разгово́р?

3.

— Ви́ктор, ты что де́лаешь на Пе́рвое ма́я?
— Хоте́л пое́хать на да́чу на 3 дня.
— Жаль. Я ду́мал, вы ко мне придёте. Мы хоте́ли **позва́ть в го́сти** всех ста́рых друзе́й.
— Пра́вда, жа́лко, Оле́г.

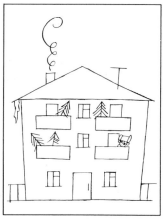

Почему́ Ви́ктора хотя́т пригласи́ть в го́сти на Пе́рвое ма́я?
Э́то что, пра́здник?
Оле́г и Ви́ктор давно́ знако́мы?

— Мари́на, а где ты в э́том году́ **встреча́ешь** Но́вый год?
— До́ма, как всегда́. Ма́ма счита́ет, что э́то семе́йный пра́здник.
— Ой, как жа́лко! А у нас така́я хоро́шая компа́ния собира́ется!
— Зна́ешь, Ю́ля, всё-таки мне не хо́чется обижа́ть роди́телей.

Так где же Мари́на бу́дет встреча́ть Но́вый год?
Почему́ Мари́на не пойдёт на Но́вый год к Ю́ле?
А како́й пра́здник счита́ется семе́йным в Аме́рике?

4.

Успе́л па́па купи́ть ма́льчику ёлку на Но́вый год?

А у америка́нцев когда́ должна́ быть в до́ме ёлка?

5.

— А тебе́ Дед Моро́з принесёт пода́рки на Но́вый год?
— Коне́чно! Ма́ма сказа́ла, что Дед Моро́з поло́жит их под ёлку.
— И мне то́же.

Когда́ у ру́сских да́рят всем пода́рки? А у вас? А когда́ «прихо́дит» к де́тям Са́нта-Кла́ус? А кто прино́сит пода́рки ру́сским де́тям — Са́нта-Кла́ус и́ли . . . ? О чём ду́мают ма́льчики? Почему́?

6.

— Зна́ешь, Ната́ша, я спроси́л у Бо́ба, каки́е он зна́ет на́ши пра́здники. Представля́ешь, он почти́ все назва́л.
— Молоде́ц Боб! А ме́жду про́чим, ты сам смог бы назва́ть америка́нские пра́здники? А ну, попро́буй!
— Да, э́то вопро́с! День незави́симости ... День благодаре́ния ... Ну, Рождество́, коне́чно... Па́сха ... А ты сама́ зна́ешь каки́е-нибудь?
— Борь, э́то ведь я тебя́ спра́шиваю.

?? Бори́с назва́л все америка́нские пра́здники?
Каки́е он не знал?

7. Э́ти пра́здники у нас совпада́ют?
Ру́сские пра́зднуют:
Но́вый год — 31-го декабря́ но́чью и 1-го января́.
Рождество́ — 7-го января́

Есть и други́е пра́здники.

Наприме́р, 8-го ма́рта в Сове́тском Сою́зе отмеча́ют Же́нский день, 9-го ма́я — День побе́ды над фаши́змом.

А вы зна́ете, како́й пра́здник отмеча́ют 7-го и 8-го ноября́?

Кро́ме того́, есть мно́го профессиона́льных пра́здников:
   День учи́теля
   День строи́теля и други́е.
   У вас есть похо́жие?

. . . .

Религио́зные пра́здники, коне́чно, ра́зные у ра́зных наро́дов.
У ру́сских гла́вный религио́зный пра́здник — Па́сха.
А у вас како́й гла́вный религио́зный пра́здник?

. . . .

?? Како́й свой пра́здник вы лю́бите бо́льше всего́?
О како́м хоте́ли бы рассказа́ть?

8.

Ро́берта в ИСИ поздра́вили с Днём незави́симости, а он отве́тил: «И вас та́кже». Почему́ все засмея́лись? Ведь ру́сские обы́чно так отвеча́ют на поздравле́ние.

9. Пригласи́те свои́х друзе́й на пра́здник.

Скажи́те, како́й э́то пра́здник.

Хоте́л бы пригласи́ть вас...	Очень жаль, но я...
Я хочу́ позва́ть вас к себе́ на...	Спаси́бо, с удово́льствием приду́.
Приходи́те к нам на...	А э́то что за пра́здник?

10.
— Све́та, что вы де́лали на пра́здники?
— Ходи́ли в рестора́н «Узбекиста́н», там о́чень вку́сно гото́вят.
— Пра́вда? А я там ни ра́зу не была́. А что вы е́ли, плов?
   — И плов то́же.

?? Как вы ду́маете, у ру́сских плов — популя́рное блю́до?
А почему́ плов мо́жно взять в рестора́не «Узбекиста́н»?

11. Найдите отве́тную ре́плику.

Мы це́лую неде́лю бу́дем занима́ться то́лько опро́сом. ● ● ● ● ● ● Включа́я суббо́ту?

Мы все е́дем на ле́тние ку́рсы в Москву́.

Кафе́ «Макдо́нальдс» есть во всех кру́пных города́х ми́ра.

На́до переде́лать абсолю́тно всю рабо́ту.

С э́того го́да во всех кла́ссах програ́ммы но́вые.

На Олимпиа́де бу́дет мно́го но́вых ви́дов спо́рта.

По-мо́ему, Ни́на лю́бит абсолю́тно всех живо́тных.

Зна́ю. Тепе́рь включа́я и Москву́.

Включа́я Ге́нри? Он ведь хоте́л в Ленингра́д.

Да, я слы́шал. Да́же включа́я са́мые мла́дшие.

Включа́я крокоди́лов?

Неуже́ли, включа́я экспериме́нт? А что же там мо́жно переде́лать?

Включа́я виндсе́рфинг?

12.

— Мы ду́мали, что биле́ты на самолёт зимо́й о́чень легко́ купи́ть. Позвони́ли вчера́ в аэропо́рт...

— И что же вы́яснилось?

— Ока́зывается, до ию́ня все биле́ты про́даны!

— Ты спра́шивал меня́ об усло́виях ко́нкурса. Я вчера́ звони́л дире́ктору...

— . . . .

— . . . .

— По́мнишь, мы спо́рили, ско́лько сантиме́тров в я́рде. Я вчера́ спроси́л у Бо́ба...

— . . . .

— . . . .

— Том ду́мает, что ему́ не обяза́тельно сдава́ть пи́сьменный экза́мен. Я вчера́ встре́тил случа́йно его́ преподава́теля...

— . . . .

— . . . .

— Звоню́ Ло́ре по ста́рому телефо́ну: никто́ не подхо́дит. Позвони́л в спра́вочную...

— . . . .

— . . . .

— Мне каза́лось, что Сент-Луи́с нахо́дится на ю́ге США. А вчера́ посмотре́л ка́рту...

— . . . .

— . . . .

Сейча́с меня́ бу́дут по телеви́зору пока́зывать

Телефо́нный разгово́р. Делово́й или ли́чный?

— Алло́, Ро́берт? Это я, Бори́с. Хочу́ **поблагодари́ть** тебя́ **за** прекра́сный ве́чер

— Приве́т, Бори́с. Рад, что вам понра́вилось.

— Мы давно́ так не **весели́лись**. Кста́ти, Ната́ша проси́ла узна́ть **реце́пт**...как э́то... лаза́ньи.

— А э́то не я, э́то Жа́нна пригото́вила. Слу́шай, а как она́ ра́да, что они́ с Ната́шей **договори́лись** о кварти́ре. Ей так не хоте́лось чужи́м сдава́ть.

— Да, они́ с Ната́шей, по-мо́ему, друг дру́гу о́чень понра́вились.

— А я в э́том не сомнева́лся.

— Ну, ты́-то поня́тно... Ой, прости́, Боб, бегу́ — сейча́с меня́ бу́дут по телеви́зору пока́зывать.

?? За какой вечер Борис благодарит Макдональда?
Почему Роберт не сомневался, что Жанна с Наташей
понравятся друг другу?

1. Как в диалоге передано:

Спасибо тебе за прекрасный вечер.

Нам давно не было так весело.

Жанна очень рада, что они с Наташей договорились насчёт
   квартиры.

Я в этом был уверен.

2. Найдите в диалоге, какими словами Борис благодарит
Макдональда за вечер у него дома и что отвечает ему Роберт.

А как вы поблагодарите приятеля за

обед? . . . .

интересную поездку? . . . .

приятный вечер? . . . .

3. Русские часто благодарят за приятный вечер. В самых разных
ситуациях. Например, в таких:

— Хочу поблагодарить тебя за прекрасный вечер.
— Правда? Тебе понравился этот джаз? Это один из лучших
   наших клубов.

— Спасибо вам за удивительный вечер.
— Рад, что ты тоже любишь хорошую оперу.

— Люся! Хочу поблагодарить вас за замечательный вечер.
— Я рада, что вы наконец **побывали** у меня дома.

— Спасибо тебе за чудесный вечер.
— Вот видишь, а ты думал, что тебе не понравится цирк. Рад,
   что тебе понравилось.

?? Итак, где они побывали?

4.

— Наташа, включай скорее телик!
— Какую программу?

— Да я даже не знаю. Попробуй первую. Нет, не то. Переключи на Московскую, седьмой канал.

— Переключила. Ой, Боря, ты. Надо же!

?? Почему надо скорее включить телевизор?
По какой программе было выступление Бориса?

5. Жанна очень рада, что они с Наташей договорились о квартире. Ей так не хотелось чужим сдавать.

Квартира хорошая? Сдаётся с мебелью? Что здесь есть?
Чтобы сдать квартиру, надо её убрать. Почему Жанна пылесосит квартиру, а Боб смотрит телевизор?

❑ Боб хочет обязательно посмотреть эту передачу?
❑ Убирать квартиру — дело женщины?
❑ Неудобно убирать чужую квартиру?
❑ У Жанны нет другого времени пылесосить?
❑ Надо спешить, скоро придут гости?
❑ А может быть, они поссорились?
❑ Или просто Боб ленивый и не хочет помогать Жанне?
❑ . . . . ?

Хозяйка похожа на ведьму? Совсем нет?

6. В Москве́ 5 телепрогра́мм: 3 общесою́зных програ́ммы — пе́рвая, втора́я и образова́тельная — ОП, моско́вская — МП и ленингра́дская — ЛП.

ТЕЛЕВИДЕНИЕ НА НЕДЕЛЮ

ПОНЕДЕЛЬНИК

26 ноября

Первая программа. 6.30 — «120 минут». 8.30 — Мультфильм. 8.45 — «Жизнь Клима Самгина». 11-я серия. 10.00 — «Времена года». Ноябрь. 11.00 — Концерт. 11.45 — «Николай Грицюк... Художник, не нужный народу...» 12.20 — Коллаж.

12.30 — Время. 15.30 — ТСН. 15.45 — Монгольский праздник «ЦАМ». 16.15 — Документальный фильм. 16.35 — Педагогика для всех. 17.05 — Детский час (с уроком французского языка). 18.05 — Мы и экономика. «Авось». 18.35 — Албания. Июль-90». 19.25 — «Крестьянский портрет с липой». 19.45 — «Жизнь Клима Самгина». 11-я серия. 21.00 — Время. 21.40 — Коллаж. 21.45 — Авторское те-

левидение. 0.45 — ТСН. 1.00 — На чемпионате мира по шахматам.

Вторая программа. 8.00 — Утренняя гимнастика. 8.15 — Научно-популярный альманах. 8.35 и 9.35 — Литература. 9-й класс. 9.05 — Итальянский язык. 10.05 — Наш сад. 10.35 и 11.35—История. 6-й класс. 11.05 — Вивлиофика. Передача 6-я. 12.05 — «Кольцо старого «шейха». Художественный фильм.

17.00 — Ялта-91. 17.10 — Гостелерадио Башкирской АССР. 18.05 — Мультфильм. 18.25 — Коллаж. 18.30 — Время (с сурдопереводом). 19.00 — Телевизионный музыкальный абонемент. 20.00 — «Спокойной ночи, малыши!» 20.15 — «Эпитафия». 20.35 — Б. Чичибабин. «Никогда не чувствовал себя поэтом». 21.40 — На сессии Верховного Совета СССР. 22.40 — Дневник сессии Верховного Со-

вета РСФСР. 23.10 — «Письмо». Фильм.

Московская программа. 7.00— «2×2». 18.30 — Панорама Подмосковья. 19.30 и 21.40 — Добрый вечер, Москва! 20.45 — «Спокойной ночи, малыши!» 21.00 — Время.

Образовательная программа. 18.05 — «Красные колокола». 6-я серия. 19.00 — Школьный час. 20.00 — Разминка для эрудитов. 20.45 — Итальянский язык. 21.15 — Философские беседы. 22.00 — Ох уж эти взрослые... 22.30 — Все грани прекрасного.

Ленинградская программа. 20.10 — Телестанция «Факт». 20.30 — «Большой фестиваль». 20.45 — «Спорт, спорт, спорт». 21.00 — Время. 21.40 — «600 секунд». 21.50 и 22.05 — Реклама. 21.55 — «Ленсовет: прямой эфир». 22.10 — «Пятое колесо».

Сейча́с по пе́рвой програ́мме идёт футбо́л, по второ́й — «Клуб путеше́ственников», по ОП — англи́йский язы́к, по моско́вской програ́мме — «До́брый ве́чер, Москва́», а по ленингра́дской — «Музыка́льный ринг».

Разыгра́йте сце́нки. Попро́буйте включи́ть одну́ програ́мму, переключи́ть на другу́ю. Вы́берите са́мую интере́сную.

7. Вы с прия́телем обсужда́ете телепрогра́мму. Реши́те, что сто́ит посмотре́ть, что вы хоти́те посмотре́ть.

8. Скажи́те, куда́ вы пойдёте, договори́тесь о ме́сте и о вре́мени встре́чи.

— Ты по́мнишь, что сего́дня мы идём на вы́ставку? Встреча́емся в семь о́коло метро́ «Академи́ческая». Хорошо́?
— Ла́дно, договори́лись.

— ....
— ....

III

Включа́ть?... Не включа́ть?...

ЛИТЕРАТУРНАЯ ГАЗЕТА 7

ТВ/3+1

● КАКИЕ ПЕРЕДАЧИ ПРО-
ШЕДШЕЙ НЕДЕЛИ ЗАПОМ-
НИЛИСЬ ВАМ ОСОБЕННО
И ПОЧЕМУ?
● ЧТО ВЫЗВАЛО ВОЗРА-
ЖЕНИЯ?

Мнения экспертов·писателей

Чего́ мы ждём **от** телеви́дения? Что ну́жно совреме́нному зри́телю? Каки́е телепереда́чи популя́рны? Отве́ты на э́ти и други́е вопро́сы мо́жно найти́ в «Литерату́рной газе́те», в кото́рой публику́ются мне́ния трёх экспе́ртов-писа́телей и одного́ телезри́теля о ка́ждой теленеде́ле.

Вот не́которые из них.

Л.Г.: Каки́е переда́чи про́шлой неде́ли понра́вились вам и почему́?

Инжене́р (Москва́): «Музыка́льный ринг». Он интере́сен свое́й телевизио́нной фо́рмой.

Писа́тель (Москва́): Са́мое я́ркое впечатле́ние — встре́ча с поэте́ссой Бе́ллой Ахмаду́линой в «Кинопанора́ме». Всё-таки́ гла́вное в телеви́дении — ли́чность **на экра́не.**

Л.Г.: Что не понра́вилось?

Врач (Ленингра́д): Кто и почему́ отбира́ет фи́льмы для «Воскре́сного киноза́ла», — непоня́тно: таки́е они́ ску́чные.

Писа́тель-сати́рик (Москва́): В програ́мме «Вре́мя» недоста́точно информа́ции.

1. Вспо́мните, как называ́ются телепереда́чи, о кото́рых говоря́т зри́тели. О како́й из них вы слы́шали ра́ньше?

. . . .

Кака́я из э́тих переда́ч **информацио́нная,** кака́я музыка́льная, кака́я посвящена́ кино́?

. . . .

Каки́е недоста́тки ви́дят зри́тели в телеви́дении (ТВ)? Что им не нра́вится?

. . . .

Каки́е переда́чи нра́вятся бо́льше?
— Те, в кото́рых...
— Зри́телям хо́чется, что́бы...
— Они́ ждут от телеви́дения....

2. **Ка́к пра́вильно?**

Спорти́вная переда́ча была́ така́я **жива́я,**   я не узна́л ничего́ но́вого.

Кинопанора́ма была́ така́я ску́чная,   о́чень хочу́ посмотре́ть её повторе́ние.

Газе́та была́ така́я интере́сная, что   мы да́же вы́ключили телеви́зор.

Четырёхсери́йный фильм «Христофо́р Колу́мб» был тако́й ску́чный, что   самому́ захоте́лось спо́ртом заня́ться.

Переда́ча «Прогре́сс, информа́ция, рекла́ма» была́ сего́дня така́я **пуста́я,** что   я и пе́рвую се́рию не смог досмотре́ть до конца́.

Я в тако́м восто́рге от после́дней переда́чи «В ми́ре живо́тных», что   я полно́чи не мог засну́ть.

Вчера́ по второ́й програ́мме был тако́й стра́шный детекти́в, что   я прочита́л её от пе́рвой до после́дней страни́цы.

3.

Включи́ли бы вы телеви́зор в э́то воскресе́нье? В како́е вре́мя? Каку́ю програ́мму?

Что бы вы посове́товали посмотре́ть мла́дшему бра́ту, отцу́, сестре́, ма́ме, прия́телю?

. . . .

Что бы вы посове́товали посмотре́ть челове́ку, кото́рый увлека́ется

❑ класси́ческой му́зыкой?
❑ поли́тикой?

ВОСКРЕСЕНЬЕ

9 ДЕКАБРЯ
ПЕРВАЯ ПРОГРАММА
8.00 — Спорт для всех.
8.15 — Ритмическая гимнастика.
8.45 — Тираж «Спортлото».
9.00 — «С утра пораньше!»
10.00 — «На службе Отечеству».
11.00 — Утренняя развлекательная программа.
11.30 — «Вокруг света». Альманах.
12.30 — Здоровье.
13.15 — Педагогика для всех. Постдипломное образование.
14.15 — Кинопрограмма «20-й век. Хроника тревожного времени». Премьера художественно-публицистического фильма «Искупление». 2-я серия.
15.45 — Мультфильмы.
16.15 — Сельский час.
17.15 — «Новое поколение выбирает». «Юниор-банк». Состязание юных банкиров.
18.30 — «Двадцатый век Альфреда Нобеля»
19.30 — Премьера художественного телефильма «Шантаж». 1-я серия (Италия).
21.00 — Время.
21.40 — «О простом и вечном».
21.55 — П. И. Чайковский. 100 романсов.
22.15 — Премьера многосерийного кукольного телефильма-концерта «Маппет-шоу» (Великобритания). 19-я и 20-я серии.
23.05 — Коллаж.
23.10 — Концерт эстрадного итальянского певца Дзуккеро.

ВТОРАЯ ПРОГРАММА
8.00 — На зарядку становись!
8.20 — «Необыкновенный матч». Мультфильм.
8.40 — «Земля тревоги нашей». Премьера документального фильма «Отдайте мне реку...».
9.05 — «На крутизне». Художественный телефильм. 1-я и 2-я серии.
11.15 — Видеоканал «Советская Россия».
13.45 — Фестиваль еврейской музыки и песни.
14.30 — Премьера телеспектакля «Он и она».
16.25 — Художественная гимнастика. Международные соревнования.
17.00 — «Планета». Международная программа.
17.55 — Фестиваль «Российский текстиль». Эстрадная шоу-программа.
19.00 — «Мир, в котором мы живем». Фильмы кинодраматурга Б. Добродеева. «Друг Горького — Андреева».
20.00 — «Спокойной ночи, малыши!»
20.15 — Коллаж.

20.20 — Борьба самбо. Чемпионат мира.
21.00 — Время (с сурдопереводом).
21.40 — Премьера художественного телефильма «Как прихватит — не отпустит...». (Югославия).
22.45 — Борьба самбо. Чемпионат мира.

МОСКОВСКАЯ ПРОГРАММА
7.00 — «2×2».
19.30, 21.40 — Добрый вечер, Москва!
20.45 — «Спокойной ночи, малыши!»
21.00 — Время.

ОБРАЗОВАТЕЛЬНАЯ ПРОГРАММА
8.00 — Разминка для эрудитов.
8.50, 21.30 — Испанский язык. 2-й год.
9.25 — Наш сад.
9.55 — «На экране служба 01».
10.25 — Все грани прекрасного. «В мастерской В. А. Фаворского».
11.25 — Немецкий язык. 2-й год.
12.00 — Детский час.
13.00 — «Под знаком «π».
14.00 — Все грани прекрасного. Рассказы о театре.
14.50 — Французский язык. 2-й год.
15.25 — Педагогика для всех.
16.15 — Живи, Земля!
17.15 — Английский язык. 2-й год.
17.50 — Все грани прекрасного. Пушкинские мотивы в творчестве Г. Свиридова.
18.40 — «Мир денег Адама Смита. Ревущие 80-е, нервные 90-е». Передача 2-я.
19.25 — «И быть мне успокоенным нельзя...». Поэт В. Дангуров.
20.25 — «Как стать экстрасенсом». Научно-популярный фильм.
20.45 — «Чтение с продолжением». Мария Башкирцева. Дневник.
21.00 — Итальянский язык.
22.00 — «Крупнейшие музеи мира. Лувр».

ЛЕНИНГРАДСКАЯ ПРОГРАММА
15.00 — «Телекурьер».
15.45 — «Гласом моим...». Музыкальный телефильм.
16.45 — «Там, где живет Паутиныч».
17.00 — «Кенгуру».
17.30 — «Карнавал». Художественный фильм. 1-я и 2-я серии.
В перерыве (18.45) — «Добро пожаловать».
20.05 — «В мире вдохновения». Телефильм-балет.
21.00 — Время.
21.40 — «Вестник возрождения».
22.00 — «Из компетентных источников».
22.15 — «Монитор».
23.15 — «Заметки в стиле рок». Фильм-концерт с участием ВИА «Наутилус-Помпилиус».

❑ кино́?

❑ совреме́нной му́зыкой?

❑ жи́вописью?

❑ спо́ртом?

❑ . . . . ?

Что мо́жно предложи́ть челове́ку, кото́рый про́сто хо́чет отдохну́ть?

А что сто́ит посмотре́ть тому́, кто

❑ стара́ется похуде́ть?

❑ мечта́ет разбогате́ть?

❑ лю́бит путеше́ствовать?

❑ беспоко́ится о своём здоро́вье?

❑ . . . . ?

4. Каки́е назва́ния програ́мм ма́ло вам говоря́т об их содержа́нии?

Сове́тский телезри́тель иногда́ име́ет возмо́жность встре́титься с америка́нцами, познако́миться с америка́нским о́бразом жи́зни, америка́нской культу́рой в ра́зных телепереда́чах: во «Взгля́де», в «Междунаро́дной панора́ме» и други́х.

Вот что расска́зывает еженеде́льник «Семь дней» об а́вторе одного́ из америка́нских телесериа́лов:

«Он жил в США. 30 лет рабо́тал на телеви́дении. По профе́ссии — режиссёр. Он де́лал всё: вме́сте со **сценари́стом** сочиня́л **сцена́рий**, вме́сте с **опера́тором** стоя́л за **ка́мерой**, вме́сте с **актёрами** оживля́л (animated) ку́кол. И каки́х то́лько ку́кол нет в его фи́льмах — от просто́й ма́ленькой, кото́рая надева́ется на́ руку, до огро́мных электро́нных».

5. Кто а́втор э́тих фи́льмов? Вы догада́лись? А мо́жет быть, вам помо́гут имена́ его геро́ев: лягушо́нок Ке́рмит и мисс Пи́гги.

6. Вы узна́ли, что на сове́тском телеви́дении есть переда́чи: «Кинопанора́ма», кото́рая знако́мит с но́выми сове́тскими и зарубе́жными фи́льмами, прово́дит встре́чи с актёрами, режиссёрами, опера́торами, писа́телями...

«Вре́мя» — информацио́нная програ́мма о **собы́тиях** в стране́ и за рубежо́м.

«Музыка́льный ринг» — о певца́х и компози́торах ра́зных направле́ний.

«Воскре́сный киноза́л» — демонстра́ция документа́льных, мультипликацио́нных и худо́жественных кинофи́льмов.

Вам поня́тно содержа́ние переда́ч «В ми́ре живо́тных», «Клуб путеше́ственников»?
О чём они́?

. . . .

А по америка́нскому телеви́дению есть похо́жие переда́чи?

. . . .

Как они́ называ́ются?

. . . .

О како́й переда́че вы могли́ бы сказа́ть: «така́я ску́чная, пуста́я, невырази́тельная»? О како́й, наоборо́т: «жива́я, я́ркая, интере́сная»?

Каку́ю телепереда́чу вы сове́туете посмотре́ть? Расскажи́те об э́той переда́че.

. . . .

7.

Коне́чно, во мно́гих телепереда́чах большу́ю роль игра́ет **веду́щий.**

Вы с э́тим согла́сны?

Каки́е веду́щие на америка́нском телеви́дении вам нра́вятся? Почему́?

. . . .

8. Для него́ существу́ет пробле́ма — включа́ть и́ли не включа́ть телеви́зор?

. . . .

Вот э́то но́вость!

— Ребя́та, как хорошо́, что вы пришли́! Что я вам расскажу́... А что э́то у вас вид тако́й сия́ющий?

— Зна́ешь, Ната́ша, а мы с Фе́дей реши́ли пожени́ться.

— Вот э́то но́вость! Как я ра́да! Наконе́ц-то!

— Ната́шенька, а кварти́ра-то Олина свобо́дная **пока́** бу́дет! Живи́те, ско́лько на́до!

— Спаси́бо вам большу́щее. Но мы ведь уже́ с Жа́нной договори́лись. Ой, в дверь звоня́т. Пойду́ посмотрю́, кто там... Телегра́мма. Из Нори́льска.

— От Са́ши? Приезжа́ет?

— Сейча́с прочита́ем. На́до же! Как раз наоборо́т: «Остаю́сь ещё на два го́да. Живи́те споко́йно. Всем приве́т. Са́ша».

?? Как вы ду́маете, о чём Ната́ша хоте́ла рассказа́ть Оле с Фе́дей? Ско́лько новосте́й узна́ла Ната́ша? Она́ их ожида́ла? Все? Где же тепе́рь, по-ва́шему, бу́дут жить Ната́ша с Бо́рей?

1. Как в диало́ге пе́редано:

Кака́я замеча́тельная но́вость!

Мне ка́жется, мы уже́ с Жа́нной договори́лись.

2. Ну, вот. Тепе́рь у Ната́ши с Бо́рей есть це́лых три кварти́ры. Они́ мо́гут выбира́ть. Оля с Фе́дей ско́ро поже́нятся. А по́мните...

— Го́да два придётся подожда́ть...
— Це́лых два го́да! Ско́ро же Са́шка из Нори́льска вернётся!
— Ну, что́ ты, Ната́ша, сни́мем мы кварти́ру, обяза́тельно сни́мем.

?? Кто же был прав: Бо́ря или Ната́ша?
Ско́лько у них тепе́рь кварти́р?
А чего́ же ну́жно ждать це́лых два го́да?
Кста́ти, Са́ша ско́ро прие́дет из Нори́льска?

— Хочу́ предста́вить вам Ро́берта Макдо́нальда.
— Очень прия́тно. Бори́с Орло́в.
— Порабо́тайте вме́сте. Уве́рен, что о́бщий язы́к вы найдёте.

?? Бори́с и Ро́берт нашли́ о́бщий язы́к? То́лько в рабо́те?
Или они́ подружи́лись? Почему́ вы так ду́маете?

— Чу́вствую, что жить в э́той кварти́ре мы не бу́дем. Что опя́ть не так?
— Не что, а кто. Хозя́йка несимпати́чная. Сра́зу ви́дно, что ве́дьма.

?? Кто оши́бся на э́тот раз?
А мо́жет быть, о́ба?

— Ната́шенька, к нам Фе́дя собира́лся зайти́. Дава́й его́ с Олей познако́мим.
— Дава́й. Это иде́я. А то она́ до сих пор из-за Серёжи пережива́ет.

?? Оля пережива́ет тепе́рь из-за Серге́я?

— Борис, у меня к тебе несколько неожиданный вопрос. Как русские обычно знакомятся?

— Ну, трудно сказать. По-разному, наверное.

?? Как вы думаете, Роберт нашёл выход из этой трудной ситуации?

— Борис, у тебя знакомого ветеринара нет?

— Откуда? Нет, конечно! А зачем тебе?

— Я собаку нашёл, хочу врачу показать.

?? Как звали эту собаку?

— 115-13-89? Жанну? ...Это же та самая ведьма! А телефон-то я ей не оставляла.

— Не оставляла? Точно помнишь?

— Абсолютно точно. Да-а-а. Чертовщина какая-то.

?? Это была чертовщина?
Откуда у Жанны был телефон Орловых?
Что было дальше?

— Натуся, наконец-то! У меня Джой потерялся!

— А я-то думала: что случилось? Не паникуй. Найдётся твой Джой.

?? Джой нашёлся? Как?

3.

— Борис, а где находится ресторан «Космос»?

— «Космос» на проспекте Мира. Но я думаю, Боб, мы договоримся где-нибудь встретиться. И поедем все вместе.

— Прекрасно! А у Наташи уже кончатся экзамены?

— Конечно! Это же первый день каникул. Поэтому ребята и решили праздновать свадьбу в этот день.

?? Когда начинаются студенческие каникулы?

4.

Почему́ у них у всех вид тако́й сия́ющий?

5. Когда́ бу́дет сва́дьба Оли с Фе́дей? Где её бу́дут пра́здновать?

Кака́я ра́дость — у нас кани́кулы!

Большо́й-большо́й **сюрпри́з** ждёт тех, кто придёт 25 ию́ня в парк о́тдыха на Ба́уманской у́лице. Здесь бу́дет весёлый пра́здник.

Всё начнётся в 12 часо́в. Вме́сте со студе́нческими теа́трами МГУ, МАИ*, ро́к-гру́ппой «Неуже́ли» вы проведёте 300 мину́т хоро́шего настрое́ния. Бу́дет вку́сно — гаранти́руем: шашлыки́, пироги́ , по́нчики (donut-type pastry), ко́ка-ко́ла, пе́пси-ко́ла, фа́нта...

«Лимона́дный Джо» — нет, э́то не лимона́д. Э́то назва́ние популя́рной гру́ппы. «Лимона́дный Джо», «Бай» — уча́стники большо́й ро́к-по́п-шо́у-програ́ммы. Они́ реши́ли провести́ пра́здник вме́сте с ва́ми.

Посмотре́ть, послу́шать, потанцева́ть и ... **попа́сть** на экра́ны телеви́зоров. Потому́ что ро́к-шо́у-програ́мма — э́то видеодискоте́ка телепереда́чи «До́брый ве́чер, Москва́».

---

*МАИ — Моско́вский авиацио́нный институ́т.

Кста́ти, о сюрпри́зе. Он действи́тельно бу́дет. Большо́й и краси́вый — полу́чит тот, кто победи́т в специа́льном ко́нкурсе на дискоте́ке пря́мо на пло́щади.

Всё зако́нчится фейерве́рком.

Пра́здник зако́нчится. Но ведь кани́кулы-то продолжа́ются. Так что е́сли вдруг ста́нет ску́чно — приходи́те к нам. Не пожале́ете.

(«Моско́вский комсомо́лец»)

1. Почему́ и́менно 25 ию́ня бу́дет большо́й-большо́й пра́здник?

. . . .

2. Вы хоте́ли бы уча́ствовать в э́том пра́зднике? Что бы вы хоте́ли посмотре́ть, послу́шать, попро́бовать?

. . . .

А хоте́ли бы вы получи́ть са́мый большо́й приз? Кста́ти, где бу́дет специа́льный ко́нкурс, вы по́мните? И како́й?

. . . .

Каки́е гру́ппы бу́дут уча́ствовать в ро́к-по́п-шо́у-програ́мме?

. . . .

А е́сли вам захо́чется чего́-нибудь вку́сного — что вы попро́буете?

. . . .

3. Вам нра́вится програ́мма пра́здника? Что осо́бенно вас привлека́ет? Чего́, по-ва́шему, не хвата́ет?

. . . .

4. А когда́ у вас быва́ют кани́кулы? Внача́ле то́же быва́ет пра́здник?

. . . .

Кака́я обы́чно быва́ет програ́мма?

. . . .

5. В пра́зднике в Москве́ уча́ствовали студе́нческие теа́тры. А вы лю́бите ходи́ть в теа́тр? Са́ми хоте́ли бы игра́ть в теа́тре в свобо́дное вре́мя? У вас есть студе́нческие теа́тры?

. . . .

6. Оля, Фёдя и их друзья, конечно, не будут на этом празднике 25 июня. Почему? Где они будут в этот день? Как вы думаете, им тоже будет весело? У них будет хорошее настроение?

. . . .

Пожелаем им и нам всем счастья!

VI

Вот так и закончилась эта история

Вы уже знакомы с именем Фазиля Искандера — одного из самых ярких и интересных современных писателей. Повесть, отрывок из которой мы вам предлагаем, в сущности, о серьёзном и даже грустном. Но, как во всех вещах Фазиля, в ней много юмора, шутки, иронии.

Когда я был студентом, я познакомился и подружился с одной очаровательной девушкой. До меня она была **влюблена** в какого-то футболиста из её города и постоянно о нём **вспоминала**. Горечь (bitterness) её воспоминаний я старался смягчить нежными **поцелуями** (with tender kisses), и, кажется, мне это **удавалось.** Я терпеливо дожидался того времени, когда она окончательно забудет про своего футболиста, а она продолжала про него рассказывать.

В те времена у меня был друг, который жил в одной из комнат общежития напротив меня. Он был посвящён (informed of) в мои сердечные дела (love life) и в историю с её футболистом.

Однажды я зашёл в его комнату и увидел, что моя подружка стоит у электрической плиты и **жарит** моему другу **котлеты.** Сначала я был довольно смущён (embarassed), никак не ожидая её тут встретить. Потом в голове моей возник лёгкий и благородный вариант (dignified interpretation) её появления (presence) в комнате моего друга. Конечно, она шла ко мне, а он, увидев её, заставил её жарить ему котлеты.

Приглашённый ими за стол, я весело с ними пообедал и, ничего не подозревая, вышел с ней на улицу гулять. Она опять стала рассказывать про своего футболиста, и в её рассказе на этот раз я заметил более пессимистические нотки (overtones), чем обычно. Она выразила сомнение, что вряд ли теперь кто-нибудь в её жизни заменит ей (make up for) неудачную первую любовь.

Прошло три недели, прежде чем я догадался, что произошла перегруппировка действующих лиц (roles have been changed). Я был потрясён случившимся. Опыт человечества меня ничему не научил.

Оказывается, он с самого начала влюбился в неё и скрывал это от меня. Оказывается, он уже около двух месяцев ежедневно покупал ей **коробку** шоколадных **конфет**. Не **застав** её в комнате, он **оставлял** эти конфеты под подушкой её постели.

Сначала она, хохоча (laughing loudly) (так говорили девушки из её комнаты), ела сама эти конфеты и **угощала** (offered) ими своих подружек. А потом она решила нежной дружбой отблагодарить его за эти конфеты.

Поняв, что чаша весов явно перевешивает в его сторону (the scales were tipped in his favor), я зажил самостоятельной жизнью. Никаких объяснений ни с ним, ни с ней у меня не было. Мне было ужасно неприятно вступать в какие-то переговоры (to enter into negotiations), и они, слава богу, не пытались со мной объясниться (talk it out).

Так длилось, примерно, месяц. Однажды он зашёл ко мне и сказал, что приглашает меня пообедать вместе с ними в его комнате. Я согласился, хотя мне очень не хотелось идти. Но я боялся, что, если я откажусь, мне придётся объясняться с ним. А объясняться с ним мне никак не хотелось. Надо было делать вид, что ничего не случилось.

Когда я вошёл в комнату, она жарила картошку на электрической плите. Я поздоровался с ней и сел на стул. Она сказала ему, чтобы он пошёл за **пивом**. Он неохотно согласился и, надев пиджак, ушёл. Я не знал, о чём с ней говорить, но она знала. Она начала издалека (from afar), то есть (i.e.) со своего футболиста.

Из её слов **получалось** (it appeared), что она сейчас сильнее, чем раньше, грустит по своему футболисту. Из её слов получалось, что она хочет вернуться ко мне и попробовать вместе со мной перебороть (to get over) свои воспоминания о первой любви.

Но я уже не хотел, чтобы она вернулась ко мне. Я не хотел помогать ей забывать футболиста, хотя, надо сказать честно, она мне всё ещё нравилась. Одним словом, я не поддерживал разговора.

Внеза́пно распахну́лась дверь, в дверя́х стоя́л мой друг-преда́тель. Он подкра́лся (sneaked up) к дверя́м, чтобы застука́ть нас за поцелу́ем (to catch us kissing). Поня́в, что поцелу́ями я́вно де́ло не па́хнет (nothing was up), он ра́достно поста́вил буты́лки с пи́вом на стол. Но я́-то уже́ знал, что ра́доваться ему́, бедня́ге (poor guy), не́чего.

Так оно́ и получи́лось. Вско́ре она́ ста́ла появля́ться (show up) в институ́те в о́бществе (in the company of) студе́нта-ве́нгра. Тепе́рь она́ здоро́валась со мной без вся́кого намёка на футболи́ста.

Вот так и зако́нчилась э́та исто́рия.

1. Как в те́ксте пе́редано:

Она́ совсе́м забу́дет.
Он знал о мои́х серде́чных дела́х.
Ни о чём не дога́дываясь,...

Я был в шо́ке.
Забы́ть о свое́й пе́рвой любви́.
Вдруг дверь широко́ откры́лась.
Поцелу́ев не́ было.
Не говори́л мне, держа́л в та́йне.

...чтобы уви́деть, как мы целу́емся...

Ничего́ не подозрева́я,...
Я был потрясён случи́вшимся.
Он был посвящён в мои́ серде́чные дела́.
Она́ оконча́тельно забу́дет.
Скрыва́л э́то от меня́.
...чтобы застука́ть нас за поцелу́ем...
Внеза́пно дверь распахну́лась.
Переборо́ть свои́ воспомина́ния о пе́рвой любви́.
Поцелу́ями де́ло не па́хнет.

2. Дава́йте вспо́мним де́йствующих лиц э́той исто́рии.

Футболи́ст
Фази́ль
де́вушка
друг Фази́ля
студе́нт-венгр

3. Сколько раз происходила перегруппировка действующих лиц?

. . . .

4. Долго длилась вся эта история? Сколько времени друг Фазиля дарил девушке конфеты тайно от Фазиля?

Сколько времени они обедали втроём? Сколько времени Фазиль «жил самостоятельной жизнью» и не встречался с другом и девушкой?

. . . .

5. Чья это была тактика?

«Я терпеливо дожидался того времени, когда она окончательно забудет про своего футболиста...»

«... ежедневно покупал ей коробку шоколадных конфет».

«... подкрался к дверям, чтобы застукать нас за поцелуем».

«Горечь её воспоминаний старался смягчить нежными поцелуями».

«... отделился и зажил самостоятельной жизнью...»

«... заставил её жарить ему котлеты».

Чья, по-вашему, тактика была успешнее?

. . . .

6. Какую роль, по-вашему, играет в этой истории футболист? Почему девушка постоянно о нём вспоминает?

❑ Это помогает ей набить себе цену?
❑ Создаёт романтическую атмосферу вокруг неё?
❑ Привлекает к ней ребят?
❑ Помогает ей не влюбиться?
. . . . ?

А как вы думаете, был футболист на самом деле?

. . . .

7. «Она́ вы́разила сомне́ние, что вря́д ли кто́-нибудь в её жи́зни заме́нит ей неуда́чную пе́рвую любо́вь».
   Так и случи́лось на са́мом де́ле?

. . . .

8. «Я был потрясён случи́вшимся. Опыт челове́чества меня́ ничему́ не научи́л».
   Кого́ и что́ име́ет в виду́ Фази́ль?

. . . .

Слова́ уро́ка

бо́дрый cheerful
веду́щий (телепереда́чи) TV show host
виндсе́рфинг wind-surfing
влюблён in love
вспомина́ть / вспо́мнить to remember, to recollect
встреча́ть/встре́тить (пра́здник) to celebrate (a holiday)
вне́шне outwardly
выясня́ться / вы́ясниться to be found out
де́йствие action
де́лать вид to pretend
детекти́в (о фи́льме) detective film, etc.
дли́ться to last
документа́льный documentary
ёлочный (база́р) place where Christmas trees are sold
жале́ть / пожале́ть (о чём?) to regret
жа́рить to fry
заде́рживать / задержа́ть to detain; to delay
замаскиро́ванный disguised
замеча́ть / заме́тить to notice
заодно́ in concert; at the same time
за рубежо́м abroad

заставля́ть / заста́вить to force
здоро́ваться / поздоро́ваться to say hello
изготови́тель manufacturer
информацио́нный information (attr.)
комбина́т industrial complex
конфе́та candy; коро́бка конфе́т box of candy
котле́та cutlet
ли́чность f. personality
мероприя́тие arrangement
мультипликацио́нный фильм animated film, cartoon
намёк hint
незави́симость f. independence
неуме́стный irrelevant; inappropriate
обижа́ть / оби́деть to offend, hurt one's feelings
образова́тельный (о програ́мме ТВ) educational
общесою́зный all-union (attr.)
объясня́ться / объясни́ться to talk smth. out, resolve a problem
оконча́тельно finally
опера́тор cameraman
о́пыт experience

отзыва́ться / отозва́ться (о ком? о чём?) to speak of
откла́дывать в до́лгий я́щик to shelve; to put smth. on a back burner
очарова́тельный charming
официа́льный formal
Па́сха Easter
пережива́ть (из-за чего́-л.) to worry
пи́во beer
пиджа́к men's suit jacket
писа́тель-сати́рик satirist, satirical writer
плита́ stove
подде́рживать: подде́рживать разгово́р to keep conversation going
подозрева́ть to suspect
поду́шка pillow
пока́з demonstration
по́нчик donut
попа́сть в то́чку to hit the bull's eye
пополня́ть / попо́лнить (чем?) to replenish, supplement
посвяща́ть / посвяти́ть to dedicate
посте́ль f. bed
постоя́нный constant
потрясён shocked
поэте́сса poetess
пра́здновать to celebrate
преда́тель traitor

придава́ть / прида́ть (что? чему́? кому́?) to impart

приз award, prize

пусто́й (о переда́че) banal

путеше́ственник *here:* person who travels vicariously while watching TV

распа́хиваться / распахну́ться to swing open

ребя́ческий childish

реце́пт recipe

рядово́й ordinary

скрыва́ть / скрыть to hide, conceal

сла́ва бо́гу thank God

соверша́ть / соверши́ть to carry out, complete

совпаде́ние coincidence

содержа́ние content

спо́нсор sponsor

сценари́ст screenwriter

телепье́са play written for TV

телесериа́л television series

те́лик (*colloq.* от телеви́зор) TV (television set)

трансля́ция broadcast

тра́та waste

угоща́ть/угости́ть to offer food to a guest

удава́ться / уда́ться to succeed

удва́ивать / удво́ить to double

утвержда́ть to assert

худо́жественный (фильм) movie (feature film)

хро́ника news summary

ча́стный private

четырёхсери́йный (фильм) film in four series

чёткий well-defined, highly structured

чужо́й stranger, outsider

шашлы́к shashlik, kebab

экра́н screen

How to:

- ❑ express apprehension
- ❑ express desirability
- ❑ express causality
- ❑ signal a consequence, effect

I

How to express apprehension

Не увéрен, стóит ли вам об э́том писáть, — **как бы** вас **не** вы́гнали с рабóты.

Я боюсь, что онѝ погѝбнут.

Смотрѝ не заразѝсь. Сейчáс по Москвé хóдит вѝрусный грипп.

Как бы ... не expresses apprehension concerning the state or activity it introduces. It is followed by an infinitive when the subject in both parts of the sentence is the same. Otherwise, it is followed by the past tense of the verb.

Боюсь, **как бы не** опоздáть (Я боюсь, **как бы** я **не** опоздáла).

Бою́сь, **как бы** они́ **не** поги́бли. = Я бою́сь, что они́ поги́бнут.

Как бы вас с рабо́ты **не** вы́гнали. = Я бою́сь, что вас вы́гонят с рабо́ты.

Смотри́ не зарази́сь. = Бою́сь, как бы ты не зарази́лся, будь осторо́жнее.

1. Каки́е мо́гут быть ре́плики?

— Что́-то Боб себя́ пло́хо чу́вствует после́днее вре́мя и вы́глядит нева́жно.

— **Как бы** он **не** заболе́л.

— На́до е́хать: до ле́кции оста́лось всего́ со́рок мину́т.

— . . . .

— Оля всё вре́мя опа́здывает на свида́ния к Фе́де, а он всё те́рпит.

— . . . .

— Нача́льник мно́й всё вре́мя что́-то недово́лен.

— . . . .

— Я всё вре́мя где-то забыва́ю води́тельские права́.

— . . . .

— Пожа́луйста, за́втра обяза́тельно принеси́ мне слова́рь, а то́ я не смогу́ подгото́виться к семина́ру.

— . . . .

— По-мо́ему, Ната́ша совсе́м не уме́ет обраща́ться с компью́тером.

— . . . .

— Дава́й пойдём побыстре́е: я не по́мню, до како́го ча́са рабо́тает библиоте́ка.

— . . . .

— Фе́дя, не забу́дь, что я дала́ тебе́ два реце́пта — оди́н из них в ветерина́рную апте́ку — на́до для Джо́я лека́рство купи́ть.

— . . . .

— Они́ реши́ли, что пока́ в Са́шиной кварти́ре поживу́т. Его́ ведь вро́де ещё год не бу́дет.

— . . . .

— Как хорошо́ — Ко́ля всё-таки, ка́жется, бро́сил кури́ть оконча́тельно.

— . . . .

— Как я всё-таки люблю́ пиро́жные! И ведь зна́ю, что ем сли́шком мно́го...

— . . . .

2. Найди́те рису́нки к диало́гам.

— Мы реши́ли за́втра пое́хать на да́чу, но что́-то мне пого́да не о́чень нра́вится.
— Как бы не́ было дождя́.

— Оля ча́сто на да́че отпуска́ет Джо́я гуля́ть одного́.
— Как бы он не потеря́лся.

— Посмотри́, как Ната́ша легко́ оде́лась!
— Как бы она́ не простуди́лась.

3.   А как мо́жно сказа́ть ина́че?

— Серге́й всё-таки расста́лся с Олей и жени́лся на Та́не.
— Ну да? Бою́сь, что он пожале́ет об э́том.
— Ну да? **Как бы** он об э́том **не** пожале́л.

— Прогно́з не о́чень хоро́ший. Ты слы́шал?
— Да, бою́сь, что бу́дет гроза́.

— ....

— Он обеща́л нас ждать до семи́ часо́в.
— Бою́сь, что он уже́ ушёл.

— ....

— Ты узнава́л насчёт кооперати́ва?
— Да, бою́сь, что кварти́ры ско́ро подорожа́ют.

— ....

— Нам предлага́ют кварти́ру на проспе́кте Ми́ра.
— На проспе́кте Ми́ра? Бою́сь, там бу́дет о́чень шу́мно.

— ....

— Бо́ре предложи́ли кварти́ру пря́мо ря́дом с институ́том.
— Да что ты! Бою́сь, Ната́ша опя́ть отка́жется.

— ....

— Опя́ть де́вушка Фази́ля жа́рит котле́ты его́ дру́гу.
— Бою́сь, что она́ бро́сит Фази́ля.

— ....

— Возмо́жно, тру́дно бу́дет сра́зу поня́ть э́ту пробле́му.
— Да, бою́сь, мне пона́добится ва́ша по́мощь.

— ....

— Я после́днее вре́мя сплю всего́ часа́ по четы́ре.
— Так ма́ло? Бою́сь, ты стресс зарабо́таешь.

— ....

— Мари́на ка́ждый день принима́ет транквилиза́торы.
— Неуже́ли? Бою́сь, что она́ оконча́тельно к ним привы́кнет.

— ....

— Наш заво́д всё вре́мя наруша́ет экологи́ческие зако́ны.
— Бою́сь, что нас оштрафу́ют.

— ....

— У Бо́ба опя́ть не при́няли сцена́рий.
— Неуже́ли? Бою́сь, что он оконча́тельно потеря́ет во́лю к жи́зни.

— . . . .

— Лю́ди не о́чень-то ве́рят в по́льзу на́ших опро́сов.
— Да, бою́сь, что опро́сы совсе́м потеря́ют популя́рность.

— . . . .

— У вас нева́жно чита́ют ле́кции по ма́ркетингу.
— Да, э́то так. Бою́сь, что студе́нты ско́ро начну́т «голосова́ть нога́ми».

— . . . .

— Опя́ть Ле́нка хо́чет что-то у спекуля́нта купи́ть.
— Бою́сь, что ма́ма рассе́рдится.

— . . . .

— Что́-то у Джо́я нос горя́чий.
— Да что ты! Бою́сь, что он заболе́л.

— . . . .

— Зна́ешь, мы забы́ли поздра́вить Ольгу с днём рожде́ния.
— Зна́ешь, бою́сь, что она́ оби́дится.

— . . . .

4.   Что вы им ска́жете? От чего́ предостережёте?

— Ты так мно́го ку́ришь!
Смотри́ не заболе́й!

— Ты так легко оделась!

. . . .

— Ты так много ешь!

. . . .

— Ты так неосторожно обращаешься с компьютером!

. . . .

— Куда́ ты положи́л реце́пт?

· ·

How to express desirability

Слу́шай, Оля, **как бы** похуде́ть?
Кварти́ра неплоха́я. **На́до бы** съе́здить посмотре́ть.

The particle **бы** can be used with interrogative words to express desirability. In combination with **на́до**, which conveys the desirability of an action, the particle **бы** softens a statement, making it more polite, less categorical. At the same time, it reinforces the sense of desirability.

5.

На́до бы сесть на дие́ту: ни в одни́ джи́нсы уже́ не влеза́ю.

На́до бы Бо́ре пода́ть докуме́нты на ко́нкурс в Манче́стер: ...
На́до бы тебе́ купи́ть сире́невое пла́тье: ...
На́до бы нам с тобо́й в Ленингра́д съе́здить: ...
На́до бы Фе́дю спроси́ть, како́й анса́мбль са́мый популя́рный: ...
На́до бы с Олей посове́товаться, что Ната́ше подари́ть: ...
На́до бы Ро́берту пласти́нку Шни́тке купи́ть: ...
Ва́шей гру́ппе на́до бы быть бо́лее самостоя́тельной в вы́боре
пе́сен: ...
На́до бы ещё раз э́ту пласти́нку послу́шать: ...
На́до бы в клуб здоро́вья записа́ться: ...
На́до бы тебе́ аэро́бикой заня́ться: ...

Надо бы Ирине переменить обстановку, съездить куда-нибудь: ....
Надо бы сегодня поругать Борю: ....
Надо бы позвонить Бобу, поздравить его: ....
Надо бы гостю ещё раз эту пластинку послушать: .....
Надо бы Наде всё-таки ответить на письмо поэта: .....

6. Какой совет вы дадите знакомому?

— Как бы похудеть?
— **Надо бы** тебе бегать по утрам.

— Как бы английский быстро выучить?
— . . . .

— Где бы собаку купить?
— . . . .

— Где бы прочитать объявления о приёме на работу?
— . . . .

— Чем бы мне заняться? Так скучно.
— . . . .

— Как бы узнать условия конкурса?
— . . . .

— Как бы научиться вкусно готовить?
— . . . .

— Где бы найти гороскоп на этот год?
— . . . .

— Где бы почитать о телепатии?
— . . . .

— Как бы Бобу сценарий продать?
— . . . .

— Как бы подруге Фазиля скорее забыть своего футболиста?
— . . . .

— Как бы узнать рецепт лазаньи?
— . . . .

— Где бы НЛО увидеть?
— . . . .

7. Согласи́тесь. Объясни́те, почему́ вы соглаша́етесь.

— На́до бы бо́льше забо́титься о на́шей плане́те.
— Да на́до бы. Ведь земля́ как одува́нчик.

— На́до бы сходи́ть на ле́кцию об НЛО.
— . . . .

— На́до бы котле́ты с карто́шкой поджа́рить.
— . . . .

— На́до бы кварти́ру пропылесо́сить.
— . . . .

— На́до бы в клуб здоро́вья записа́ться.
— . . . .

— На́до бы тебе́ бессо́нницу гипно́зом полечи́ть.
— . . . .

— На́до бы тебе́ сесть на дие́ту на не́которое вре́мя.
— . . . .

8. Каки́е мо́гут быть ре́плики?

— На́до бы Бо́ре с Ната́шей другу́ю кварти́ру поиска́ть.
— Заче́м им друга́я кварти́ра? Они́ же в Са́шиной живу́т.

— . . . .

— Вот то́лько соба́ки нам и не хвата́ет!

— . . . .

— А удо́бно э́то — Ро́берта приглаша́ть вме́сте с Жа́нной?

— . . . .

— Хотя́ э́то и семе́йный пра́здник, дя́дю на Но́вый год приглаша́ть не хо́чется.

— . . . .

— А без ёлки ты не мо́жешь Но́вый год встреча́ть?

— . . . .

— Заче́м проверя́ть сно́ва? Мы уже́ результа́ты опро́са о́чень мно́го раз проверя́ли.

— ⋅

— «Полтергейст» мóжно по вúдику посмотрéть. У Сéржа есть.

— ⋅

— Плов мóжно и дóма приготóвить. У меня хорóший рецéпт есть.

— ⋅

— Зачéм же покупáть у спекулянта, éсли мóжно в магазúне купúть.

How to express causality

— Навéрное, бýдет мнóго желáющих.
— Не знáю, не знáю. **Ведь** англúйским у нас мáло кто владéет.

— Это для Серёжи Вóлкова. Он **же** у нас в этом дéле специалúст.
— Для нас глáвное, что квартúра не шýмная. **А тó** мне прихóдится мнóго рабóтать дóма.
— Есть, навéрное, такúе, кто не выдéрживает и бросáет. Скýчно **ведь**.
— Оля, закрóй дверь, **а тó** опять потеряется (Джой).
— Пойдём. Тóлько ты пéрвый. **А тó** там темнó.

The particle **ведь** often introduces information about cause and is frequently used in conversations. The particle **же** is similar in meaning to the particle **ведь**, but unlike **ведь** occurs only after a stressed word.

Ведь англúйским-то у нас мáло кто владéет (англúйским же у нас мáло кто владéет). = Я не увéрена, что желáющих записáться на кýрсы бýдет мнóго, потомý что англúйским у нас мáло кто владéет.

Он **же** (он ведь) у нас в этом дéле специалúст. = Это (дéло) для Серёжи Вóлкова, потомý что он у нас в этом дéле специалúст.

Скучно **ведь** (скучно же). = (Думаю, что некоторые бросают ходить в клуб), потому что скучно.

The conjunction **а то** is usually encountered in sentences expressing causality, conveying that if the opposite occurs the results will be negative.

Хорошо, что квартира тихая, **а то** мне приходится много работать дома. (Если квартира будет шумная, то мне плохо, неудобно будет дома работать.)

Закрой дверь, **а то** Джой опять потеряется. (Если оставить дверь открытой, то Джой опять потеряется.)

Надо заботиться о нашей планете, **а то** люди могут погибнуть.

9.   Как выразить причину?

> **а то**
> **ведь**

Оденься теплее, ... простудишься.

Обязательно купи себе эту куртку, ... она тебе так идёт.

Надо спешить, ... опоздаем к началу концерта.

Давай сходим на этот концерт, ... ты так любишь джаз.

Давай пригласим Боба на праздник в парк, ... он очень любит смотреть разные конкурсы.

Оля с Фёдей сейчас очень заняты, ... у них скоро свадьба.

Давайте говорить тише, ... разбудим Лену, она пришла с почты очень усталая.

Не надо, чтобы Боб сам готовил лазанью, ... её никто есть не будет, он её ужасно готовит.

Не ешь апельсины, ... у тебя опять аллергия будет.

Не бери с собой так много денег, ... мы их с тобой все сразу потратим.

10.   Вместо **ведь** скажите **же**.

Не сердись на Фазиля, ведь у него такой характер.

Зачем ты поставил рок, ведь Жанна не любит рок-музыку.

Почему девушка Фазиля всё время говорит о каком-то футболисте, ведь Фазилю это неприятно.

Заче́м Ле́нка сказа́ла ма́ме, ско́лько сто́ят джи́нсы, ведь ма́ма о́чень расстро́илась.

Коне́чно, На́дя должна́ была́ посла́ть профе́ссору свой рису́нок, ведь она́ ему́ обеща́ла.

Заче́м ты купи́ла су́ши, ведь у нас в семье́ никто́ не ест су́ши.

11. Когда́ то́лько **а то́**? Когда́ то́лько **ведь**? Когда́ и то́, и друго́е?

Дава́й ку́пим э́ту карти́ну. ... пото́м у нас не бу́дет де́нег.

Дава́й съе́здим в Изма́йлово и пои́щем пода́рок для Оли и Фе́ди. ... у них ско́ро сва́дьба.

В э́том ко́нкурсе, коне́чно, победи́т Стив. ... у него́ така́я си́льная во́ля к побе́де.

Не пей тако́й холо́дный сок. ... у тебя́ заболи́т го́рло.

Не бу́дем смотре́ть э́ту програ́мму. ... то́лько вре́мя потеря́ем — она́ всегда́ така́я неинтере́сная.

На́до госуда́рству бо́льше забо́титься о молоды́х се́мьях. ... сли́шком мно́го ста́ло холостяко́в.

По-мо́ему, ра́но Ло́ре выходи́ть за́муж — ей ведь то́лько семна́дцать. ... среди́ молоды́х так мно́го разво́дов.

Как ты ду́маешь, мне лу́чше взять фами́лию му́жа по́сле сва́дьбы? ... пло́хо, когда́ у ма́мы и дете́й ра́зные фами́лии.

Смотри́ не потеря́й кольцо́. ... э́то плоха́я приме́та.

Мне ка́жется, на́до рискну́ть. ... так ску́чно жить без ри́ска.

Коне́чно, Бо́ре во всём на́до помога́ть Ната́ше. ... ей тру́дно бу́дет ина́че зако́нчить институ́т.

12. Тепе́рь са́ми объясни́те причи́ну.

На́до лу́чше проду́мать вопро́сы. ...

Тебе́ звони́ли из реда́кции журна́ла «Огонёк». ...

Вам на́до улу́чшить рекла́му. ...

Мне нра́вятся электро́нные и́гры. ...

Он о́чень до́лго писа́л свой дипло́м. ...

Бу́ду де́лать э́то упражне́ние. ...

На́до заказа́ть но́вые очки́. ...

Наве́рное, мы пои́щем другу́ю кварти́ру. ...

Име́ть свой дом, коне́чно, лу́чше всего́. ...

Вряд ли мы смо́жем вам помо́чь в э́той рабо́те. ...

Мóжет быть, нам обойти́сь без компью́тера. ...
Мне придётся сего́дня задержа́ться на рабо́те. ...
Смотри́ — так недóлго и стресс зарабóтать. ...
Мэ́рил Стрип опя́ть получи́ла Оскара. ...

How to signal a consequence, effect

> Моя́ жена́ у́чится на коммéрческом факультéте. **Так что** у меня́ скóро свой коммерса́нт бу́дет.
>
> Я не люби́тель кла́ссики. **Так что** ты иди́, а я здесь ещё посмотрю́.

In connected discourse, **так что** is used to express consequences or effect.

13. Как пра́вильно?

ведь
а то
так что

Влади́мир Никола́евич сейча́с за́нят. ... подожди́те, пожа́луйста, здесь.

Я, к сожалéнию, плóхо зна́ю англи́йский. ..., навéрное, не бу́ду уча́ствовать в кóнкурсе.

На́до за́втра взять рекоменда́цию. ... у меня́ не при́мут докумéнты на кóнкурс.

Эта тéма совсéм неактуа́льна. ... лу́чше вы́брать каку́ю-нибудь другу́ю.

Я хочу́ перейти́ в другу́ю гру́ппу. ... в на́шей неинтерéсно прохóдят семина́ры.

У негó óчень ма́ленький óпыт рабóты. ... я прошу́ вас помóчь ему́.

Хорошó в óбщем-то, что я не прошёл по кóнкурсу. ... Ната́ша не лю́бит одна́ остава́ться.

Ужé скóро кани́кулы. ... смóжем хорошó отдохну́ть.

На́до мне с Серёжей посове́товаться. ... у меня́ что́-то с компью́тером пробле́мы.

Наве́рное, Лари́са мне позвони́т. ... я переда́м ей твою́ про́сьбу.

На́до бы посмотре́ть после́дний журна́л мод. ... я совсе́м не зна́ю, каку́ю длину́ сейча́с но́сят.

Шни́тке ему́ о́чень понра́вился. ... Ро́берту вполне́ мо́жно его́ пласти́нку подари́ть.

Ве́ра всё ещё хо́чет похуде́ть. ... расскажи́ ей о но́вой дие́те.

На́до бы тебе́ побе́гать по утра́м. ... совсе́м о своём здоро́вье не ду́маешь.

14. Каки́е мо́гут быть сле́дствия из ска́занного?

Са́ша оста́нется в Нори́льске ещё на два го́да. ...

Джо́я ведь нашли́. ...

О́ля и Фе́дя реши́ли пожени́ться. ...

Брат о́чень лю́бит де́лать пода́рки. ...

Ната́ша с Жа́нной тепе́рь подружи́лись, ...

О́ля о́чень хорошо́ гада́ет, ...

Ско́ро у сестры́ день рожде́ния. ...

Экспериме́нт мы прове́ли уже́ мно́го раз. ...

Сейча́с мо́дны коро́ткие ю́бки. ...

Я о́чень до́лго гото́вился к экза́менам. ...

Я вы́полнил(а) все упражне́ния э́того уче́бника и прочита́л(а) все те́ксты. ...

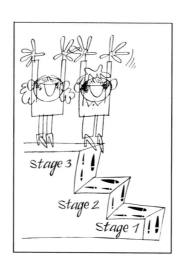

Пе́сни
Уро́к 1

Всё мо́гут короли́
Kings can do anything

| Му́зыка Б. Рычко́ва
| Слова́ Л. Дербенёва
| Исполня́ет А. Пугачёва

There is nothing kings can't do except marry the one they love. This love song is about a poor king who fell in love with a peasant girl, but had to marry a princess. If you could see that princess you would not want to be in his shoes.

Жил да был! (3 ра́за)
Оди́н коро́ль,
Пра́вил он как мог
Стран*рю*ти и людьми́,
Зва́лся он Луй Второ́й! (2 ра́за)
Но, впро́чем, пе́сня не о нём,
А о любви́.

В те времена́ жила́
Краса́вица одна́,
У стен дворца́
Она́ пасла́ гусе́й,
Но для Луй была́
Миле́е всех она́,
Реши́л Луй, что же́нится на ней.

П р и п е́ в :   Всё мо́гут короли́! (2 ра́за)
И су́дьбы всей Земли́
Верша́т они́ поро́й,
Но что ни говори́ —
Жени́ться по любви́
Не мо́жет ни оди́н, ни оди́н коро́ль. (2 ра́за)

«Я женю́сь», — (3 ра́за)
Луй сказа́л,
Но сбежа́лись тут
Сосе́ди-короли́.
Ой, како́й же был сканда́л,
Ну, како́й же был сканда́л,
Но, впро́чем, пе́сня не о нём,
А о любви́.

И под вене́ц Луй
Пошёл совсе́м с друго́й,
В родне́ у ней все бы́ли короли́,
Но е́сли б ви́дел кто
Портре́т принце́ссы той,
Не стал бы он зави́довать Луй.

П р и п е́ в.

Уро́к 2

Го́род Пе́сен
City of Songs

Му́зыка Р. Па́улса
Слова́ И. Ре́зника
Исполня́ет В. Лео́нтьев

This is a song about songs and a city built out of songs. The title speaks for itself.

Так несло́жно запо́мнить припе́в просто́й —
Ой, ой, ой!
В нём три но́ты всего́, ну а текст у него́ тако́й:
— Ой, ой, ой!
Повторя́йте, пожа́луйста, вслед за мной:
— Ой, ой, ой!
Напева́йте, когда́ возврати́тесь домо́й:
— Ой, ой, ой!

П р и п е́ в :   Ско́ро, о́чень ско́ро
                Мы постро́им го́род
                Из наде́жды на́шей и мечты́,   *— goal*
                А чтоб был он ве́сел,
                Из стихо́в и пе́сен
                Мы дома́ постро́им и мосты́.
                Ско́ро, о́чень ско́ро   *— magical*
                В наш волше́бный го́род
                Всех друзе́й на пра́здник позове́м,
                Вме́сте соберёмся,   *— gather*
                За́ руки возьмёмся —   *to take*
                И все пе́сни лу́чшие спое́м —
                Ой, ой, ой!

Пусть пою́т то́лько те, кто роди́лся зимо́й:
— Ой, ой, ой!
А тепе́рь то́лько те, кто влюби́лся весно́й:
— Ой, ой, ой!
То́лько же́нщины, же́нщины по́йте со мной:
— Ой, ой, ой!
А тепе́рь мы послу́шаем хор мужско́й:
— Ой, ой, ой!

П р и п е́ в.

По́йте пе́сни под со́лнцем и под луно́й:
— Ой, ой, ой!
По́йте в бу́дние дни, по́йте в выходно́й:
— Ой, ой, ой!
По́йте ле́том зелёным, студёной зимо́й:
— Ой, ой, ой!
По́йте так, чтобы пел с ва́ми весь шар земно́й:
— Ой, ой, ой!

П р и п е́ в.

Урок 3

Свежий ветер
Fresh wind

Музыка и слова О. Газманова
Исполняет автор

This is a romantic song about the new times and new freedoms in the Soviet Union. It is overtly political and directed against the conservative forces. Here is a translation of the fifth stanza:

I'm not the way I used to be.
I'm hungry but excited and mad.
I have got nothing to lose,
But somebody else does.

Я сегодня не такой, как вчера.
Свежий ветер мой крылья поднял.
Кожу старую взрывая на швах,
Новой кожей я всё небо обнял.

Свежий ветер, он не зря прилетал,
Пыль стряхнул и распахнул мне окно.
Я давно о свежем ветре мечтал.
Свежий ветер, мы с тобой заодно.

П р и п е в: Полем, полем, полем свежий ветер пролетел,
В поле — свежий ветер, я давно его хотел.
Полем, полем, полем свежий ветер пролетал,
В поле — свежий ветер, я давно о нём мечтал.

Расскажу ему, как было со мной,
Как лечили от свободы меня,
Как хотели, чтобы был я слепой,
У слепого так легко всё отнять.

Как хотели за меня всё решать,
В чём ходить, где жить и чем мне дышать,
Как хотели запретить мне мечтать,
Но теперь меня уж не удержать.

П р и п е в.

Я сегодня не такой, как вчера.
Я голодный, но весёлый и злой.
Мне-то нечего сегодня терять,
Потеряет нынче кто-то другой.

В песнях ветра мысли очень просты.
Кроме неба, нету правды другой.
Эта песня мне звенит с высоты,
Кто её не слышит, просто глухой.

П р и п е в.

Уро́к 4

Бы́ло, но прошло́
What used to be is no more

Му́зыка В. Мате́цкого
Слова́ М. Шабро́ва
Исполня́ет С. Рота́ру

Tomorrow is another day; leave bad memories behind you. You will find new love. Hope is the message of this song.

День мо́жет разби́ться, как стекло́,
Кто же не зна́ет, кто же не зна́ет,
Но чтобы всё вре́мя не везло́,
Так не быва́ет, так не быва́ет.

Бу́дут други́е в жи́зни дни,
Со́лнце уда́чи не осты́ло.
Ты до́лго в се́рдце не храни́
Всё, что ра́ньше бы́ло, всё, что ра́ньше бы́ло.

Бы́ло, бы́ло, бы́ло, но прошло́ (4 ра́за)
Всё, что бы́ло, бы́ло, бы́ло,
То прошло́.

Нам да́рит любо́вь миллио́ны роз.
Кто же не зна́ет, кто же не зна́ет.
Но чтобы люби́ть, не зна́я слёз,
Так не быва́ет, так не быва́ет.

Ты не веди́ оби́дам счёт,
Гля́дя вокру́г себя́ уны́ло.
И не заме́тишь, как пройдёт
Всё, что ра́ньше бы́ло, всё, что ра́ньше бы́ло.

Бы́ло, бы́ло, бы́ло, но прошло́ (4 ра́за)
Всё, что бы́ло, бы́ло, бы́ло,
То прошло́.

Уро́к 5

Верниса́ж
Exhibition

Му́зыка Р. Па́улса
Слова́ И. Ре́зника
Исполня́ют Л. Ва́йкуле — В. Лео́нтьев

This love song is the story of a chance meeting at an exhibition. Although the subjects of the song are surrounded by landscapes and portraits, they only see each other. Unfortunately, they are not alone; she has come with her boyfriend (вдвоём). Likewise, he has come with his girlfriend (вдвоём).

На вернисáже как-то раз
Случáйно встрéтила я вас.
Но вы вдвоём, вы не со мнóю.
Был так прекрáсен вернисáж,
Но взор ещё прекрáсней ваш.
Но вы вдвоём, вы не со мнóю.

Как за спасéньем к вам идý,
Вы тот, когó давнó я ждý.
Но вы вдвоём, вы не со мнóю.
И я себя́ на том ловлю́,
Что вас почти́ ужé люблю́.
Но вы вдвоём, вы не со мной.

Ах, вернисáж, ах, вернисáж!
Какóй портрéт, какóй пейзáж.
Вот зи́мний вéчер, лéтний зной,
А вот Венéция веснóй.
Ах, вернисáж, ах, вернисáж!
Какóй портрéт, какóй пейзáж.
Вот кто-то в прóфиль и анфáс.
А я смотрю́, смотрю́ на вас.

Смятéнье вы моё и грусть,
Мой сон, что пóмню наизýсть.
Но вы вдвоём, но не со мнóю.
Моéй надéжды я́сный свет,
Я шёл к вам стóлько дóлгих лет.
Но вы вдвоём, вы не со мной.

Ах, вернисáж, мучи́тель наш!
Вы не однá, какóй пассáж.
И вы вдвоём, вы не со мнóю.
На э́той вы́ставке карти́н
Сюжéт отсýтствует оди́н,
Где мы вдвоём, где вы со мной.

Ах, вернисáж, ах, вернисáж!
Какóй портрéт, какóй пейзáж,
Вот зи́мний вéчер, лéтний зной.
А вот Венéция веснóй.
Ах, вернисáж, ах, вернисáж!
Какóй портрéт, какóй пейзáж,
Вот кто-то в прóфиль и анфáс,
А я смотрю́, смотрю́ на вас.

Урок 6

Рок-н-ролл мёртв
Rock'n'Roll is Dead

Слова Бориса Гребенщикова
Исполняет группа «Аквариум» (руководитель Б. Гребенщиков)

This seemingly simple rock song is filled with allusions and is often interpreted in political terms. There are forces in the Soviet Union that would like to see an end to rock-n-roll and all other expressions of freedom and creativity.

Какие нервные лица. Быть беде.
Я помню — было небо, я не помню где.
Мы встретимся снова, мы скажем «Привет».
В этом есть что-то не то. Но

П р и п е в :   Рок-н-ролл мёртв, а я ещё нет.
                 Рок-н-ролл мёртв, а я ...
                 Те, что нас любят, смотрят нам вслед,
                 Рок-н-ролл мёртв, а я ещё нет.

Отныне время будет течь по прямой,
Шаг вверх, шаг вбок — их мир за спиной.
Я сжёг их жизнь, как ворох газет,
Остался только грязный асфальт. Но

П р и п е в .

Локоть к локтю, кирпич в стене,
Мы стояли слишком гордо, мы платим втройне
За тех, кто шёл с нами, — за тех, кто нас ждал, —
За тех, кто никогда не простит нам то, что

П р и п е в :   Рок-н-ролл мёртв, а мы ещё нет.
                 Рок-н-ролл мёртв, а мы ...
                 Те, что нас любят, смотрят нам вслед,
                 Рок-н-ролл мёртв, а мы ...
                 Рок-н-ролл мёртв, а я ещё нет ...

Уро́к 7

Трава́ у до́ма
The grass of home

Му́зыка В. Мигу́ли
Слова́ А. Попере́чного
Исполня́ет анса́мбль «Земля́не»

This is our only home. The simple things in life are so dear to us that even the dreams of space travellers are filled with longing for the green grass of home.

Земля́ в иллюмина́торе, Земля́ в иллюмина́торе,
Земля́ в иллюмина́торе видна́.
Как сын грусти́т о ма́тери,
Как сын грусти́т о ма́тери,
Грусти́м мы о Земле́ — она́ одна́ ...

А звёзды тем не ме́нее, а звёзды тем не ме́нее
Чуть бли́же, но всё так же холодны́.
И как в часы́ затме́ния, и как в часы́ затме́ния
Ждём све́та и земны́е ви́дим сны.

П р и п е́ в :   И сни́тся нам не ро́кот космодро́ма,
        Не э́та ледяна́я синева́,
        А сни́тся нам трава́, трава́ у до́ма,
        Зелёная, зелёная трава́.

А мы лети́м орби́тами, путя́ми неизби́тыми,
Проши́т метеори́тами просто́р.
Опра́вдан риск и му́жество.
Косми́ческая му́зыка
Вплыва́ет в делово́й наш разгово́р.

В како́й-то ды́мке ма́товой
Земля́ в иллюмина́торе, вече́рняя и ра́нняя заря́.
А сын грусти́т о ма́тери, а сын грусти́т о ма́тери,
Ждёт сы́на мать, а сынове́й Земля́.

П р и п е́ в.

Уро́к 8

Пропа́ла соба́ка
A dog is lost

> Му́зыка В. Шаи́нского
> Слова́ А. Ла́мма
> Исполня́ют Ле́на Могу́чева и В. Шаи́нский

This is a song about the desperate search for a child's lost puppy.

Виси́т на забо́ре,
Колы́шется ве́тром,
Колы́шется ве́тром
Бума́жный листо́к.
 Пропа́ла соба́ка!
 Пропа́ла соба́ка!   (2 ра́за)
 Пропа́ла соба́ка
 По кли́чке Дружо́к!
Щено́к белосне́жный,
Лишь ры́жие пя́тна,
Лишь ры́жие пя́тна
И ки́сточкой хвост.
 Он о́чень заня́тный,
 Он о́чень заня́тный,   (2 ра́за)
 Совсе́м ещё глу́пый
 Дове́рчивый пёс.
А дождь-забия́ка
Листо́чек зака́пал,
И бу́квы и стро́чки
Запла́кали вдруг!
 Найди́те соба́ку!
 Найди́те соба́ку!   (2 ра́за)
 Верни́сь поскоре́е,
 Мой ма́ленький друг!

Уро́к 9

Кры́ша до́ма твоего́
The roof of your house

| Му́зыка Ю. Анто́нова
| Слова́ М. Пляцко́вского
| Исполня́ет Ю. Анто́нов

People search for miracles and wonders, but there is nothing more wonderful than one's own home. That is why people ultimately find love and peace at home.

Мы все спеши́м за чудеса́ми,
Но нет чуде́сней ничего́,
Чем та земля́ под небеса́ми,
Где кры́ша до́ма твоего́. (2 ра́за)

И е́сли вдруг тебе́ взгрустнётся,
То грусть не зна́чит ничего́,
Когда́ ты зна́ешь, что под со́лнцем
Есть кры́ша до́ма твоего́. (2 ра́за)

Вмиг огорче́ния любы́е
Исче́знут все до одного́,
Лишь вспо́мнишь звёзды голубы́е
Над кры́шей до́ма своего́. (2 ра́за)

Мир по́лон ра́дости и сча́стья,
Но край родно́й миле́й всего́.
И так прекра́сно возвраща́ться
Под кры́шу до́ма своего́. (2 ра́за)

Уро́к 10

Замыка́я круг
Coming full circle

Му́зыка К. Ке́льми
Слова́ М. Пу́шкиной
Исполня́ет гру́ппа «Ро́к-ателье́»

Life is full of unanswerable questions; what counts in the end is not the answers to these questions, but music, friendship and love.

Вот одна́ из тех исто́рий,
О кото́рых лю́ди спо́рят,
И не день, не два, а мно́го лет.
Начала́сь она́ так про́сто,
Не с отве́тов, а с вопро́сов —
До сих пор на них отве́та нет.

«Почему́ стремя́тся к све́ту
Все расте́ния на све́те?»
«Отчего́ к моря́м спеши́т река́?»
«Как мы в э́тот мир прихо́дим?»
«В чём секре́т просты́х мело́дий?» —
Нам хоте́лось знать наверняка́.

П р и п е́ в :   Замыка́я круг,
Ты наза́д посмо́тришь вдруг,
Там уви́дишь в о́кнах свет,
Сия́ющий нам вслед.
Пусть иду́т дожди́ —
Про́шлых бед от них не жди,
Ка́мни про́йденных доро́г
Суме́л проби́ть росто́к!

Открыва́лись в у́тро две́ри,
И тяну́лись ввысь дере́вья,
Обеща́л прогно́з то снег, то зной,
Но в сада́х рождённых пе́сен
Ве́тер лёгок был и ве́сел
И в доро́гу звал нас за собо́й.

П р и п е́ в.

Если со́лнце на ладо́ни,
Если се́рдце в зву́ках то́нет —
Ты поте́рян для обы́чных дней,
Для тебя́ сия́ет по́лночь,
И звезда́ спеши́т на по́мощь,
Возвраща́я в дом к тебе́ друзе́й.

П р и п е́ в.

Свой моти́в у ка́ждой пти́цы,
Свой моти́в у ка́ждой пе́сни,
Свой моти́в у не́ба и земли́.
Пусть стира́ет вре́мя ли́ца,
Нас проста́я мысль уте́шит —
Мы услы́шать му́зыку смогли́!

П р и п е́ в.

Слова́рь

А а

абза́ц paragraph
абитурие́нт high school graduate applying to a university
абсолю́тный complete
австри́йский Austrian
автосе́рвис auto-mechanic's shop
аге́нтство agency
агресси́вный aggressive
аккура́тно neatly
активизи́ровать to make more active, stir up
актуа́льность f. topicality
актуа́льный current, topical; pressing
акце́нт accent
аллерги́я allergy
анкети́рование polling, surveying, evaluation
анса́мбль musical group
апа́тия apathy
аргуме́нт argument
аттеста́т зре́лости high school certificate
аудито́рия audience
аутотре́нинг self-induced positive reinforcement

Б б

балко́н balcony
бант bow
безопа́сный safe, secure
безусло́вно absolutely
бейсболи́ст baseball player (attr.)
бейсбо́льный baseball
бере́т beret
бесе́да talk, conversation
бесконе́чный endless
беспла́тный free, gratuitous
беспоко́ить to bother
беспоко́йный restless

бессо́нница insomnia
бессчётный countless
бестсе́ллер best seller
бесце́нный priceless
бесчи́сленный countless
биосвя́зь f. ESP
биохи́мик biochemist
бить / проби́ть (о часа́х) to strike
бле́дный pale
блесте́ть to shine
блины́ (pl.) pancakes
блонди́нка blonde, fair-haired woman
блу́зка blouse
блю́до dish
богате́ть / разбогате́ть to become rich
бога́тство wealth
бо́дрый cheerful
боле́знь f. illness
болта́ть / поболта́ть to chatter
большинство́ majority
брак marriage
бред delirium
бриллиа́нт diamond
броса́ть/ бро́сить де́лать что-л. to give up, quit doing smth.
бры́згать to splash
брюне́т brunette, dark-haired man
буди́ть / разбуди́ть to wake up smbd.
бу́дний день weekday
бу́йный uncontrollable, wild
бума́жник wallet
бытовы́е отхо́ды household refuse
быть (стать) сами́м собо́й to be (become) yourself
бюдже́т budget

В в

ваго́н car (in a train)
ва́режки (pl.) mittens
вари́ть / свари́ть to cook
в восто́рге thrilled

вдвоём the two together

ведро́ (с му́сором) trash can

веду́щий leading

веду́щий (телепереда́чи) TV show host

ве́дьма witch

ве́рить / пове́рить to believe

верниса́ж exhibition

верну́ть *see* возвраща́ть

вес weight

вести́ дом to manage the household

ветерина́р veterinary

ветчина́ ham

вече́рнее пла́тье evening gown

вечнозелёный evergreen

ве́шать / пове́сить тру́бку (телефо́на) to hang up (the telephone)

взаимопонима́ние mutual understanding

взгляд glance

вздор nonsense

взмо́рье shore, seaside

взрыв explosion

взять себя́ в ру́ки *(perf.)* to pull oneself together

вид (*see* сия́ющий)

ви́део(магнитофо́н) VCR

ви́деть что-л. в чёрном све́те *here:* to see everything in the worst light

ви́дик *conv.* VCR

визжа́ть to squeal

виндсе́рфинг wind-surfing

ви́русный viral; ~ грипп viral flu

включа́ться / включи́ться (во что?) to enter

вкус taste

владе́ние языко́м command of the language

владе́ть иностра́нным языко́м to be fluent in a foreign language

влеза́ть / влезть to get into; ~ в шку́ру кого́-л. to put oneself into another's shoes

влия́ть / повлия́ть to influence

влюблён, влюблена́, -о́, -ы́ (в кого́-л.) in love (with smbd.)

в ме́ру just enough, just right

вне́шне outwardly

вне́шность *f.* appearance, looks

вну́тренний inner, internal

внуши́тельный imposing, impressive

в о́бщем in general

води́тельские права́ driver's license

вое́нная слу́жба military service

возвраща́ть / верну́ть to return

возража́ть / возрази́ть to object

во́зраст age

волево́й strong willed

волна́ wave

волнова́ться to worry

вообража́емый imaginary

воображе́ние imagination

вообще́ generally, in general

борова́ть to steal

воротни́к collar

в основно́м mainly, primarily

воспринима́ть / восприня́ть to perceive

восхити́тельно delightful

впечатле́ние impression; производи́ть ~ to make an impression

вро́де sort of, kind of

вруча́ть / вручи́ть to hand

вря́д ли unlikely

Вселе́нная universe

всё-таки after all

вслу́шиваться / вслу́шаться to listen closely

вспомина́ть / вспо́мнить to remember, recollect

встреча́ть / встре́тить (пра́здник) to celebrate (a holiday)

встреча́ться / встре́титься to meet, date

в су́щности in essence

в том числе́ including

второ́е (блю́до) second course

в ча́стности in particular

выбира́ться / вы́браться to get to
выбра́сывать / вы́бросить to throw away
вы́веска sign
вы́глядеть to look
вы́годный beneficial; profitable
выгоня́ть / вы́гнать to fire
выде́рживать / вы́держать to sustain, endure
выи́грывать / вы́играть to win; ~ вре́мя to gain time
выкри́кивать / вы́крикнуть to shout smth. out
выма́тывать / вы́мотать всю ду́шу to wear out
выпи́сывать / вы́писать to subscribe (to a newspaper)
выпрямля́ться / вы́прямиться to stand up/sit up straight
вы́пуск graduating class
выпускни́к senior, graduate
выра́щивать / вы́растить to grow, cultivate
выслу́шивать / вы́слушать to hear smbd. out
выставля́ть / вы́ставить (карти́ны) to exhibit
высту́кивать to tap
выступа́ть / вы́ступить to perform, appear; ~ по телеви́дению to appear on television
выступле́ние performance, appearance
выходи́ть / вы́йти за́муж to get married (for a woman)
выходно́й день day off
выясня́ть / вы́яснить to find out
выясня́ться / вы́ясниться to become clear, turn out; to be found out
вяза́ть / связа́ть to knit
вя́лый sluggish

Г г

гада́лка fortune teller
гада́ть / погада́ть to tell fortunes

га́лстук tie
гаранти́ровать to guarantee
гармо́ния harmony
геометри́ческий рису́нок geometric(al) pattern
геро́й (lit.) character
ги́бнуть / поги́бнуть to perish
гипно́з hypnosis
гитари́ст guitarist
гла́дкий smooth
годова́лый a year old
гологра́мма hologram
голода́ть to fast
голосова́ть to vote
голубцы́ (pl.) stuffed cabbage-rolls
горожа́нин (-а́не) city-dweller, urbanite
гороско́п horoscope
горо́шек polka-dots
гото́вить / приго́то́вить to cook, to prepare
гото́вый: жить на всём гото́вом to be provided for, to be taken care of
граби́тель robber
гре́ческий Greek (attr.)
гре́чневый buckwheat (attr.)
гриб mushroom
гроза́ (thunder)storm
грома́дный huge, immense
гро́мкое и́мя great name

Д д

да́нные (pl.) data
двухнеде́льный of two weeks' duration
де́вушка girlfriend
дежу́рить to be on duty
де́йствие action
де́лать вид to pretend
дели́ться / подели́ться to share
де́ло: э́то твоё де́ло that is your problem
держа́ть в ку́рсе собы́тий to keep smb. informed

держа́ться to carry oneself; мане́ра ~ style, bearing

десятиме́сячный ten month long

деся́тка (colloq.) ten-rouble bill

детекти́в here: detective film, etc.

де́тский городо́к playground

дешёвый cheap

дёшево cheaply

дие́та diet

дисбала́нс imbalance

дли́тельный lengthy

дли́ться to last, continue

добавля́ть / доба́вить to add

добива́ться / доби́ться (успе́ха) to achieve

добро́: жела́ть добра́ to wish smbd. well, to have smbd.'s best interest at heart

доброжела́тельный well meaning

добросо́вестно conscientiously

дове́рчивый trusting

дога́дываться / догада́ться to suspect, guess

дока́зывать / доказа́ть to prove

документа́льный documentary

долг debt

должни́к debtor

до́лжность f. post, position, rank

Дом моде́лей House of couture

дополни́тельный additional

допуска́ть / допусти́ть to assume

достига́ть / дости́гнуть успе́ха to achieve success

досто́инство dignity, self-respect

досто́йно here: properly

досто́йный worthy

драгоце́нный precious

дробь f. here: slash as used in addresses — 7/9

друг boyfriend

дружи́ть to be friends

дура́к fool

душа́ soul

Е е

едва́ hardly

еди́ный one, single, sole

ежего́дно annually

ежедне́вно daily

еженеде́льник weekly (newspaper)

Ё ё

ёлочный (база́р) place where Christmas trees are sold

Ж ж

жале́ть / пожале́ть (о чём?) to regret

жа́ловаться / пожа́ловаться to complain

жанр genre

жара́ heat

жа́рить to fry

жела́емый desired

жела́ние wish

жела́тельно preferably

жела́тельный desirable

жена́т married (for a man)

жени́тьба marriage (of a man)

жени́ться imp. and perf. to get married (for a man)

жени́ться / пожени́ться to get married (for a couple)

жени́х fiance, groom

жизнера́достный cheerful

жизнеутвержда́ющий life-affirming

жиры́ fats

жюри́ judges

З з

забо́титься / позабо́титься to care for

зави́довать / позави́довать to envy

заводи́ть / завести́ (соба́ку) to get (a dog)

загля́дываться / загляде́ться to be unable to take one's off of

загрязне́ние окружа́ющей среды́ pollution of the environment

заде́рживать / задержа́ть to detain; to delay

заде́рживаться / задержа́ться to be detained, to be late

заинтересо́ванность f. personal interest

зако́н law

замаскиро́ванный disguised

замести́тель deputy

заме́тный noticeable

замеча́ть / заме́тить to notice, remark

за́мкнутый reserved (about people)

за́мужем married (for a woman)

заму́жество marriage (for a woman)

зано́счиво arrogantly

заодно́ in concert; at the same time

запи́ска note

запи́сываться / записа́ться (на спецку́рс) to enroll

запомина́ть / запо́мнить to memorize; remember

зараба́тывать / зарабо́тать to earn money

заража́ться / зарази́ться (гри́ппом) to catch the flu

зарпла́та earnings, pay

зарубе́жный foreign

за рубежо́м abroad

заставля́ть / заста́вить to force

затева́ть / зате́ять что-л. to venture

зато́ but then; on the other hand

заявле́ние application

здоро́ваться / поздоро́ваться to say hello

здо́рово excellent

здоро́вье health

зерно́ grain; ~ и́стины grain of truth

зигза́г zigzag

злой mean, nasty

золота́я середи́на golden middle

зри́тель spectator, member of the audience

зубри́ть to cram, memorize

И и

иглотерапи́я acupuncture

игру́шка toy

избега́ть / избежа́ть to avoid

избы́ток surplus

изготови́тель manufacturer

изжо́га heartburn

изуми́тельный amazing

икра́ caviar

иллюстри́рованный illustrated

имени́ны (pl.) name-day

и́менно namely

и́мидж image

инициати́ва initiative

инициа́тор initiator

инопланетя́нин (space) alien

интенси́вный intensive

интервью́ interview

информацио́нный information (attr.)

исключа́ть / исключи́ть to exclude

исключе́ние exception

иску́сство art

исполни́тель performer

исполни́тельская мане́ра performing style

исполня́ть / исполнить to perform

испы́тывать / испыта́ть to experience

иссле́дование research

исто́чник source

и так да́лее and so on

К к

какофо́ния cacophony

ка́к это? how does it go?

ка́пля drop

карма́н pocket
карнава́л carnival
карье́ра career
категори́чески categorically; flatly
кача́ться to swing
каче́ли swing
ка́чество quality
ка́ша ри́совая hot rice cereal served
   with milk and sugar
ка́шлять to cough
квалифици́рованный qualified,
   skilled
ке́ды (pl.) canvas high-tops
кейс attaché case
кисло́тные дожди́ acid rains
классифика́ция classification
кли́чка nickname
коке́тничать to flirt
колосса́льный colossal
кольцо́ ring
кома́нда team
комбина́т industrial complex
коммерса́нт businessman
комме́рция commerce, trade
комме́рческий commercial
компане́йский sociable
компа́ния group of friends
конди́тер baker
консерва́тор conservative
консервато́рия music conservatoire
конта́ктность f. amiability
контро́льная рабо́та test, exam
конфе́та candy; коро́бка конфе́т
   box of candy
кооперати́в cooperative
коопера́тор cooperator, member of
   cooperative society
коренно́й жи́тель native
корми́ть / накорми́ть to feed
коро́че говоря́ in short; to make a long
   story short
корректи́ровать to correct
косми́ческий space (attr.)
костю́м suit
котле́та cutlet

кофе́йник coffee-pot
кошелёк purse
крапи́вница nettle-rash
краса́вец handsome man
краса́вица beauty (beautiful woman)
кра́ситься to use makeup
красота́ beauty
красть / укра́сть to steal
кре́пкий (о ча́е; ко́фе) strong
крест cross
кроссо́вки running shoes, sneakers
кру́глый rounded, roundish
круи́з cruise
кру́пный large, big; large-scale
кста́ти by the way
кулина́рия cookery
куми́р idol
купа́льник swimsuit
ку́ртка jacket

Л л

ладо́нь f. palm of hand
ла́сковый affectionate
лауреа́т Но́белевской пре́мии
   Nobel Prize winner
легкомы́сленный superficial
Ледови́тый океа́н Arctic Ocean
лени́вый lazy
лень f. laziness
лете́ть / полете́ть вверх
   торма́шками here: to fall apart
лётчик pilot
лило́вый lilac, purple
лифт elevator
лицо́ face
ли́чность f. personality
лиша́ть / лиши́ть to deprive
ло́био spicy bean dish
лома́ться / слома́ться to be out of
   order, to break
лотере́я lottery
лу́ковый onion (attr.)
луч ray

лы́жные боти́нки *(pl.)* ski boots
лы́жный костю́м sweatsuit
льстить to flatter
люби́мый beloved
любо́вь *f.* love
любопы́тный curious; interesting
любопы́тство curiosity
лю́ди у́мственного труда́ white-collar workers
лю́ди физи́ческого труда́ blue-collar workers

М м

маг magician
мазу́т fuel oil
ма́йка t-shirt, tank top
макаро́ны *(pl.)* thick, hollow spaghetti
ма́кси long skirt
малоизве́стный little-known
манеке́нщица model
мане́ра manner, style
ма́рка (маши́ны) make (of car)
ма́ркетинг marketing
ма́сса (наро́ду) lots (of people)
ма́ссовый mass *(attr.)*
мате́рия matter
меда́ль *f.* medal
мело́дия melody
ме́неджер manager
меша́ть / помеша́ть to interrupt, interfere
мероприя́тие arrangement
мёртвый dead
милиционе́р policemen (in U.S.S.R.)
мили́ция militia (in U.S.S.R, civil police force)
ми́ни-ЭВМ electronic mini-computer
минера́л mineral
мири́ться / помири́ться to make up with someone
ми́стика mysticism
мно́гие many
мно́гое much, a lot

многочи́сленный numerous
мно́жество multitude
мо́да fashion
мо́дный fashionable
молодёжный youth *attr.*
молодожёны *(pl.)* newly-weds
мо́рда muzzle
морко́вка carrot
москви́ч Muscovite, inhabitant of Moscow
моти́в melody, tune
мра́чный gloomy
музыка́нт musician
мультипликацио́нный фильм animated film, cartoon
му́сор trash
му́чить to torment
мы́сленно mentally

Н н

набира́ть / набра́ть очки́ to earn points, etc. in tests or sports
наблюде́ние observation
нагоня́ть / нагна́ть (це́ну) to inflate the price, to boost the value
наде́жда hope
надоеда́ть / надое́сть to get on the nerves, bore (with); **мне,** *etc.* **надое́ло** to be tired (of), sick (of)
назло́ to spite (smb.)
наи́вный naive
нала́живать / нала́дить to repair, adjust
нало́г tax
намёк hint
напомина́ть / напо́мнить to remind
направле́ние direction
на́сморк cold, running nose
настрое́ние mood
насчёт about, as regards, concerning
нау́чный сотру́дник research assistant
нахо́дчивый resourceful

на́ция nation
нача́льник head, chief, superior
начина́ющий beginner
начи́танный well-read, widely-read
неблагода́рный ungrateful
нева́жно (чу́вствовать себя́) to feel
    bad *(about health)*
нева́жный *here:* bad
невезу́чий unlucky
невероя́тный unbelievable
неве́ста fiancee, bride
негати́вный negative
недогова́ривать / недоговори́ть not
    to tell everything, leave something
    unsaid
недодава́ть / недода́ть to give short
недоста́ток shortage, lack
незави́симость *f.* independence
незнако́мец stranger
нелётный (о пого́де) non-flying
ненадёжный unreliable
неожи́данный unexpected
неопределённо vaguely
нео́пытна inexperienced
непосре́дственный (конта́кт) direct
    (contact)
непривы́чный unusual
неприя́тность *f.* problem, trouble;
    име́ть неприя́тности to have a
    hard time
несмотря́ на in spite of
неспосо́бный incompetent
неуда́чник loser, failure
неуда́чный unsuccessful
неуже́ли really? is it possible?
неуме́стный irrelevant; inappropriate
нефтяно́й та́нкер oil tanker
нечётный odd (number)
нитра́ты *pl.* nitrite

О о

обая́тельный charming, charismatic
обделя́ть / обдели́ть to deprive

обедне́ние depletion, impoverishment
обеспе́ченный well provided for;
    обеспе́ченная жизнь wealthy life
обеща́ть / пообеща́ть to promise
оби́да offense, insult
оби́дно it is a pity; offensively
обижа́ть / оби́деть to offend, hurt
    one's feelings
обижа́ться / оби́деться to take
    offense, feel hurt
обнадёживать / обнадёжить to give
    hope, reassure
обра́доваться to become happy (at),
    rejoice (in)
о́браз жи́зни lifestyle
образо́ванность *f.* education (educated
    state)
**образова́тельный (о програ́мме
    ТВ)** educational
обраща́ться / обрати́ться to address,
    to turn to
обстано́вка conditions, environment
обсужда́ть / обсуди́ть to discuss
обсужде́ние discussion
обуче́ние instruction
обща́ться to socialize, hang out
общесою́зный all-union *(attr.)*
обще́ственность *f.* the people, the
    community, the public
о́бщий язы́к common language
общи́тельный sociable, outgoing
объе́кт object
объекти́вный objective *(attr.)*
объявле́ние announcement, notice
объясне́ние explanation
объясня́ться / объясни́ться to talk
    smth. out, resolve a problem
обя́занность *f.* responsibility
огля́дывать / огляде́ть to look over
огро́мный huge
одино́кий *here:* single
однообра́зный monotonous
одобря́ть / одо́брить to approve of
одува́нчик dandelion
означа́ть to mean, signify

озоносфе́ра ozone layer
оконча́тельно finally
омле́т omelette
опера́тор cameraman
опи́сывать / описа́ть to describe
опла́та payment
определённый definite
определя́ть / определи́ть to define, determine
опро́с survey, poll
оптимисти́ческий optimistic
опублико́ванный published
о́пыт experience
о́пытный experienced
ора́нжевый orange (color)
ориенти́роваться to orient oneself
орке́стр orchestra
освежа́ть / освежи́ть to refresh
ослепи́тельный dazzling
остава́ться / оста́ться to stay
остана́вливаться / останови́ться (на чём-л.) here: to choose
о́стрый sharp; pointed; ~ нос pointed nose
осужда́ть / осуди́ть to blame smbd.
отбира́ть / отобра́ть to select, pick out
отбра́сывать / отбро́сить to throw off, cast away, reject, discard
отворя́ть / отвори́ть to open
отзыва́ться / отозва́ться (о ком? о чём?) to speak of
отзы́вчивый responsive
отка́зываться / отказа́ться to refuse
откла́дывать / отложи́ть в до́лгий я́щик to shelve; to put smth. on a back burner
отлича́ть / отличи́ть to distinguish; make different
отменя́ть / отмени́ть to cancel
отноше́ние attitude
отодвига́ть / отодви́нуть to push aside, move away
отравля́ть / отрави́ть to poison
отража́ть / отрази́ть to reflect
отрица́ть to deny

отрыва́ть / оторва́ть to tear away
отте́нок значе́ния shade of meaning
отхо́ды (pl.) waste products
отчисля́ть / отчи́слить to expel
официа́льный official, formal
официа́нт waiter
о́хать / о́хнуть to sigh, moan
охва́тывать / охвати́ть to seize
охо́тно willingly
охраня́ть to protect
охри́пнуть see хри́пнуть
оце́нивать / оцени́ть to estimate, evaluate
о́черк essay
ошиба́ться / ошиби́ться to be mistaken

П п

па́мять f. memory
паникова́ть to panic
панк punk
парадокса́льный вы́вод paradoxical conclusion
парапсихо́лог parapsychologist
па́рень guy
парохо́дик steamboat
па́рта (school) desk
партнёр partner
Па́сха Easter
певе́ц singer
пельме́ни (pl.) meat dumplings
пенсионе́р(ка) pensioner, retired person
пе́рвое (блю́до) first course
первокла́ссный first-class
первонача́льный original
переимено́вывать / переименова́ть to rename
переду́мывать / переду́мать to change one's mind
пережива́ть / пережи́ть (из-за кого́-л.) here: to be unable to get over smbd.; to suffer

перелива́ться to play, be iridescent

перемени́ть обстано́вку to have a change of scenery

перемени́ться to change

пересека́ться / пересе́чься to cross

переспра́шивать / переспроси́ть to repeat one's question

перечисля́ть / перечи́слить to enumerate

перспекти́ва prospect, plan

перча́тки *(pl.)* gloves

пестици́ды *(pl.)* pesticides

печа́таться to be published

печь / испе́чь to bake

пёстрый motley; multi-color

пи́во beer

пиджа́к men's suit jacket

пиро́г pie

писа́тель-сати́рик satirist, satirical writer

писа́тельское де́ло literary work

пла́вки *(pl.)* swimming trunks

плака́т poster

пла́кать to cry

плане́та planet

плани́ровать to plan

пласти́нка record, album

пла́тный paid; requiring payment, chargeable

плащ raincoat

плита́ stove

побе́да victory

побе́дно victoriously

побежда́ть / победи́ть to conquer, gain; win a victory, defeat

побере́жье coast

повыша́ть / повы́сить to raise; increase

погрустне́ть to become sad

подава́ть / пода́ть (обе́д) to serve dinner; ~ на ко́нкурс to apply; ~ себя́ to carry oneself well; to show oneself to one's advantage

подгото́вка preparation

подде́рживать / поддержа́ть to support; ~ разгово́р to keep a conversation going

подде́ржка support

подми́гивать / подмигну́ть to wink

поднима́ть / подня́ть (кого́-л.) to make smbd. get up; ~ взгляд to raise one's eyes

подозрева́ть to suspect

подраба́тывать / подрабо́тать to earn additionally; to moonlight

подража́ть to imitate

подро́сток teenager

подска́зывать / подсказа́ть to prompt

подсчи́тывать / подсчита́ть to count

поду́шка pillow

подходя́щий suitable; appropriate

пое́здка trip

пожа́р fire

пожило́й middle-aged; elderly

пока́з demonstration

покида́ть / поки́нуть to leave

поко́й rest, peace

поколе́ние generation

пол sex, gender

полага́ть to think, believe

по́ле бо́я battlefield

полива́ть / поли́ть to water

положе́ние (в о́бществе) position; status

поло́ска stripe

получа́ться / получи́ться (из чего́?) to turn out

полу́чка salary

по́льзоваться успе́хом to be a success

поля́ (шля́пы) brim (of hat)

поме́шанный mad, crazy, insane

помеша́ть *see* меша́ть

помеща́ться / помести́ться to go in

понижа́ть / пони́зить to lower; reduce

по́нчик donut

попа́сть в то́чку to hit the bull's eye

по по́воду concerning, as regards

пополня́ть / попо́лнить to replenish, supplement

по-пре́жнему as before, as usual

популя́рность *f.* popularity

популя́рный popular
попы́тка attempt, endeavor
поража́ть / порази́ть to impress, to show off
по́ртить / испо́ртить to spoil, ruin
порто́вый port (attr.)
посади́ть в тюрьму́ to put into jail
по-сво́ему in one's own way
посвяща́ть / посвяти́ть to dedicate
посети́тель visitor; customer
посёлок village
посте́ль f. bed
постепе́нно gradually
постоя́нный constant
посу́да dishes
потеря́ть see теря́ть
потра́тить see тра́тить
потрясён(потрясена́, о́, -ы́) shocked
похо́дка gait
похо́жий resembling, alike; similar
по́чва soil
почини́ть see чини́ть
почти́ almost
поэте́сса poetess
появле́ние appearance
появля́ться / появи́ться to appear; to emerge as, show up
пра́во one's right
пра́здничность f. festivity
пра́здновать to celebrate
преда́тель traitor
предлага́ть / предложи́ть to offer
предложе́ние proposal
предприи́мчивость f. enterprise; entrepreneurship
председа́тель chairman
представи́тель representative
представле́ние (о чём? о ком?) idea, notion, concept
представля́ть / предста́вить to imagine
представля́ться / предста́виться to introduce oneself
предстоя́ть to be ahead, in one's future
пре́мия award, prize
прести́жный prestigious

преувели́чивать / преувели́чить to exaggerate
приближа́ть / прибли́зить to bring nearer
при́быльный profitable
привлека́тельный attractive
привлека́ть / привле́чь to attract
приводи́ть / привести́ (госте́й) to bring company home
привы́чка habit
приглаша́ть / пригласи́ть to invite
придава́ть / прида́ть (чему́? кому́?) to impart
приду́мывать / приду́мать to think of smth
приз award, prize
признава́ться / призна́ться to confess
при́знак sign, indication, symptom
прикоснове́ние touch
прилага́ть / приложи́ть to enclose
принима́ть / приня́ть: ~ (за кого́?) to mistake for, take for; ~ бли́зко к се́рдцу to take smth. to heart; ~ госте́й to receive (guests)
приноси́ть / принести́ to bring
приобрета́ть / приобрести́ to acquire
прихо́д arrival
приходи́ть / прийти́ в го́лову to occur to somebody
прихо́жая entryway
причёска hairstyle
прия́тель friend
про́бовать / попро́бовать to try
прогора́ть / прогоре́ть дотла́ to go bankrupt
программи́рование programming
продолже́ние continuation
проду́кты (pl.) groceries
прозра́чный transparent
производи́ть / произвести́ to produce
прокорми́ть perf. to feed
про́мах slip
простоду́шно open-heartedly

простуженный having a cold
противоположный opposite
протягивать / протянуть (руку) to reach out, extend (one's hand)
профессионал professional
профессионализм professionalism
проходить / пройти по конкурсу to get accepted
прощать / простить to forgive
проявляться / проявиться to show (itself), reveal itself, manifest itself
психоанализ psycho-analysis
психолог psychologist
психологический psychological
психотерапия psychotherapy
публика the public, the audience
публикация publication
публицист publicist
пускаться / пуститься (в объяснения) to begin, start (explaining)
пустой (о передаче) banal
путевой (дневник) travel journal
путешественник here: person who travels vicariously while watching TV
пушистый fluffy
пылесос vacuum cleaner
пылесосить / пропылесосить to vacuum

P p

равный equal
ради for the sake of
радушно warmly, hospitably
раз here: if, since
разбираться / разобраться to understand
разбогатеть see богатеть
разбудить see будить
развиваться / развиться to develop, be developed
развод divorce
разводиться / развестись to divorce

разговорчивый talkative
раздаваться / раздаться to ring out
раздеваться / раздеться to get undressed
раздражённый irritated
размер size
размолвка argument
размышлять to think
разносторонний versatile
разогревать / разогреть to warm up
разыгрывать / разыграть to act out; perform
рама frame
ранний early
распахиваться / распахнуться to swing open
расплываться / расплыться в улыбке to break into a smile
распределять / распределить to distribute
рассеянно absentmindedly
рассрочка mortgage, installment payments
расставаться / расстаться to part
расстраиваться / расстроиться to feel upset
расхваливать / расхвалить to shower with praise
расчётливый thrifty
рационально rationally, efficiently
реагировать to react
реальность f. reality
ребяческий childish
ревнивый jealous
регулировать to regulate, adjust
регулярно regularly
редакция editorial staff; editorial office
редкий rare
реклама advertisement
рекламное агентство advertising agency
рекомендация recommendation
репетировать to rehearse
репетитор tutor
рецепт recipe

реше́ние decision; принима́ть /
приня́ть ~ to make a decision
реши́тельно decidedly
реши́тельность *f.* determination
ринг *(sport)* ring
рискова́ть / рискну́ть to take the risk;
venture
ритм rhythm
ро́бот robot
ро́кер rock musician
ро́к-звезда́ rock star
романти́ческий romantic
ромб diamond
роса́ dew
рост height
руба́шка shirt
руга́ть / поруга́ть to reprimand, curse
рукопожа́тие handshake
ры́жий red, red-haired
рядово́й ordinary

С с

сади́ться / сесть на дие́ту to go on a
diet
самооце́нка self-evaluation
самостоя́тельность *f.* independence
самостоя́тельный independent
самоуправле́ние self-government
санато́рий sanatorium
сапоги́ *(pl.)* boots
све́жий fresh
сверхъесте́ственно supernaturally
свети́ться (об о́кнах) to be lit (about
windows)
свида́ние date, engagement
святы́ня sacred object / thing / place,
object of worship
сдава́ть / сдать буты́лки to turn in
bottles for recycling
сдава́ться / сда́ться to give up
сеа́нс (биосвя́зи) seance
сезо́н season
сейф safe, vault, safe deposit box
секре́т secret

се́кция section
село́ village
сельдь *f.* herring
семе́йное положе́ние marital status
сенса́ция sensation
серди́тый angry
серди́ться / рассерди́ться to be
angry
сигнализа́ция security alarm system
сиде́ть на дие́те to be on a diet
сиде́ть (об оде́жде) to fit
симпа́тия attraction, positive reaction
симпо́зиум symposium
симфони́ческий symphonic
симфо́ния symphony
сире́невый lilac
сия́ющий вид radiant appearance
ска́зка fairy tale
ска́терть *f.* tablecloth
скептици́зм skepticism
склад ума́ mind-set
скро́мный modest
скрыва́ть / скрыть to hide, conceal
скрыва́ться / скры́ться to disappear,
vanish
ску́льптор sculptor
ску́чно it is dull, tedious, boring
сла́бость *f.* weakness
сла́ва бо́гу thank God
слегка́ slightly
следы́ (слёз) traces of tears
сло́вно like, as if
сло́вом in short
слома́ться *see* лома́ться
слу́жба job, work
служе́бный а́дрес work address
случа́йный incidental
сма́хивать / смахну́ть to brush off
сме́ло bravely
сменя́ть / смени́ть to change
сне́жный челове́к abominable
snowman
снима́ть / снять кварти́ру to rent an
apartment; ~ тру́бку to pick up the
telephone
сни́ться / присни́ться to dream

соа́вторство co-authorship
собы́тие event
соверша́ть / соверши́ть to carry out, complete
совме́стный joint
совпада́ть / совпа́сть to coincide (with)
совпаде́ние coincidence
совреме́нность f. contemporaneity, the present (time)
содержа́ние content, contents
создава́ть / созда́ть настрое́ние to create a good mood
соли́дный (о челове́ке) dignified
соли́ст soloist
сомнева́ться to doubt
сон sleep; dream
соотве́тствовать to correspond, match
сосредото́чиваться / сосредото́читься to concentrate
составле́ние програ́мм для компью́тера programming
со́тня (colloq.) hundred
сотру́дник member of the staff
социо́лог sociologist
социологи́ческий sociological
сочета́ние combination
сочиня́ть / сочини́ть to compose, create
сочу́вствие sympathy
спектра́льный spectral
специали́ст professional
специа́льность f. profession
спецку́рс course in one's major
спи́сок here: list of names
спи́сывать / списа́ть to copy, cheat
спле́тничать / посплетничать to gossip
споко́йно calmly
спо́нсор sponsor
спосо́бность f. ability
справля́ться / спра́виться to cope
спра́вочник reference book, directory
сра́внивать / сравни́ть to compare
сра́зу at once, right away
среди́ among

срок time, period, term
ссо́ра quarrel; argument
ссо́риться / поссо́риться to quarrel; argue
стабилиза́ция stabilization
стаби́льность f. stability
стажёр exchange student, visiting student (scholar)
стажиро́вка special training
стари́нный ancient; old; antique
ста́рый стиль old Style (Julian calendar)
стати́стика statistics
стилиза́ция stylization
сто́ить того́ to be worth it
стопроце́нтно hundred-percent
сторожи́ть to guard
стратосфе́ра stratosphere
страх fear
стремле́ние aspiration, striving, urge
стресс stress
стре́ссовый stressful
стричь / подстри́чь to cut someone's hair
стро́йный slender, having a good figure
стук knock
стюарде́сса stewardess
субста́нция substance
суди́ть to judge
судьба́ fate
суеве́рие superstition
супру́г spouse
су́тки (pl.) 24-hour period
схе́ма diagram, chart
сходи́ть с ума́ (по чему́? по кому́?) to be crazy about somebody or something
сходи́ться с людьми́ (легко́, бы́стро) to become friends (easily, quickly)
сцена́рий script
сценари́ст screenwriter
сча́стье happiness
счёт: за чей-л. счёт at smbd.'s expense
счита́ть / счесть to consider

сшить *see* **шить**
сырьё raw materials

Т т

табуре́тка kitchen stool
таи́нственный mysterious
та́йна mystery; secret
тала́нтливый talented
танцева́ть to dance
таре́лка plate
твёрдый (об убежде́ниях) strong
   (about beliefs)
телепа́тия telepathy
телепереда́ча television program
телепье́са play written for TV
телесеа́нс *here:* telepathic connection
телесериа́л television series
те́лик (*colloq. of* **телеви́зор**) TV
   (television set)
тем бо́лее so much the better
темпера́мент temperament
теорети́ческий theoretical
терпели́во patiently
терпели́вый patient (*attr.*)
терпе́ть to endure; ~ **не мо́жет (не
   мо́гут)** s/he (they) can't stand it
теря́ть / потеря́ть to lose
теря́ться / потеря́ться to get lost;
   disappear, vanish
техноло́гия technology
ткань *f.* fabric
то и де́ло continually, time and again
толпи́ться to crowd
то́нкость *f.* subtlety, fine point
трансля́ция broadcast
тра́та waste
тра́тить / потра́тить to spend
тре́бовательный demanding
тре́нер coach
треуго́льник triangle
тру́бка телефо́на telephone receiver
трудолюби́вый industrious
трусы́ (*pl.*) underwear, boxers
ту́фли (*pl.*) shoes

тюрба́н turban
тяну́ться to stretch, extend

У у

убежде́ние conviction
убира́ть / убра́ть акце́нт to remove
   an accent
увели́чивать / увели́чить to enlarge
уве́ренность *f.* **в себе́** self-confidence
увлека́ть / увле́чь to carry along;
   fascinate
увлече́ние interest, hobby
уга́дывать / угада́ть to guess
угоща́ть / угости́ть to offer food to a
   guest
угро́за threat
удава́ться / уда́ться to succeed
уда́чный successful
удва́ивать / удво́ить to double
уде́рживаться / удержа́ться to resist
удивле́ние surprise
удивля́ться / удиви́ться to be
   surprised
удоста́иваться / удосто́иться to be
   honoured (with)
укла́дывать / уложи́ть спать to put
   to bed
улы́бка smile
ультрамо́дный trendy; extremely
   fashionable
уменьше́ние decrease
умы́тый washed up, clean
униже́ние humiliation
унизи́тельный humiliating
уника́льный unique
уничтожа́ть / уничто́жить to
   destroy
упомина́ние mentioning
управле́ние management,
   administration
уро́довать to disfigure; make look ugly
усва́ивать / усво́ить to take smth in, to
   understand
усло́вие condition

усло́вный (срок) appointed time
усмеха́ться / усмехну́ться to grin
устана́вливать /установи́ть to establish
устра́иваться / устро́иться на рабо́ту to get a job
утверди́тельно affirmatively
утверди́тельный affirmative, positive
утвержда́ть to assert
уча́ствовать to participate
уча́стие participation
уча́стник participant

Ф ф

фа́ктор factor
фана́т (*colloq. of* фана́тик) fanatic
фасо́н style
фа́уна fauna
фейерве́рк firework(s)
фен hair-drier
феномена́льный phenomenal
фе́рмер farmer
фестива́ль festival
фе́я fairy
фигу́ра figure
фина́л finale; end; conclusion
финанси́рование financing
фиоле́товый purple
фи́рма firm
фло́ра flora
фонд fund

X x

хала́т robe
хара́ктер personality
хвали́ть / похвали́ть to praise, compliment
хвост tail
хозя́йство economy
хо́лодность f. coldness
хо́лост unmarried (about men)

холостя́к bachelor
хорони́ть / похорони́ть to bury
хри́пнуть / охри́пнуть to become hoarse
худе́ть / похуде́ть to lose weight
худо́жественный (фильм) movie (feature film)
хро́ника news summary

Ц ц

цвето́к (*pl.* цветы́) flower
целеустремлённость f. purposefulness
цель f. goal, aim
це́нный valuable

Ч ч

чаепи́тие having tea
ча́йка seagull
ча́стный private
челове́чество mankind
чертовщи́на devilry
че́стно honestly
четырёхсери́йный (фильм) film in four series
чёрт зна́ет что́ (*expression of outrage*) God only knows! It's outrageous!
чёткий well-defined, highly structured
чини́ть / почини́ть to repair, to mend
чи́сленность f. quantity; number
чиха́ть / чихну́ть to sneeze
член member
чу́вствовать to feel, to have a feeling
чу́вство ю́мора sense of humor
чу́до (*pl.* чудеса́) miracle, marvel
чудо́вище monster
чужо́й stranger, outsider
чу́ткость f. sensitivity
чуть ли не almost, nearly; *here:* probably
чушь f. nonsense

Ш ш

шанс chance
ша́пка knit hat; fur hat
шарф scarf
шате́н(ка) person with auburn, brown hair
шашлы́к shashlik, kebab
шве́дский Swedish
шевели́ться / шевельну́ться to stir, to move
шеде́вр masterpiece
шить / сшить to sew
шитьё sewing
шля́па hat
шо́рты *(pl.)* shorts
шо́у show
штаны́ *(colloq.)* pants
шу́ба fur coat
шути́ть / пошути́ть to make a joke

Щ щ

щи shchi (cabbage soup)

Э э

эгои́ст selfish person; egoist
экра́н screen
экстрасе́нс psychic
элега́нтный elegant
электри́чка commuter train
электро́нный electronic
электро́нщик electrical engineer
электроста́нция electric power station
энергети́ческий power *(attr.)*; energy *(attr.)*
энерги́чный energetic
эпизо́д episode
эстети́ческий aesthetic
эстра́да stage
этало́н standard, model
этике́т etiquette

э́то сли́шком it is too much
этю́д study, sketch; etude
эффе́кт effect
эффекти́вно effectively
эне́ргия energy

Ю ю

ю́бка skirt
ю́ноша youth *n.*
ю́ный young; youthful
юриди́ческий juridical; legal
юри́ст lawyer

Я я

явле́ние phenomenon
явля́ться / яви́ться to show up
яд poison
я́дерный nuclear
язы́к tongue; **злы́е языки́** sharp tongues
яи́чница fried eggs
япо́нский Japanese
я́ркий bright
я́рко-си́ний bright blue *(attr.)*
я́сно clear, clearly